胡雪岩
红顶商圣

【安之忠　林　锋◎著】

当代世界出版社

图书在版编目（CIP）数据

胡雪岩：红顶商圣 / 安之忠，林锋著. —北京：当代世界出版社，2013.5
 ISBN 978-7-5090-0902-4

Ⅰ.①胡… Ⅱ.①安… ②林… Ⅲ.①胡雪岩（1823~1885）—传记 Ⅳ.①K825.3

中国版本图书馆CIP数据核字（2013）第046120号

书　　名：	胡雪岩：红顶商圣
出版发行：	当代世界出版社
地　　址：	北京市复兴路4号（100860）
网　　址：	http：//www.worldpress.org.cn
编务电话：	（010）83908456
发行电话：	（010）83908409
	（010）83908455
	（010）83908377
	（010）83908423（邮购）
	（010）83908410（传真）
经　　销：	全国新华书店
印　　刷：	北京紫瑞利印刷有限公司
开　　本：	710毫米×1000毫米　1/16
印　　张：	20.5
字　　数：	300千字
版　　次：	2013年5月第1版
印　　次：	2013年5月第1次
书　　号：	ISBN 978-7-5090-0902-4
定　　价：	34.00元

如发现印装质量问题，请与承印厂联系调换。
版权所有，翻印必究；未经许可，不得转载！

· 目 录 ·

上 部
发迹乱世

第 1 章　财从天降 003

第 2 章　信义之美 019

第 3 章　崭露头角 032

第 4 章　西湖救美 045

第 5 章　约法三章 060

第 6 章　烽火乱世 077

第 7 章　月夜定情 091

第 8 章　初斗洋商 105

第 9 章　临危受命 122

第 10 章　谒左献粮 136

下部
红顶商人

第 11 章　试制轮船 161

第 12 章　巧开当铺 174

第 13 章　船政风波 187

第 14 章　借款西征 207

第 15 章　进军北京 222

第 16 章　胡庆余堂 240

第 17 章　大兴土木 255

第 18 章　登峰造极 274

第 19 章　惊天一战 289

第 20 章　雪化岩崩 304

上 部

发迹乱世

第1章
财从天降

老子说:"为大于其细。"任何一个想要做大事情的人,其未来的成败与否,其实早在很小时候一些细枝末节的事情上就已经显露出征兆。纵观历史上的那些大人物,在小时候都有一些崭露头角的非凡举动。胡光墉,即后来的胡雪岩,也不例外。胡雪岩小小年纪,就能够拾金不昧,不但拾金不昧,而且在处理这件对小小的他来说无异于天大的事情上,是那么的举重若轻,富有谋略。难怪蒋老板一看就断定:此子将来的成就,一定不可限量!于是将他带入商途。

胡雪岩并谈不上有多么良好的家教,也没有读过多少书,不算一个有学问的人。甚至早早丧父,命运对他来说有些过于残酷了。但他毕竟还有一个母亲,一个给予他最朴素的做人教育,教给他最基本、最浅显的人生道理的人。金氏一生陪伴着胡雪岩,她给儿子的教诲"助人为乐,与人为善"这8个字一直影响着胡雪岩,而也正是这简单的家训,一步步助胡雪岩青云直上。

所以说,做事先做人,修身先修德。一个人只有德行出众,再配上卓越的天赋能力,才能取得成功;否则,如果只有出众的能力,而没有德行修养与之匹配,就会爬得高,跌得狠,最后一事无成。

13岁的胡光墉无论如何也不会想到，他卑贱而穷苦的命运会在这个春日的午后发生天翻地覆般的神奇转折。

这天和往常一样，胡光墉早早就动身，赶着大户人家的牛和小伙伴上了山。几个小伙伴都是天天在一起玩熟的，其中有3个男伴，两个女伴。男伴们调皮好动，一到了山上，将缰绳一丢，任凭牛群自去吃草，然后就忙不迭地掏鸟窝、逮蝈蝈去了。女伴们则文静得多，只在附近的草丛中寻觅花草，编织些花环、草圈什么的。若在往日里，胡光墉也早按捺不住，和男伴们一起野去了。但今天，他却撇开众人，一个人来到山坡上的一座孤零零的小坟前，默默地在坟前跪下，磕了3个头，然后起身将坟墓周围的杂草拔掉，在旁边的树荫里坐下来。

这座用黄土新培起来的坟，里面所长久安息的正是胡光墉的父亲胡鹿泉。

算起来，今天正好是父亲的一周年祭日。就是在去年的这一天，本来身体就不怎么好的胡鹿泉，因为偶感风寒，竟然一命归天。在胡鹿泉的身后，撇下一个寡妻金氏，还有4个未成年的儿子。长子叫胡光鉴，只有16岁。次子胡光鼎，早已未长成而夭折。三子便是胡光墉，时年12岁。胡光墉下面，还有两个弟弟：一个叫胡光培，一个叫胡光椿，都只有七八岁的光景。这么一个子嗣繁多、口丁兴旺的大家庭，在当时却是一个灾难。都是些半大孩子，一个个张口待哺。在胡鹿泉活着的时候，做一点小生意，勉强养家糊口。胡鹿泉一死，家中倒了顶梁柱，仅仅依靠金氏给人家缝缝补补，浆洗衣服，能顶什么事？幸而长子胡光鉴接过了父亲的生意铺子，总算不致令一家人饿死。

在这么一种局面下，胡光墉的心境可想而知。他最怕的就是每天回家，看到母亲那无米下锅的为难神色。颇为懂事的胡光墉，故意每天都很晚回家，等两个弟弟吃饱之后，他才胡乱吃点东西，经常是饿着肚子就上床睡了。夜里常常被饿醒，醒来还看到母亲金氏在灯下做些缝补的针线活计。这时候胡光墉就会在心里恨自己：为什么不能尽快长大，像大哥一样为家里分担负担。他不知道在心里几千次、几万次起誓：自己一定要成为一个顶天立地的男子汉，要让母亲还有弟弟过上衣食无忧的宽裕、舒适的日子。他一定要比父亲更有出息！

这天，在父亲的坟墓前，胡光墉的心绪异常紊乱。有一个想法，他已经在心

上部 发迹乱世

里憋了很久，可是却从来没有对任何人吐露。今天，他想告诉父亲。

"爹，我今年已经满13岁了。我觉得自己长大了，我想出去闯世界，去另外找一条活路。即使不能给家里挣钱回来，至少可以自己养活自己。"这个想法已经在他的头脑中盘旋了半年，今天终于说出来，竟一发不可收拾。"爹，您知道吗？这一年来，看到娘为了这个家这么操劳，没白没黑，倒像一下子老了10岁。还有大哥，他将每一文钱都省下来，交回家里，自己连一件新衣服都舍不得买。有了中意的姑娘，人家的父母看上他，都托了媒婆到咱家里来主动提亲了，大哥却为了这个家，一口回绝了。爹，娘和大哥都在为这个家尽心尽力，可是我呢？我却什么都不会做！我只能替人家放牛，可是这么下去总不是办法，我真的不能再这么混下去了。我要出去闯一闯，凭自己的双手挣口饭吃！我还要寻找机会，做一番事业，将来衣锦还乡，光宗耀祖。爹，请您相信我，我一定不会丢您的脸的。您一直告诫我们，做人要诚实，做生意要童叟无欺，我会牢牢记住您的话的。爹，我这次走了，不知道什么时候回来，不过您放心，不混出个模样来，我绝不会回来见您！爹，请您在九泉之下保佑孩儿吧！"

胡光墉唠唠叨叨，在坟前和父亲说了大半天，将心里积蓄多日的话如竹筒倒豆子般倒出来，痛快多了。

话说完了，看时候不早了，胡光墉又一次在爹的坟前磕头。"爹，我要走了。等我发达了，我再来看您！"

磕头完毕，他刚起身，忽然树丛中一阵窸窸窣窣，钻出来一个瘦小的身影。

原来竟然是女伴中那个叫春姑的。春姑比胡光墉大1岁，把他当做小弟弟看，对他很是关照。加上女孩子懂事早，知道疼人，因此在胡光墉还是懵懵懂懂，什么都不知道时，春姑却早已经暗暗将一颗心系在了胡光墉的身上。刚才在暗处，听胡光墉说要离开家出去闯天下，心里一急，顾不得什么，就从隐身的地方钻了出来。只见她从怀里掏出来两只粽子，走上前塞在胡光墉手中。

"顺官，早上一定又没吃东西，饿坏了吧？快吃，这是我从家里偷偷拿出来给你的，还热乎呢！"

果然，两只粽子一直揣在她的怀里，包裹得严严实实的粽子皮上，似乎还带有她的体温。胡光墉也的确饿坏了。从早上饿着肚子一直到现在，他恨不得能一口吞下去一头牛。不过他还是要假意推辞，将粽子还给春姑：

"不，我不饿！"

"和我还客气？快吃吧！"

"那……我吃一只，另外一只给你吃。你一定也没吃东西，对不对？"

"好吧……"

春姑知道胡光墉是个犟脾气，自己不吃，他一定不肯吃。于是将一只粽子拿在自己手上，一点点仔细地剥开皮，一小口一小口慢吞吞地咬着。

她不过刚吃下去一个尖，胡光墉已经狼吞虎咽，将一只肉粽吞下肚去。

本来，胡光墉是七八分饿，没想到这一只肉粽吃下去，竟然被激发了馋虫，变得十分饿了。春姑那一只肉粽吃了不到三分之一，顺势给了他。

胡光墉又将大半只肉粽吃下肚去，才觉得有些不好意思："春姑，我……"

"什么你呀我呀的，干吗分得那么仔细？"春姑却不以为然，打断了他，"对了，我刚才来这里找你，听你跟你爹唠唠叨叨说什么要出去闯天下，真的吗？"

"嗯，你听到了？"胡光墉点了点头，"本来我谁也不想说的，明天一早，我去领了工钱，就要走了。"

"谁也不告诉？"春姑听了，颇有些不悦。本来想说"连我也不告诉吗"，说出口来，却变成了："连你娘也不告诉吗？这么大的事情，总该和你娘说一声。"

"我娘那个脾气，说什么也不会让我走的。"胡光墉摇了摇头，"她说过多少次了，就是去要饭，也要将我们几个兄弟养大成人，娶妻生子。她在我爹坟前发过誓的。"

"也是，你娘那个人，就是太要强了。"春姑颇有同感。她的家境也不算宽裕，不过比胡光墉家总强了一些。可是她变着法子要接济胡光墉，却总被金氏一口回绝。不知道金氏是看不上春姑，不愿意她将来做自己的儿媳，还是她的自尊心实在太强，总之她就是这么一副臭脾气。

摇头叹了口气，春姑忽然又关心地问："对了，你总不能这么赤手空拳闯天下，总需要有一点盘缠。你有钱吗？"

"我算过了。我整整放了一年的牛，领了工钱，怎么也够我做盘缠的了。"

"那点钱够干什么？"春姑一撇嘴，忽然心里一动，"对了，你准备明天什么时候走？"

"一领了工钱就走。"

"那你走之前，在山下那个岔路口等我。我有件重要的事情要和你说。"

"什么事情？现在告诉我不就得了？"

"不，一定要明天再说。"

"这么神秘？"

"到时候你就知道了。"

"那好吧。"

和春姑约定以后，二人见时候不早，刚起身要去寻找牛群和小伙伴，忽然听到从山梁那边传来一阵惊呼：

"不好了，狗蛋掉山洞里去了！"

"快救人呀！"

一听那带着哭腔的喊声，就知道是柱子和细伢子。胡光墉和春姑连忙奔过去，气喘吁吁地来到跟前。

"怎么回事？"

只见柱子和细伢子满脸惊恐，旁边那个女伴秋花则早已吓得满脸泪痕，瘫坐在地，说不出话来。

"顺官，你最有主意，快想个办法！"柱子如见救星，大略讲了事情经过。原来是秋花在这里摘花，眼见一丛花开在荆棘丛中，甚是美丽。旁边狗蛋要献殷勤，自告奋勇上来攀折花枝，却不料那荆棘下面是一个掩蔽的洞口，狗蛋一下子踏了个空，就从那个洞口掉下去了。

"人怎么样了？没事吧？"

胡光墉连忙趴在洞口，冲下面喊了两声"狗蛋、狗蛋"，下面传来狗蛋隐约的呻吟声，却不知伤得是轻是重。

"你们放心，不会有事的。"胡光墉眼见那洞不知道多深，知道若不借助绳索之类，很难下去将狗蛋救上来。可是这荒山野岭，有什么绳索？忽然，他灵机一动，对大伙道："快，你们去将每头牛的缰绳解下来，拿到这里来！"

众人明白了他的意思，立即去解缰绳。不一会儿，十几根缰绳都解来了。胡光墉立即吩咐，将这一段段的缰绳接在一起，居然也成了一条长长的绳子。他吩咐将绳子的一头拴在旁边的粗壮松树上，另一头扔入洞中。然后，他小心翼翼地攀着岩壁，从洞口下去，居然到了洞底。

洞底堆满了枯枝烂叶，充斥着一股子腐臭气息。然而也正是这些枯枝败叶，救了狗蛋一命。

"狗蛋，你怎么样？"

"我没事，就是腿有点痛。"

"不碍事的。来，你趴在我背上，我背你上去！"

"嗯。"

虽然胡光墉的身子骨并不算壮实，但总算狗蛋又瘦又小，那绳子足够担得住二人的分量。

胡光墉一头大汗，从洞下上来，将狗蛋放在一边，自己也一屁股坐在草地上，累得呼哧直喘。

众人检查狗蛋的身体情况，发现只是被擦破了手和脚，总算没有大伤，不过这顿惊吓着实不轻。

"柱子、细伢子、秋花，你们三个送狗蛋回家。"胡光墉在众人中，俨然是个头儿，"我和春姑留下。"

众人并无异议。小伙伴们搀着狗蛋下山去了，只留下胡光墉和春姑照看十几头牛，忙得不亦乐乎。

很快，天要黑了，胡光墉和春姑挂念狗蛋的情况，早早赶着牛群下山。来到山脚下的岔路口，那儿有一座凉亭。

"顺官，明天你就在这凉亭中等我。"春姑害怕胡光墉这家伙明天不辞而别，又特地强调一遍。

"嗯。"

胡光墉答应着，本能地向凉亭里边瞟了一眼。凉亭并不大，4根木头柱子，撑起一个简单的八角形凉亭。凉亭上面覆以砖瓦，因为年代久远，瓦片残缺，有的地方已经露出了孔洞。晴天的时候，阳光从小洞里射下来，斑斑驳驳。一遇到下雨，雨水就会从这孔洞里倾泻而下。

上面残破，下面也是一片狼藉。本来古朴整洁的石桌石凳，不知道被什么人给弄坏了。石桌是方的，早损了一角，桌面被刻画了一副象棋的棋盘，周围4个石凳，倒有3个是瘸腿的。

不过，对于行经此地的旅人，这里还是一个不错的歇脚地方。尤其是炎热的天气里，走热了，在这里避一避太阳，歇一歇晌，或者在这里偶尔对弈一番，一边激烈搏杀，一边忙里偷闲，观赏这满目葱郁的山色，倒也不错。

这里亦是胡光墉和小伙伴们常来玩耍的地方。胡光墉读过几年私塾，跟随先生学过几天象棋。棋自然是臭棋，谈不上什么棋力，不过几个小伙伴在这里你走马，我走炮，厮杀也颇为激烈。

这天，因为天色将黑，胡光墉和春姑二人赶着一大群牛，呼啦啦下山来，经过凉亭，就只那么瞟了一下。

但就这一瞟，胡光墉却惊讶地发现：在那个残破的石桌上面，似乎摆放着一件方方正正的物事。

"咦，那是什么？"

胡光墉毕竟是少年心性，不由得大为好奇。他疾步上前，一下子从栏杆外面跨入凉亭。

这下子离得只有不到1米远，看得清清楚楚。在桌面上放着的，原来是一个蓝色包袱。

其时夕阳西下，大片的光线将凉亭照得如同点亮了不知道多少盏灯。那包袱就放在石桌的正中间，蓝色的外皮，四四方方，系得严严实实。

"这个包袱怎么会放在这里？它的主人呢？"

胡雪岩：红顶商圣

　　胡光墉一愣，第一个反应就是这包袱的主人就在附近，他（她）可能因为内急去方便了。可是附近并没有什么可以隐身之处，方圆数十米之内，有没有人一目了然。除了自己和春姑，以及一群乱哄哄的牛群，周围静悄悄的，没有任何动静。

　　"顺官，你在那里干什么？还不快走？"

　　春姑一个人在前面收拢牛群，一会儿吆喝这一头，一会儿用石块投掷那一头，尘土飞扬里忙得不行。回头看了一眼胡光墉，见他在凉亭中不知道做什么，就喊了一声。

　　"春姑，你先赶着牛回去，我在这里玩一会儿。"胡光墉也不知道为什么，脱口而出。

　　"那好吧。"

　　春姑只能一个人赶着牛群，扬起一路尘土回村子里去了。

　　这边，胡光墉还在东张西望，等了一会儿，眼见太阳落山，却仍然不见有任何人影。

　　"喂，有人吗？"胡光墉有些沉不住气了，"是谁的包袱落在这里？包袱的主人可在这里么？"他喊了几嗓子，却只听到自己的回音。天色黑得很快，暮色仿佛一张大网，迅速收拢。

　　这么半天不见有人回来，胡光墉否定了最初包袱主人因为内急去方便的猜想。那么，是包袱的主人走得匆忙，将包袱丢在这里了？似乎只能这么解释。

　　于是胡光墉上前仔细观察那包袱。不敢解开，只将手指在外面隔着包袱皮摸了一下。里面的东西非常坚硬。会是什么东西呢？

　　"该不会有人开玩笑，装了些石头什么的在里面骗人玩吧？"

　　胡光墉少年心性，首先想到这是不是一个玩笑。如果自己被小伙伴用这种伎俩骗住，传出去可就是天大的笑话了。于是他决定将包袱打开来。

　　将包袱解开，四个角摊开，里面又是一层包袱。再解开来，眼前顿时一阵光芒闪烁，原来竟然是一堆碎银子。粗略估计，怎么也在几十两上下。

　　"啊？"胡光墉简直难以相信自己的眼睛。他试着去拿起一块碎银，放在嘴里咬了咬。没错,是真的。

这么大的一笔飞来横财,如今就摆在眼前,宛如梦里一般。不过这又不是梦,而是千真万确。

不过,面对巨额之财从天而降,胡光墉却并没有产生将其据为己有的想法。他的第一个反应就是:"谁这么粗心大意,将这么大一笔钱落在这里?哎呀,丢失钱财的人不知道多么着急呢!"

究竟是什么人会如此疏忽,抑或是突然遭遇了不测?胡光墉的头脑中一下子闪过从说书先生那里常听到的:某某人怀揣金银财宝,行路却遭到了劫持,结果被图财害命,人财两空……

他一个激灵。这个凉亭周围的什么地方,该不会有鲜血淋漓的一具无头尸体吧?可是凶手为什么不取走金银呢?

种种想法掠过脑海,他一时也无法判定,自己究竟遭遇的是哪种状况。不过,他本能地意识到:自己一个身材单薄的少年,在这里呆呆地守着一笔来路不明的巨额财产,绝非什么好事!

几乎是本能地,他做出了一个决定:将桌上的包袱重新系好,然后拎着去了附近的草丛中,在距离凉亭10来步远的地方隐蔽下来。这一来,他在暗处,别人在明处,出了什么情况,也好有所准备。

他相信:这个包袱的主人如果还活着,就一定还会回来寻找;如果包袱主人遭遇了不测,那么行凶之人等周围寂静无人,也一定会返回来取包袱!不管哪种情形,他都只需在这里静观其变即可。

胡光墉的判断没有错。正当他屏息静气,耐心地等待着的时候,从远处传来一阵急促的脚步声。

其时,天色昏暗,暮光中隐约看到来人是一个中年汉子,他径直来到凉亭中,上下左右,仔细寻找了一番。

"奇怪,应该是在这里呀。"

他口中喃喃着,显然急得不行。一番寻找不着,干脆坐下来仔细回忆:"嗯,我当时是这么来到这里,又这么躺在这个地方……那包袱应该就在桌子上才对……可为什么什么也见不到呢？"

见他这副模样，胡光墉心下判断，十有八九，这个人就是包袱的主人了。为了保险起见，他将包袱往草丛深处塞了塞，然后起身装作什么也没发生的样子，吹着口哨，往凉亭走去。

"喂，这位小哥——"那汉子正在抓耳挠腮，一见胡光墉过来，如同见了救星一样，连忙奔出凉亭，拦在胡光墉的面前，连声问道，"你可曾在这个凉亭中的石桌上捡到一个蓝色包袱？"

"什么包袱？"胡光墉故意问。

"蓝色的，方方正正，有这么大。"那人用手比划着，瞧情形倒是和胡光墉捡到的丝毫不差。

"包袱里有什么？"

"这……"那人迟疑了一下，显然也知道包袱里的物事贵重，"总之是很值钱的东西，你见过没有？"

"你连包袱里有什么都不知道，又怎么能证明包袱是你的？"胡光墉却非常细心，一定要问个清楚。

"这么说，是小哥你捡到了？"那人从他话语的口气，判断出包袱显然是被他捡到了，不由大喜。

"我只问你，包袱里有什么？"

"实不相瞒，我姓蒋，是大阜一家杂粮行的老板。这次是外出刚出手了一批粮食，得了些银子。回来的时候因为被朋友拉住，多喝了些酒，结果走到这里酒力发作，睡了一觉。醒来急着赶路，稀里糊涂就将装银子的包袱给落下了。那包袱里是整银50两，碎银30两，共80两整。"

听那人说得这么仔细，银两数目大致不差，而且前因后果合情合理，胡光墉才相信：他便是包袱的主人。

"跟我来吧！"

他领着蒋老板来到草丛中，向藏包袱的地方一指："喏，我就把包袱藏在那里，你看看对不对？"

蒋老板简直喜出望外，去草丛里取出包袱，果然便是自己丢失的。打开来看，里面银两一分不少。

"这位小哥，真是谢谢你了。请问你是怎么捡到包袱的？"

"我每天在山上放牛，一天路过这里两次。今天正好碰上了，捡到这个包袱。本来要急着回家的，因为怕失主着急，又怕这包袱不是什么正当东西，所以就先藏起来，等有人来找，问明了再归还。"

"小哥就一直等在这里？"

"那可不是。"

"小哥真不简单，年纪轻轻，办事如此沉稳，思虑如此周到，不但品德高尚，而且有智有谋。了不起，真是了不起啊！"蒋老板找回了包袱，少不得对胡光墉一阵猛夸，"对了，还没问小哥叫什么名字？"

"我叫胡光墉。"

"家中都有什么人？"

"只有一位母亲，带领我们几个兄弟简单过日子，"一想到母亲又该为自己这么晚不回家而着急了，胡光墉连忙道，"好了，你的包袱也找到了，我的任务也完成了。我得马上回家去了！"

"等一等——"

那位蒋老板问他这番话，却是有打算的。从他的话中听出他的家境不算富裕，于是蒋老板心中有了数。

"这位小哥，这里是10两银子，你拿回家去，交给你母亲，就说是我蒋某人的一点心意。"他取出10两碎银，就要递给胡光墉。

10两银子，在当时已经不是一笔小数目。尤其对胡光墉来说，他们一家人一年的生活用度，也足够了。

可是，出乎蒋老板的意料，胡光墉却将他的钱推了回去："蒋老板，我不能要你的钱。"

"为什么？"蒋老板愕然。

"我娘说过，帮助人家不能要人家的回报。这包袱本来就是你的，我捡到了，不过物归原主而已。"

"可是你不但捡到包袱，而且帮我在这里看了半天。我怎么也得表示一下心意，否则我怎能心安？"

二人争执一番，谁也说服不了谁。于是蒋老板道："这样吧，不要银子也行。不过我要和你一起回家去见你娘，当面向她道谢，教育出这么一个好儿子。我总不能白白受了人家恩惠，连个'谢'字都不说吧？"

"那……好吧……"

胡光墉推辞不过，于是只好领着蒋老板，踏着漫天星光，深一脚浅一脚地回到了胡里村的家中。

"娘，我回来了！"

"顺官，你怎么回来这么晚，急死娘了。"

从院子里传来金氏的埋怨声。金氏一边开门，一边絮絮叨叨："春姑那丫头倒是来说了一嘴，却也说不清楚。你说，这么晚了，你在山上干什么？也不怕虎狼什么的把你给叼了去……"

开了门，忽然见到在儿子的身边还站立着一个身材高大的陌生人，金氏不由一愣："你是……？"

"哦，他是蒋老板。"

"蒋老板？"金氏更加疑惑不已，打量了一下蒋老板，面目陌生得紧，又将询问的目光投去儿子脸上，"怎么回事？莫非你小子又在外面惹了祸，躲着不敢回家来，到底给人家找到了？"

"不，大婶，请您别误会。您儿子非但没有惹祸，反而做了一件大大的好事。我是来登门拜谢的。"

"那就好，快请里面坐。坐下再说！"

金氏将蒋老板让进了门，胡光墉得意洋洋，跟在后面。两个弟弟胡光培和胡光椿躲在门外偷听。

坐下后，蒋老板立即一五一十，先自报了姓名、身份，又将自己因为醉酒丢失包袱，被胡光墉给捡到，胡光墉如何将包袱藏匿于草丛中，然后一直等到自己回去找，如实讲了一遍。

"顺官，真是这样么？"

"是。"

听到这里，金氏总算放心了："那就好。我向日里一再教导你，能帮助别人就一定要去帮，而且要帮到底。我的话你总算听在心上了。很好，直到今天，我才相信，我的顺官长大了！"

"大婶，这是10两银子，是我的一点心意，"蒋老板打开包袱，又将10两银子捧了出来，递给金氏，"本来，我当场就要给这位小兄弟的，作为酬谢，可是他说要先回来禀明您，所以我就只好亲自交给您了。大婶，无论如何，这银子您要收下，否则我可是一辈子都不得心安呢！"

"哪里的话，我们捡到的是您的东西，原封不动交给您，是天经地义的。如果收下这银子，我们倒不得心安！我们家虽然是穷了一点，日子难过了一些，可是我们靠的是自己的双手挣来的饭吃，心下踏实。如果帮了人家一点小忙，就要人家的感谢，那算什么？邻居也会笑话的！"

金氏这么坚持不收，蒋老板也无可奈何。将银子收起来之后，他忽然又问道：

"对了，大婶，我忘了问了，这位光墉小兄弟，现在可还在读书么？还是在帮家里做事情？"

"这个，唉……"金氏叹息一声，"本来念了2年私塾，自从他爹去世后，就去给人家放牛了。"

"像光墉小兄弟这样的人才，聪明伶俐，品德又好，放牛未免可惜了，"蒋老板说出自己的打算，"我有个想法，不知道合适不合适。我呢，在大阜开着一家杂粮店，虽然店铺不大，不过依赖顾客们捧场，生意倒还过得去。我那里现在正好缺一个伙计，我想请光墉小兄弟去我那里做事。年薪呢，做学徒是每年5两银子，一共3年。出徒以后，每年的年薪是10两银子，怎样？"

其实，按照当时的情形，做学徒是没有工钱的，只是管吃管住而已。蒋老板这么做，已是破例。

"那感情好呀，蒋老板肯提携我们家顺官，实在是再好不过。"金氏大喜，她又何尝不知道让光墉这孩子去给人家放牛，是上好的材料当做了朽木使，只是一时没有办法，才暂时让他去放牛。

如今，有了这样的机会，金氏如何不高兴？何况，蒋老板这么看重光墉，将来光墉的前程一定差不了！

"好是好，就是不知道顺官能不能干好。可不要因为他，给蒋老板你添了累赘。"

"大婶哪里话，像光墉小兄弟这样的人才，我是求之不得，打着灯笼都找不到啊！"

双方一拍即合，事情就这么定了下来。于是蒋老板又一次起身，郑重其事地将10两银子交给金氏：

"大婶，这是我预先支付的光墉小兄弟3年的学徒薪水。1年3两，一共是9两。另外1两是我添的彩头。"

"这……好吧……"

这一来，金氏也无话可说，见蒋老板的确是一片诚意，也只好收下了。

连蒋老板自己也没想到，自己丢了一包袱的银子，却误打误撞，不但银子失而复得，还得了胡光墉这么一个难得的少年人才。他打心眼里高兴，临别之际，将自己的地址仔细告诉了胡光墉，让他尽快去找自己。然后，这位蒋老板就哼着小曲，高兴地离开了胡里村，连夜上路了。

待蒋老板走后，金氏看着白花花的10两银子，简直难以相信会有这么好的运气光临胡家的门槛。

自从丈夫一年前去世后，金氏为了这个家日夜操劳，现在，这10两银子可以令她暂缓一口气了。

一瞬间，她已经为这10两银子的用度做好了打算：分作三份，一份给胡光墉，作为他外出学徒的盘缠，添置几件新衣服；另外一份给两个儿子胡光培和胡光椿，供给他们兄弟上私塾之用。剩下一份，储存起来，作为家中应急之用。

"顺官，你今天这件事情，做得让娘实在是高兴！你过来，让娘仔细看看！"她招手将胡光墉叫到跟前，似乎今天才第一次发现，儿子已经长得又高又大，虽然因为营养不足，身材单薄、纤细了一些，不过，那一张脸膛，倒和他父亲酷似，眉毛、眼角、鼻子、嘴唇，依稀有丈夫的影子。

"顺官，你马上就要自己去奔前途了，说实在的，娘还真有些舍不得你呢！"毕竟是母子情深，分别在即，一想到儿子这一去，可能两年3年都不得回来一趟，金氏忍不住哽咽起来。

"娘，您不要难过，更不必替我担心，我已经长大了，会自己照顾自己。再说，蒋老板这个人看上去很不错，不会有问题的。"

"别人对你好，那是你前世修来的福气。但一个人最重要的，还是自己要端得正，站得直，立得住。凡事靠自己，做人、做事情无愧于心。娘没有什么好送给你的，但这几句话你一定要记住。"

"嗯。"

"那么，你准备什么时候动身？"

"明天就走。"

"这么急？"

"我已经放了一年的牛，明天该领工钱了。娘，我已经不小了，再不抓紧机会，出去学点本领，什么都晚了。"胡光墉其实瞒住母亲没有说：即使不发生蒋老板这桩事情，他也已经下定决心，明天就离开村子，去外面闯天下！蒋老板意外出现，只不过给他提供了一个明确的去处而已！

"好，顺官，你有志气，娘不拦你。"金氏也知道这个儿子与众不同，丈夫胡鹿泉临终之时，就曾经给众儿子各自留下遗言。其中，对胡光墉最为喜爱，对他的发展寄予厚望："将来光大我们胡家门户的，一定是顺官这个娃子！"因此，金氏也就对胡光墉外出闯荡并不阻拦。

得到娘的亲口允许，又因为有了蒋老板那里的一份差事，本来混沌一团的未来忽然异常清晰起来。这一夜，胡光墉前半夜兴奋得睡不着觉，一直在翻来覆去地想到了外边的情形。他想了很多，想象自己去给蒋老板当学徒，如何学习到许多新奇的、前所未闻的本领，如何在3年期满后，成为一个独当一面的小掌柜，如何在将来创立自己的一番事业，开创出一番大局面……

　　他什么都想到了，但他却怎么也想不到自己的将来的人生，竟然会那样地精彩绝伦，会从一个穷人家的放牛娃，成长为大清国的第一富豪，成为皇帝钦赐官职、亲赏红顶戴和黄马褂的"红顶商人"。这一切的一切，都从这个叫胡里的小村子开始，从这个夜晚过去之后开始……

第2章
信义之美

何谓"商道"？众说纷纭。然而细究起来，无非两个字而已：一个是"信"，一个是"义"。

信，是商的基石。商，说到底是人与人之间的贸易，是要与无数的陌生人打交道的，而这就要求"立于信"。

经商也好，做生意也罢，当然要赚钱，否则怎么说商人唯利是图，无利不起早呢！赚一点钱养家糊口是可以的，为自己的生意积攒一些本钱，也无可厚非。但如果要做一个大商人，就一定要明白一个最基本的道理：你将天下的钱都汇集到你这里，绝对不能只是用于个人的挥霍浪费，而要将这笔钱再通过你的手还给天下人。前者叫做"聚财"，后者叫做"散财"，也叫做"义"。

一个只懂得"聚财"而不懂得"散财"的商人，最后的结果一定是被骂为"奸商"，结局一定很惨。

胡雪岩在很早的时候就意识到这一点，从一开始赚钱的时候就有一个明确的目标："以信取利，以义济世。"这是他踏上漫漫商道学到的第一堂课，也是促使他富甲天下、令他终生受益的一堂课……

一转眼，胡光墉从离开绩溪县小小的胡里村，来到大阜蒋老板的杂粮行做学徒，已经整整两年了。

两年的光阴，自不算短。但这两年对胡光墉来说，却是比一眨眼还快上许多。他根本察觉不到春去秋来，寒暑更替，700多个日日夜夜是怎么从自己身边流逝而过的。一切都恍如昨日。

他只要一想起来，就会想起自己离开家的那天的情形：母亲一大早就起来忙活了，给他做了他最爱吃的荷包蛋，一个碗里足足塞了4个鸡蛋。要知道，这可是只有逢年过节才能享受的丰盛大餐。飘绕的香气馋得被窝里的两个弟弟直流口水，可是金氏却一口都不肯给他们吃。

吃完了饭，胡光墉拍着圆滚的肚子，去了他给放牛的大户人家，结算了一年的工钱。说是一年的工钱，其实只有100文。但这对胡光墉来说，也不是一笔小数目。他回来后，如数交给母亲。

不想，母亲不但不收他的钱，反而又塞给胡光墉1两银子，让他自己去镇上买几件像样的衣服穿。

有了钱，胡光墉却一点都不乱花，去镇上只买了一套布衣布鞋，就已经很满足了。又给两个弟弟每人买了一块糕点。两个弟弟并不晓得哥哥今天就要远行，吃罢糕点，高兴地自去玩耍了。

诸事准备完毕，金氏少不了又是一番叮咛，最后从自己怀里掏出来一只油光锃亮的凤纹银镯。

"顺官，这是娘当年嫁给你爹的时候，你外婆送给娘的陪嫁。这么多年了，娘一直不舍得戴。如今，你就要出远门了，娘没有什么可以给你的，这只镯子，你拿去带在身上。万一将来遇到什么急事，需要用钱的时候，就把它卖了，虽然值不了一两半两银子，不过总能应急。"

"不，娘，这怎么可以？"胡光墉连忙推辞道，"这是娘的心爱之物，我不能要。再说，我在那边有蒋老板照拂，不会有事的。"

"傻孩子，娘最珍爱的不是这只镯子，而是你。"金氏坚持将镯子塞在他的手上，"拿着吧！"

见胡光墉似乎还有些不情愿，她又加上了一层叮咛："其实，娘送你这只镯子，还有一层意思。将来你有了中意的姑娘，就把这只镯子送给她。就算是我给未来的胡家未过门媳妇的定礼。"

"娘，您说什么呀！"胡光墉从未听母亲对他谈起过这种话，顿时闹了个大红脸。

将镯子收好后，金氏又给了胡光墉2两银子，作为路上的盘缠和饭资。胡光墉便动身上路了。

母亲一直将胡光墉送到村口，胡光墉一身新衣，背着一个小包袱，走出去很远，还看到母亲在冲他挥手。

含着泪离开村子，沿着山路走了一程，来到山间那个岔路口的凉亭，却见春姑已经在那里等待多时了。

"顺官，你这就要走了么？"

"嗯。"

胡光墉答应一声，急于赶路，并没有意识到今天春姑也穿了一身新衣，而且脸上似乎化了淡妆。

"你说过有重要事情要在这里告诉我，什么事？"

"我……"

春姑没想到他这么急，脸上红了一红。但她毕竟比胡光墉年长1岁，略一扭捏，立即落落大方起来。

"顺官，这是我亲手给你做的一双鞋子，你穿穿看，合脚不合脚？"

她变戏法一样，从自己的怀里掏出来一双鞋子，递给胡光墉。鞋是她连夜做的，整整花了一夜工夫。一针一线，不知道缝进去她多少情意。一双手也因此而被勒得道道血痕，好不辛苦。

"春姑，你对我真好！"

胡光墉就是个傻子，也知道春姑对自己这一番心意，何况他已经13岁，情窦初开的年纪。

将鞋子接过来后，他立即坐下来，除去脚上的旧鞋，将新鞋子在脚上一试，果然十分合脚，又松又软。

"合脚么？"

"合脚。"

但胡光墉只试穿了一下，却又将新鞋脱下来，将自己的旧鞋换上了。春姑对此大感愕然："怎么了？"

"我怕穿坏了，倒不如留着放在身边，也好经常拿出来看一看，那样我就不会忘了……不会忘了家乡。"

胡光墉本来想说"不会忘了你"，但这句话无论如何说不出口，只好改口"不会忘了家乡"。

虽然如此，这一番话已经等于直接对春姑表白。春姑得到他的亲口承诺，芳心荡漾，忍不住春情萌动。

"顺官，我还有一件东西要送给你，你闭上眼睛……"

"什么东西，这么神秘？"

胡光墉依言闭上了眼睛，但觉得手心里一紧，似乎春姑将什么东西塞给了他。跟着，更令他意想不到，只觉得香风一荡，一双温热、湿润的娇唇，竟然在他的脸上结结实实吻下一个印记。

"顺官，我等你回来……"

不等他睁开眼睛，春姑在他耳根边上丢下这么一句，已经跑远了。

胡光墉睁开眼来，只见春姑已经往山上跑去。她显然有意避开，很快整个人隐没在树林之中。

胡光墉的脸上如同被火烫了一下，伸手去摸，仍有几分灼热。再看春姑塞在他手上的却是一方锦帕，打开来，里面原来是包着一些碎银子，也有一二两的样子，看来是春姑的私房钱！

胡光墉并没有来得及对春姑讲昨天遇到蒋老板的一幕，春姑显然担心他路上忍饥挨饿，决意要接济他。又知道他的犟脾气，如果当面给他银子，他一定不要，于是才上演了刚才的一出戏。

手上捧着春姑赠送的银子，脸上被春姑吻过的地方还在火辣辣的，胡光墉心里不由喃喃问道：

"春姑，春姑，你为什么对我这么好？我不过是一个穷小子，不值得你这么把我当宝贝看！"

不过，一转念，他又鼓励自己："胡光墉啊胡光墉，你也不要将自己瞧扁了，爹和娘不是都把振兴胡家的希望寄托在你身上吗？还有，蒋老板不也是称赞你人才难得？春姑之所以对你这么好，是因为她看准了你将来大有前途，不可限量。你小子无论如何，可不能让大家伙失望啊！"

经过这么一番内心波动，耽搁了一阵，天已近晌午，时候不早了，于是胡光墉不再去想其他，立即上路……

两年前的一幕一幕，不知道在胡光墉的梦里萦回了多少次，这也是激励他不断上进的最大动力。

那个时候的学徒生涯，绝不轻松。即使胡光墉来到大阜以后，有蒋老板的亲自照顾，却也必须从一个最基本的学徒工做起。每天早上要第一个起床，抢在师傅起身之前倒夜壶，给师傅准备好洗脸水，然后去扫地、抹桌子、买早点。等师傅起身之后，一切利利落落，准备就绪，只等开门营业。

胡光墉即使在家里也没有干过这么脏、这么累的活儿。即使伺候他亲爹，也没有对师傅这么亲。

但师傅就是师傅，3年学徒期间，不仅仅要教给徒弟本领，更要磨炼徒弟的心性，培养他的道德情操。毕竟，人与人之间的才能差别，绝非天地迥异。而决定一个人比另一个人更为成功，或者更容易招致失败的一个决定性的因素，也并非个人才能，而是道德修养。这是进入商道的第一步。只有这一步的根基弄扎实了，步子迈稳了，以后才能端得正，才能走得远。

为什么当时很多手艺人不肯收自己的子女当学徒？就因为见不得子女吃那份苦，下不得重手去打。

至于师傅对待学徒，那是比父母要严厉多了。轻则呵斥，重则责打，一天到晚，不会给你好脸色。

蒋老板对待胡光墉也是如此。虽然初来乍到，蒋老板对胡光墉也的确照顾，但既为学徒，就要给胡光墉约法三章：一、不准说谎；二、不准赌博；三、不准偷盗。三条违反任何一条，立即辞退。

师傅给胡光墉约法三章，胡光墉对自己则是约法十章：不准睡懒觉、不准贪嘴、不准衣着邋遢等等。

所以，胡光墉在这两年中，始终以一个勤奋、肯吃苦、机灵、肯学习的面目出现在众人面前。人人都很喜欢他，亲切地称呼他"小胡"。杂粮店的活很重，每天都有数百上千斤的粮食进进出出，大家看小胡年龄小，身子单薄，就不让他干重活，只做些记录账目、管理仓库的轻活。但胡光墉却并不因此而有片刻懈怠，除了做好自己的本职工作，账目清楚，库房整洁，而且一有空闲就给这个送条毛巾，给那个端杯热水，上上下下，无不对他交口称赞。

这么忙忙碌碌，两年的时间一晃而过。再有一年的时间，胡光墉的学徒生涯就要正式画上句号了。

这一年，春节刚过，尚是正月。这也是一年中杂粮行最清闲的日子。蒋老板因为要到外面去收一批粮食，为开春的行情做准备，所以一过初六就动身了。杂粮行里的其他伙计都回家过年去了，只留下胡光墉和另一个叫"大头"的学徒。大头比胡光墉晚来一年，脑袋虽大，却不甚灵光。不过他身材高大粗壮，有一身力气，蒋老板特地留下他看守店铺，不过凡事得听胡光墉的。

这天，胡光墉像每日里一样，早早起身，看大头还在酣睡，他就出去开了门，扫了地，然后去买早点。

早点铺子就在街口，胡光墉刚来到跟前，要了一碗豆腐脑，一笼包子，还没有吃，忽然听得对面的客栈里传出来一阵吵嚷声。接着，就见掌柜吴胖子将一个人连铺盖带行李给推搡出来。

"走，快走，不要再赖在这里了。"

"掌柜的，行行好，我病得厉害，实在走不了。再容我住一段时间，等养好了病再走，好吗？"

那人是个中年人，一脸的病容，胡子拉碴，看着似乎连站都站不稳，身子不住地摇晃，仿佛随时会倒下去。

"你已经赖了半个月的店钱和饭钱了,药费我也替你垫了不少了。大过年的,我也不跟你计较了。前面的账一笔勾销,不过这好人我是做不下去了。你自己另外找一个住处吧!"吴掌柜道。

"掌柜的,索性行好行到底,我知道您是个大善人,就当可怜我。我已经给家里写了信,很快会有人带着银子来的。现在我实在是没地方去,求您再让我住几天,求求您了……"那人苦苦哀求道。

"不是我不让你住,是你这个样子,硬挨着不请大夫,肯定不行,可你又出不起钱,你说让我怎么办?"吴掌柜的意思很明显,害怕这个人一病不起,最后呜呼哀哉,死在自己的客栈里。大过年的如果死了人,那么这晦气可就要笼罩一年,这整整一年的生意只怕都要泡汤了。

这时候,因为两人的争执,也围上来几个看热闹的人。不过都是七嘴八舌,并没有人能实际帮助那汉子。

胡光墉却看在眼里,急在心里。然而,他自己也是个在外打工的小伙计,面对这种情形,爱莫能助。

匆匆吃罢早点,和摊主闲聊起来,得知这汉子是从金华来的,说是到这里做考察,准备做收购杂粮的生意,却不知道怎么水土不服,一来这里就病倒了,而且病得厉害,身上一点钱很快用完了。给家里写了信,眼巴巴盼人来,却因为年关将近,诸事繁忙,那信也不知道送到了没有。总之家里不见一个人来,客栈老板以为他是个骗子,于是再不肯替他出钱买药治病。

也是说者无心,听者有意。胡光墉一听对方是从金华来的,而且做的是杂粮生意,那不正是自己的主顾吗?

一转念间,他已经做出了一个决定:他要伸出援手,帮助这个素不相识的陌生汉子!

当即,他上前去拦住了吴掌柜:"吴掌柜,您老人家行行好,再收留这位先生住上几天。请医拿药的事情,包在我身上。"

"小胡?"

吴掌柜平日里和蒋老板也都是有交往的,因此认识胡光墉,知道蒋老板对这个小伙计很看重。

"怎么，你要替他作保？"

"不错。请医拿药，一应吃穿用度，都把账算在我头上。"

"好大的口气！"吴掌柜白了他一眼，"你说清楚，是你个人付账，还是你们蒋记杂粮行付账？不过，你们蒋老板不在，你一个小伙计，只怕做不得主。"

"我当然做得主，蒋老板临行前说过，大小事情，都由我说了算。"胡光墉大声道。

"空口无凭，如果你真能做主，那么先拿10两银子来这里押着。等蒋老板回来，账一并算！"

"好，一言为定！"胡光墉和吴掌柜约好后，连忙去搀扶那人，"这位先生，你放心，有我在，没事的。"

"这位小兄弟，谢谢你了。"

那汉子说话有气无力，胡光墉一扶他的身子，一条大汉，竟然轻飘飘的，真个是皮包骨头。可见这场病，将他折磨得着实不轻。胡光墉也不嫌弃他身上肮脏，将他扶进屋去，又将他的行李铺盖拿进来，重新安顿好之后，给他买来早点，嘱咐道："你先吃点东西，等我去请大夫来！"

"多谢！"

从客栈出来，他立即奔回蒋记杂粮行，将自己的全部积蓄拿出来，不过二三两银子。又叫醒大头，问大头借银子，大头也不过只有一两半两。二人凑了半天，不过5两银子的光景而已。

这点钱显然解决不了问题。情急之下，胡光墉想到了一个人，就是蒋太太。只能向她去借钱了。可是如果自己直接讲清楚事情的原委，一来需要时间，二来蒋太太不一定能同意自己的做法。

一转念间，他想到了母亲给自己的那只凤镯。有了，这只凤镯正好可以派上用场！他揣着银镯来到蒋老板家。

蒋太太将孩子们都遣出去玩了，一个人正在闲坐，见胡光墉忽然上门，还以为他是来拜年串门子呢。

"小胡，来了，快过来坐。"

"蒋婶，我没工夫坐。我来是求您一件事情。"

"小胡，这么说话可就太客气了。什么求不求的，尽管开口说。"

"本来这件事情，我应该找蒋先生商量。蒋先生不在家，我只好来求蒋婶您了。我是来向您借钱的。"

"哦，借多少？"

"怎么也得20两银子吧！"

"什么？20两？这么多？"

蒋太太本来以为他小孩子花度，也就三五两银子的事情。蒋老板对这个孩子很看重，自己也很喜欢，这点小钱自然不在话下。可是一听他开口就要20两，这可不是一笔小数目，她有些吃惊："小胡，出了什么事？你一个人怎么能花这么多银子？莫非是和人家赌钱赌输了？"

"蒋婶，您放心，我这笔钱一定用在正道上，是拿去救人一命的。至于其他的，您就别问了。"

胡光墉将自己那只银镯拿出来，捧给蒋太太："空口无信，蒋婶，这只镯子是我娘在我临出门时候送给我的，说是当年她嫁到我们胡家时候的陪嫁。我只要一看到这只镯子，就会想起我娘。所以说这只镯子虽然值不了一两半两的银子，却是我最珍贵之物。现在，我把它押在您这里。"

"这……"

蒋太太也知道这个小胡平日里作风正派，绝不乱来。又见他这么郑重其事，知道他一定有自己的打算。20两银子虽然数目巨大，但对蒋家来说还不是难事。于是她转身进去，取出20两银子。

"好吧，小胡，我相信你，这银子你拿去救人，这镯子是你的传家宝，你也拿回去吧！"

"不，这镯子是抵押，等我来还钱的时候，再取回不迟。就先有劳蒋婶替我保存几天了。我先走了。"

胡光墉放下镯子，捧着20两银子立即奔回客栈去。先将10两银子交给吴掌柜，稳住了局面，又拿出5两银子，去请了一个大夫来。大夫给这位病人一诊断，病情果然不轻。再不医治，非出人命不可。

当下，大夫给开出了方子，告辞而去。胡光墉送走大夫，亲自跑去抓药，回来后又给那人煎药。

等一碗汤药服下去，那人昏昏沉沉睡了一觉，醒来果然大见好转。他挣扎着坐起来，将胡光墉叫到跟前：

"这位小兄弟，大恩不言谢。我这条命是你给救回来的，日后我一定会报答于你。对了，你叫什么名字？"

"我叫胡光墉，你叫我小胡好了。"

"我姓张，叫张彪。我在金华刚开了一家火腿行，这次是来大阜考察生意，准备收购一批杂粮的。小胡，我看你人不错，我有个想法，想和你结拜为异姓兄弟，不知道你同意不同意？"

"结拜为兄弟？好呀！"胡光墉以前只在说书的场子里听到，古人动不动就义结金兰，没想到自己做了一件好事，也会有机会去结交一个异姓兄弟，当即一口答应，"那我就是小弟，你是大哥了！"

"不忙，不忙，这件事情要举行一个仪式，等过两天我病完全好了，咱们通知大伙，摆宴欢庆！"

这个张彪别看是在病中，口气倒大得紧。胡光墉听了，只是笑了笑，并没有把他的话当真。

此后几天，胡光墉每天都去给张彪煎药，张彪服了药，果然一日精神胜过一日。一场大病，十去八九。

可是，家中音信久久不至，也令张彪颇为不耐烦，他这天告诉胡光墉，决定亲自回金华一趟。胡光墉既然和他口头上结拜，也就十分信任于他，不但替他向吴掌柜担保，而且送了他路费。

吴掌柜一走，大阜人人都嘲笑胡光墉，说这小子是个冤大头，说什么张彪一去，必然是肉包子打狗——有去无回。

这件事情被所有人当做笑谈，只有胡光墉并不在意，仿佛没发生这件事情一样,照样做自己的事情。

又过了几天,早上胡光墉刚开门,忽然见门前停着一辆华丽的马车。从车子上下来一个人,不正是张彪?

"大哥,是你?"

"小胡,大哥本来一回去就该赶回来的,不过想到你我兄弟结拜,非同小可,干脆又去乡下老家,将你嫂子和你两个侄子都一起接了来。因此路上耽搁了一些时日,你在这边可等急了吧?"

张彪说着,掀起车帘,从里面又搀扶下来一人,正是他的妻子。胡光墉等她下车站定,连忙上前:

"大嫂!"

"你就是小胡?好,好,张彪能够和你这么一个好心人结拜为兄弟,是他前世修来的福气啊!大牛,二牛,你们两个快下来,给叔叔磕头!"

立时,从车子里又下来两个孩子,都在八九岁的光景,扑在胡光墉的面前,"咚咚"磕起头来。

"胡叔叔!"

"快起来,快起来!"

胡光墉自己还没有比人家大上几岁,却受这么大的礼,一下子闹得面红耳赤,手忙脚乱扶起二人。

当即,这一行人在人群簇拥下,直奔张彪住过的那家客栈。掌柜吴胖子听说是张彪回来了,不胜之喜。张彪却也并不计较他此前的无礼,不但将全部费用结清,而且声称,要在这里摆宴,请大家为他和胡光墉的结拜兄弟作个见证。众人这才相信,张彪先前所说的话,并无一字虚言。

热热闹闹的酒席摆了一天,大阜人人都知道胡光墉和张彪结拜为兄弟之事,连蒋太太也听说了。

"原来那孩子将借去的钱用来救助这位张彪了,怪不得。这孩子心地就是好,做人也真有一套。"

第二天一早,胡光墉就揣着那20两银子来见蒋太太。蒋太太一见面就埋怨他："小胡，你拿钱去救人，这是好事，当时对我明说不就行了，干吗非要一个人担着？害我白白替你担心。"

"多谢婶娘替我担心，"胡光墉却振振有词，"我是担心万一帮错了人，结果白白赔上银子，到时候，这笔账只能算在我的头上，又怎么敢连累粮行？我一个做伙计的，基本规矩还是懂的。"

"你这个孩子，凡事就是想得周全。"蒋太太一边夸奖，一边将他押在自己这里的凤镯取出来还给他。

"这个给你，这么珍贵的东西，以后轻易不要拿给别人做抵押了。"

"蒋太太，这东西对我来说，虽然珍贵无比，对您来说，却不值几个钱。我用它押20两银子，也只有您肯借给我。我知道，我欠了您一个很大的人情，您放心，我一定会把这个人情还上的。"

胡光墉取回镯子，从蒋太太这里告辞。蒋太太一时不太明白，他要还自己一个什么样的人情。

而胡光墉却早料到了，这天中午，一起吃饭的时候，张彪就单独小声问他："兄弟，我有个想法。"

"大哥请讲。"

"你在这里给人家做一个小学徒，能有什么出息？大哥我在金华那边，反正火腿行也刚开张，正缺人手。不如你过去帮我的忙，那家店就算你我兄弟一人一半。你一到那里，就是掌柜，岂非比在这里给人家使唤要自由自在得多？以后咱们兄弟就是有福同享，有难同当！"

他这番话，其实早在胡光墉意料之中。胡光墉知道张彪一定会帮助自己到金华去发展，不过，他刚才向蒋太太许诺，要还一个大大的人情，就是指这件事情。他心里早有了打算。

"大哥，谢谢你的一番好意，"胡光墉人虽然小，说话做事却是一板一眼，"不过，我问你，咱们生意人，最看重的是什么？"

"一个'信'字。"

"正是。我就是因为这个'信'字的缘故，才不能答应大哥。"

"哦?"

"在救大哥之前,我并不知道大哥是金华来的老板。现在我知道了,而且我得到大哥的肯定,我很高兴。可是我之前来大阜的时候,是和蒋老板有约定的:学徒3年。我答应了他,就一定要干满3年。"

"这么说,你还要再干1年?"

"正是。"

"那好,那么我就在这里等你们蒋老板回来,和他订立一单大合同,"张彪当即拍板道,"这一年当中,我在金华那边火腿行所需要订购的杂粮,都由你们蒋老板的杂粮行负责,怎么样?"

"那大哥可是帮了我的大忙了。这样一来我就不至于失信于蒋老板,蒋老板也可以因此而多获利。"

"那么,我现在可是和你约好了:1年之后,我亲自来接你到金华去,到时候可不许反悔,也不准蒋老板不放人!"

"一言为定!"

几天后,蒋老板从外面回来,一进店门就遇到了在这里等他的张彪。听张彪将事情经过一讲,蒋老板喜出望外。不但自己的生意因此将更上层楼,更因为胡光墉做的这件事情,委实漂亮。

"张彪老弟,实不相瞒,本来我准备学徒期满后要重用小胡的,不想你捷足先登,和他先订了约。唉,就算我没有这个福气。不过,你那里门面比我大得多,将来小胡就靠你多多提携了!"

"应该,应该。我已经和小胡结拜为兄弟,自家兄弟的事情,我当然要十二分放在心上了。"

张彪走后,这一年中,蒋记杂粮店因为得了这么一个大主顾的照拂,果然生意兴隆,财源滚滚。而胡光墉将这一年的红利,作为回报给蒋太太的一个大人情,也算是10倍20倍回报于她了。

小小年纪,胡光墉就做事如此漂亮,处处透露出信义之美,难怪他将来会有那么大的成就,成为一代商业奇才。

第3章

崭露头角

商有"道",亦有"时"。

"道",就是不可违背的最基本的规律。离开了"道",商就无法生存。

同样,"时"对每个商人来说,是职业生涯里最重要的一个因素。常言说:时来运转。"时",就是作为一个商人来说,获得的最佳的发展机会。错过或者强求"时",都不会成功。

胡雪岩深深懂得"待时"。因此,他在人生的最初几年里,并没有急于去想自己究竟如何才能赚大钱,而是做着一件最基本的工作:苦练经商的基本功:一是"算",二是"静"。算,就是计算。商人一定要精于计算,斤斤计较,对数字有着超乎常人的敏感。这是商人的安身立命之本。静,就是静功,是忍耐。最老练的商人,一定是如同最有耐心的狐狸一样,静候猎物上钩。唯静能大,只有在纷纭复杂的乱局中保持内心的绝对镇静,才能捕捉到最上佳的"时"……

胡雪岩在最初的人生阶段,每一步都走得很顺,就得益于他对"时"的灵光一闪般的敏锐捕捉……

上部　发迹乱世

从大阜到金华，胡光墉迈出了坚实的一步，对于一心图谋发展的他来说，局面一下子开朗了许多。

金华的商业繁荣，与大阜自不可同日而语。金华最有名的就是金华火腿。据说，宋代有一位大将军，叫做宗泽。宗泽是抗金名将，他的家乡就是当时的金华府。为了抗击金人，他组织义军8000人，北上请战。并且人人脸上刺上了"赤心报国、誓杀金贼"8个大字，这就是历史上有名的"八字军"。在宗泽的带领下，"八字军"连连痛击金人，收复失地无数。凯旋之后，乡亲们纷纷献上精制的、由当地特产的"二乌头"猪的猪腿做成的"火腿"，让宗泽带到开封去慰问家乡子弟兵。吃着"家乡肉"的子弟兵，打起仗来自然更加勇猛。"家乡肉"的美名一传十，十传百，最后传到皇帝耳朵里。皇帝命令宗泽献"家乡肉"进宫，一吃之下，香嫩无比，加之颜色如火焰般夺目，因此赐名"火腿"。从此金华火腿的名声就传遍天下了。

当胡光墉来到金华的时候，还可以看到家家户户的火腿行里悬挂着宗泽祖师爷的画像呢！

火腿行的生意规模，比起杂粮店来那可是大多了。胡光墉在大阜，觉得蒋老板的生意已经不小了。到了金华才知道，任何一家不起眼的火腿行，每天进进出出的银子，都抵得上杂粮行一个月甚至半年的流水。在这里，胡光墉算是第一次见了世面，懂得了什么叫做"生意"。

张彪的张记火腿行，经营刚刚1年多，本钱并不大，知名度也不高。不过，尽管如此，也分别开设有一家养猪场和一家火腿加工厂。再加上火腿行这一摊子事情杂七杂八，也很不少。

胡光墉一到金华，立即将全副身心投入到火腿行业的经营中去。他是杂粮行出身，对于收购来的各种杂粮，价格如何，品质如何，分门别类，那是烂熟于心。但对于这些杂粮如何用来搭配喂猪，如何能够用最低的成本喂出最肥壮的猪，这倒是门外汉了。而不懂得养猪，不了解猪的生活习性，那么养出来的猪肉的品质就会大不相同，这就会影响火腿最基本的味道。

本来，按照张彪的意思，胡光墉一来就做店中的二掌柜，负责整体上的经营，管好那10多个伙计就可以了，但胡光墉却坚持仍然将自己当做一个学徒来看待，要求亲自到养猪场去养猪。

整整半年的时间，从小猪仔的出生，到第一批猪喂大出圈，了解了猪的各种生活习性后，这一工作方告完成。

从养猪场出来，胡光墉又一头扎入了火腿加工厂。因为他的身份特殊，所以负责火腿加工的师傅也不瞒他，详细地告诉他关于火腿的选料、腌制、风干、上色等一系列工艺的窍门。

这么又过了半年，胡光墉已经从一个门外汉成为行家里手，他才从火腿加工厂回到了火腿行。

在火腿行，胡光墉仍然干自己的老本行，负责账目管理。他人聪明，又肯用工，一把算盘打起来，手指上下翻飞，珠子撞击的清脆声连成一片，真称得上是"大珠小珠落玉盘"。手上计算，口中报数，凡是来到店里的客人，无不对这位小掌柜刮目相看，称他是天生的生意奇才。

但胡光墉还是有出糗的时候。一天，店里来了一个杭州老板，一进门就要选购一大批上好的火腿。

这样的大客户，照例是胡光墉亲自来接待。他从火腿的肉质精良，讲到火腿的工艺超群，头头是道。那客人听了，非常满意，当即下了一笔大订单，一下子要了500两银子的货，当场交款。

可是，这么大一笔银子，他却没有随身携带装银子的褡裢。胡光墉正在奇怪，只见他从怀里掏出来一张薄纸。

"这是500两银票，请收好。"

"哦？"

胡光墉从来没有见过这玩意儿，真难以相信，这么随便一张薄纸，能抵得上500两白花花的银子？

他接过银票，只见上面清清楚楚地印着"仁和钱庄"4个大字，下面写着一行墨字：凭此票付纹银500两整。旁边是龙飞凤舞的押记，除了钱庄自己人，外人根本认不清写的是什么。

"这……"

胡光墉面有难色。他曾经听人说起过银票，说那东西只是一张薄纸，却上面写多少数字就能抵多少银子。将银票拿到票号去，人家就会给你付真金白银。可是直到今天，他才第一次见到。

见胡光墉一副犹犹豫豫的样子，似乎不敢收银票，对方不由地脸上露出轻蔑的神色："怎么，不敢收？"

"对不起，我们这里一向只收现银……"

"这么说，你是怀疑我这张银票是假的？"对方恼怒起来，将银票拍在桌案上，"你看清楚了，这可是杭州仁和钱庄的总号开出来的票子，你瞧，上面有人家掌柜的图章和亲笔画押。如果不信，你这就跟我去这里的仁和分号，看能不能从里面兑出来银子，哼，小乡巴佬！"

惹顾客发这么大的火，这在胡光墉步入生意场以来还是第一次。好在他当伙计早锻炼出来了，因此任凭对方怎么言语粗暴，他依旧和颜悦色："这位客人，您别见怪。我的确是从乡下来的，没见过银票。您稍微坐一下，喝口茶润润嗓子。我请我们的掌柜张先生出来，好吗？"

"哼！"对方气咻咻地坐下了，对递上来的茶水连看都不看。

这边，胡光墉早派人去后面请出了张彪。张彪一听对方是大客户，接过对方的银票，看都不看：

"既然是仁和钱庄的票子，哪还有假。全国21家联号，通存通兑，绝对不会有问题的。"

听他对仁和钱庄这么清楚，对方才颜色和悦了一些。自然，生意成交之后，张彪为了巴结对方，少不得又添了一些彩头。本来一单很大的生意，最后算下来也就没有多少赚头了。

客人走后，胡光墉还在一个人坐在那里生闷气，越想越气，忍不住又向张彪将那张银票要过来：

"大哥，你说这玩意儿，真的不会有假？"

"兄弟，你放心，"张彪知道他没有见过银票，不懂得里面的学问，耐心给他解释道，"人家钱庄既然敢开出这票子，自然在上面不知道费了多少心思。想要在这上面动手脚，比登天还难。"

"不，我不是这个意思……"

胡光墉指着银票上面的"500两纹银"，疑惑地道："这里填上多少，就是多少，这岂非……岂非太神奇了吧？如果这里不是500两，而是写上5000两，甚至5万两，那么这边的仁和分号不也得照样给付？"

"那自然。"

"他们真有那么多银子？"

"哈，连这点银子都拿不出来，还开什么钱庄？"张彪哈哈一笑，"再说了，他们自己哪里有银子？还不都是储户存在那里的钱。他们一边吸收储户去存款，一边向外面等待用钱的人放款，靠的就是把一个人手中的钱倒到另外一个人手中去，从中赚取差额利润。这叫做'钱生钱'。"

"钱生钱？"胡光墉喃喃地道，"那倒的确比我们起早贪黑，卖力气挣钱容易多了！对了，张大哥，为什么你不去开钱庄？"

"小胡，你说什么？要我去开钱庄？你以为人人都是那块料？"张彪摇了摇头，"做人最重要的是要有自知之明。我这个人，对自己了解得很清楚。花点力气，赚点小钱，是没问题的。可是，如果要我去经营钱庄，那就是天天和'白老虎'睡在一起，早晚非被吃得骨头渣都不剩。"

"什么叫'白老虎'？"

"就是银子哪！"张彪给他解释，"银子这玩意儿，白花花的，没有人不喜欢。因为它是好东西，对不对？有了它，想吃什么吃什么，想穿什么穿什么，想住什么房子都可以住，想办什么事情，都可以办。天底下的人，有谁不喜欢银子的吗？可是这家伙吃起人来，也真是不吐骨头。小则倾家荡产，大则丢了性命，尸骨无存。为什么？你想想，有了钱，难免财大气粗，招摇起来，结果不是被盗贼盯上，就是被官府盯上。得罪了哪一方，都叫你吃不了兜着走。盗贼还好，要抢夺你的钱财，直接下手即可；官府要抢夺你的钱财，就必然找个罪名办你，抄家杀头，都是一夜之间的事情。再说了，就是哄走了盗贼，喂饱了官府，你就能太平度日吗？钱有来时，也有去时。一旦两手空空，富贵不再，你会觉得以前的穷日子一天都过不了。不用别人来杀死你，逼死你，你自己就会主动选择走到绝路上去。你说，钱不是'白老虎'是什么？"

张彪这一通话，是胡光墉从来都没有想到过的。他心里有些不以为然，脸上也露出将信将疑的神色。

"唉，兄弟，我也知道以你现在的年龄、阅历，很难相信我说的话，不过以后你自然会明白的。"

这天晚上，胡光墉翻来覆去，怎么也睡不着。白天那个客商嘲笑他为"乡巴佬"的轻蔑神态，一直在眼前晃动。

"哼，神气什么？不就是仗着有几个钱，见过的世面多一些么？我将来一定比你强十倍百倍！"

胡光墉在心里道。

如果说在离开胡里村以前，他在心里一直有一个暗暗比较的对象，就是父亲胡鹿泉。他一心想的，是自己将来如何超过父亲，如何比父亲更有出息。那么，到了大阜以后，他便有了一个新的目标，这个目标便是蒋老板。他一心以蒋老板为目标，想象自己将来要如何超过他。

现在，从大阜来到了金华，他的目标，也从蒋老板换成了张彪。尽管张彪拿他当作亲兄弟一样，从未当做学徒看。但胡光墉却一心想的是，自己将来无论如何，一定要在张彪之上。

但这天，自从见过了这位客商，听说了杭州那边钱庄林立，听说了像仁和钱庄这样全国拥有20多家联号，银子通存通兑，那是何等的气魄、何等的手笔，胡光墉心里一下子动摇了。

金华这片天地，本来已经足够广阔、辽远，但如今却再也安不下胡光墉的一颗心。他要飞得更高、更远。

第二天，经过一夜思考的胡光墉郑重其事地来找张彪，一见面就直接说出了自己的心里话：

"大哥，我想和你说一件事情。"

"哦？什么事情？"

"我想离开金华，到杭州的钱庄去学徒。不知道大哥在杭州有没有开钱庄的朋友？"

"啊？"

张彪没有任何的思想准备，颇为吃惊："你要到杭州的钱庄去当学徒？为什么会突然有这个想法？"

"就是从昨天见了那张银票以后，听大哥讲了一星半点钱庄的事情，我也不知道怎么的，忽然就产生了一个想法：将来我一定要开一家自己的钱庄。因此，我就决定先去杭州的钱庄学徒。"

"你将来要开钱庄？"

"是的。"

"你不怕'白老虎'？"

"'白老虎'再厉害，毕竟是死的；人是活的，活人总不能被死老虎吓倒。大哥，你说是不是？"

"也是。"

张彪听他说得有道理，点了点头，附和了一句，但随即又担心起来："不过，小胡，我跟你说，开钱庄可不是好玩的事情，不但自己要有巨额的本钱，而且每天都要应对无数的风险。这一行一旦迈进去第一步，可就如同小船进了大海，再也没有能全身而退、回到岸上那一天了。"

"多谢大哥提醒，"胡光墉道，"不过我决心已定，就是前面有万丈深渊，我也非跳下去不可。"

"唉！"张彪见他这么坚定，只能叹了口气，"我知道，小胡，你一直是想做大事情的，你和我不一样。本来我是想利用这个小店铺，做咱们兄弟安身立命的本钱。先给你娶一个媳妇，安家立业，将来有了一定的本钱，再让你去施展手脚。没想到，你这么着急，这么快就要离开。"

"大哥，谢谢你的一番好意。但我现在上无片瓦遮身，下无立锥之地，靠什么去养家糊口？总不能全靠大哥你帮助我！我曾听说书的常说：'古人有云：大丈夫事业未成，何以家为？'我不敢自诩是大丈夫，但我想，总要自己事业有了一定的根基，再考虑娶妻生子。大哥，你说呢？"

"也对。"

张彪只能顺着他的话，点头答应。想了想，想起在杭州有一个朋友："既然你主意已定，而且下了这么大的决心，那我也不拦你。这样吧，我在杭州正好有一个开钱庄的朋友，是阜康钱庄的于掌柜。我给他写一封信，就推荐你到他那里学徒，怎么样？他是自己人，会照顾你的。"

"那太好了。"

当下，张彪立即取来纸笔，斟酌字句，写了一封短信，交给胡光墉。又详细说明了去杭州怎么走、这家阜康钱庄位于杭州城中什么位置、那个于掌柜是怎样的一个人，等等。

临行之际，张彪又特地给了胡光墉一包碎银子："小胡，杭州不比金华，到那儿以后，别太苦了自己。"

"多谢大哥！"

兄弟二人洒泪而别。胡光墉此刻的心思，全部都在钱庄上面。离开金华，直奔杭州而去。

杭州，自古以来就是繁华之地。五代的时候，这里就已经有著名的吴越国。后来吴越国归宋，元气得以保全。宋室南渡之后，将这里改名为临安，定为国都，从此奠定杭州东南第一的"天城"地位。南宋王朝也许在政治上萎靡不振，在经济上，却堪称雄踞世界之首。难怪蒙古人入主中原，大元定鼎，马可波罗最想游历的梦幻之城就是杭州，并且得出结论，这是"世界上最美丽华贵之城"。可以想象杭州当年如何繁华似锦，是怎样一座美轮美奂之城。

胡光墉来到杭州，并没有心思去领略这座久闻大名的城市的秀丽风光，而是径直奔向阜康钱庄。

阜康钱庄并不如胡光墉想象中的豪华气派，而是朴拙典雅。钱庄门口一对石头狮子垂首敛爪，乖顺可爱。从这家店铺的风格，就可以看出这家钱庄的掌柜是一个不事张扬的实实在在生意人。

胡光墉进门以后,立刻有两个小伙计上来招呼他,将他当做上门来存钱的顾客,给他端茶递水。

"不,我是来找人的。"

"哦?找谁?"

"找你们于掌柜。"

胡光墉从怀中取出张彪的推荐信,一个伙计拿了信进到里面去,不一会儿,就听里面响起一阵咳嗽声。

"咳,咳——"

一个50多岁的老者,鬓角斑白,腰背略微有些佝偻,一张脸上,略微露出些病容,一边轻声咳嗽,一边从里面走出来。在他的手上,还拿着展开的书信。

"张老板推荐的朋友在哪里?哦,就是这位小兄弟?"

他还没有来到胡光墉跟前,已经上上下下将胡光墉打量了一遍。见这个少年约十五六岁的样子,身材不高不矮,不胖不瘦,一身衣着倒也得体,不算光鲜,然而整洁异常。一张脸孔清秀俊美,尤其那一双眼睛,流露出机灵和聪慧。两张嘴皮极薄,一看就是能言善辩之辈。

"小子胡光墉,见过于掌柜。"

"张老板在信中说,他有一位义结金兰的兄弟,要推荐到我这里来做事。真没想到,竟然这么年轻有为。"

"不敢当,不敢当,"胡光墉连忙道,"都是张大哥抬爱,其实我在他那里也不过是个小伙计而已。"

"年轻人不骄不躁,难得,难得。来,里面请!"

于掌柜对胡光墉的第一印象极好,将胡光墉让进内堂,俨然将他当做自己的后生晚辈一样对待。

胡光墉跟着来到里面,只扫了一眼,就发现这里陈设简单,似乎只有于掌柜一个人住在这里。

"小兄弟——"

"不,请于掌柜还是叫我小胡吧!"

"那好，小胡，张老板和我是忘年之交，老朽虽然痴长几岁，但和张老板却是平辈相交。你和他是结拜兄弟，所以，你在我面前，也不必拘礼。有什么心里话要说出来的，当面开口，不必客气。"

"是。"

"小胡，张老板在信中说，你想到杭州的钱庄来当学徒，为什么？"

"于掌柜，实不相瞒，我来钱庄当学徒的目的，是要了解这一行的基本知识。将来等我完全掌握了，我就自己开一家钱庄。不但要开钱庄，而且我要开全国最大的，要比'仁和'大得多！"

"年轻人好大的志向！"于掌柜口头上这么称赞，内心却不以为然，心想年轻人不知道天高地厚，喜欢说大话，这是司空见惯的事情。所以他只随口说了一句，又接着问下去，"那么你为什么非要选择钱庄这一行？是因为钱庄挣钱容易么？否则火腿行一样可以做到全国最大啊！"

"我做钱庄，不是为了挣钱，"胡光墉脱口而出，"我听说，钱庄是将大家伙的钱都吸引过来，让大家都来存钱。我就是要开最大的钱庄，让所有人都来存钱。有了足够的钱，就能做大事情了！"

"哦？做什么大事情？"

"这个……我还没有想好……"胡光墉脸上一红，但立即又正色道，"我在家里的时候，我娘常教导我说，一个人活在这个世界上，就要尽自己最大的能力去帮助别人。我身上有1两银子，就只能去帮助一个人。如果我有1万两银子，100万两银子，就可以去帮助天下所有的人。所以我要开最大的钱庄，我要帮所有的人。这就是我要做的大事情，总之我要钱用不完。"

"你这个孩子，倒有点意思。"于掌柜点了点头，不由地对他刮目相看。本来以为他是要赚无数的钱用来自己花，却不料他赚钱是为了帮助人。再联想张彪信中提到，这个孩子的品德是多么的好，于掌柜忽然产生了一个想法，不过这个想法他秘而不宣，决定暂且不让胡光墉知道。

"那么，小胡，你想在哪家钱庄学徒呢？"

"我就在于掌柜这里，可以吗？"

"可以。不过在我这里当学徒，要求比其他钱庄要严厉得多，吃苦不说，规矩也多，你吃得消吗？"

"吃得消。"

"好吧，"于掌柜对胡光墉这一番言谈举止颇为满意，"对了，只知道叫你小胡，还不晓得你大名叫什么？"

"胡光墉。"

"光墉？这个名字不太好，尤其在钱庄做事情，这个'光'字犯忌，这样吧，我给你改一个名字。"

"嗯。"

于掌柜低头思索，沉吟片刻，有了一个主意："嗯，你的志向是做大生意，有花不完的钱。可是钱庄这生意，虽然是大堆大堆的银子，却都不是你的，仿佛下了好大一场雪，遍地白茫茫的一片，可是太阳一出来，冰雪消融，什么都留不下。所以，要想积雪不化，非得下面有坚固的岩石作为依托不可。我就给你起一个名字，叫'雪岩'如何？雪堆岩上，万古不融。"

"雪岩？好名字，好名字！"胡光墉将这个名字轻声念叨几遍，大喜过望，立即跪下给于掌柜叩头。

"多谢师傅！"

胡光墉，不，从现在开始，应该叫他胡雪岩了。从这天开始，胡雪岩就在于掌柜的阜康钱庄留了下来，正式成为了一名学徒。根据钱庄的规矩，学徒要当5年，出徒之后，可以升格为跑街，跑街干好了以后，可以升格为出店，出店干好了以后，可以升格为掌盘，也就是"掌握全盘"的意思。不过这非得10年20年不可。

胡雪岩当了学徒，需要遵守的第一个规矩，就是100天之内不能跨出店门一步，要练"坐功"。

所谓"坐功"，就是每天坐在金库里面，练习算银票、包银元、串铜钱。

这里面有两个意思：一是帮助你练习基本功，既然是在钱庄学徒，自然就要和钱打交道。普通之人，一辈子也没有机会见这么多钱，因此一见之下，难免头晕目眩。有的还会生出贪婪之心。而只要每天守着这么一堆金银财宝，过一段时间，就会不把其当做钱看了。二是要磨炼初来乍到者的心性。从事钱庄生意，和这么多钱打交道，最需要守住的一个基本底线，就是一个"定"字。

胡雪岩在这一个"定"字上，可以说表现得十分突出。他既然抱定决心，要在钱庄这一个行当做出番大事情来，自然比别人格外勤苦用功。每天起早贪黑，在金库里一心一意练习基本功。珠算、心算，这两项能力都有了极大的提高，而且任何工作，他都反复核对，不允许出一点差错。

100天的时间弹指而过。胡雪岩沉浸于苦练基本技艺之中，根本不晓得这100天是怎么过去的。

100天期满，于掌柜并没有亲自来看望胡雪岩，只是让一名比他大几岁、刚满师的一位跑街刘师兄来给他传话：

"小胡，师傅说你'坐功'已经期满了。今天放一天假，让我带你去逛西湖。"

西湖，是杭州的标志。但胡雪岩却对集灵秀于一身，被称为"江南第一美景"的西湖没有任何的动心，只是淡淡地说：

"我觉得自己的'坐功'还没有练好，让我再练练吧！"

这一练，居然又是100天。胡雪岩将自己关在金库里，真正是足不出户，目不窥园。

当第二个100天期满，于掌柜亲自来看胡雪岩了。

"小胡，你的'坐功'练得怎么样了？"

"师傅要考我？"

"考什么，我还信不过你？年轻人肯刻苦用功，我很喜欢。不过用功也要注意身体。我来是要告诉你，明天放一天假，无论如何，你也要跟随大伙到西湖去玩上一天。不注意休息，会累病的。"

"是！"

既然是于掌柜亲自发话了,胡雪岩也不敢不听。

于是,第二天一早,他在来到杭州半年多后,第一次踏出阜康钱庄的大门,跟随众师兄一道,边说边笑,信步向西湖逛去。

第4章

西湖救美

　　古人对商人的评价是："商人重利轻别离"，今天亦有人将商人称为"经济动物"，总之评价不高。

　　其实商人和正常人一样，也有七情六欲，只不过是对财富的渴望过于强烈，以至于为了达到目的，常常不择手段。所谓"人为财死"，一旦人成为赚钱的机器，人生也就失去了本来的意义。

　　胡雪岩的道德品质，已经得到阜康钱庄于掌柜的认可，而于掌柜对他还有一段时间的观察，就是要看他是否"有情"。情，分为几种。第一种是亲情，即孝顺父母，团结兄弟，关爱家人。第二种是爱情，即能够发自内心地去尊重异性。第三种是友情，即能在素不相识的人群中找到知己同类。第四种是怜悯之情，即对芸芸众生的大爱。普通人往往重视亲情，渴望爱情，珍惜友情，然而却很少有人会去察觉，其实自己内心还有怜悯之情。

　　胡雪岩是有怜悯之情的，他心怀天下，立志济世，正是这种"大情"，使他最终脱颖而出。

众人一路说笑着，径直来到西湖边上的第一个景点"柳浪闻莺"，这里绿柳成荫，黄莺轻鸣，令人神清气爽。穿过柳林，西湖一下子展现在眼前，仿佛一个明媚动人的少女突然闯入你的心扉。胡雪岩早就听说西湖的大名，也听说书人常常引用的苏东坡吟咏西湖的千古绝唱：

>水光潋滟晴方好，
>
>山色空濛雨亦奇。
>
>欲把西湖比西子，
>
>淡妆浓抹总相宜。

站在岸边，举目望去，西湖果然是朦胧的一片美景。水是朦胧的，山是朦胧的，山水相连，宛如一副长卷。

既然来到了西湖，自然迫不及待地要去看雷峰塔。雷峰塔距离柳浪闻莺并不远，一路蜿蜒，欣赏着湖光山色，不知不觉就来到了雷峰塔。雷峰塔其实也并没有什么，经历了多少的沧桑岁月，多少的烽烟战火，早已疲惫不堪，披上了一层衰朽之气。然而由这里而生的那个著名的"雷峰塔压白娘子"的故事，却似乎永远都那么新鲜，永远都那样地带着青春气息扑面而来。在男人的心目中，便都将自己幻化作那个少年许仙，渴望能够在这如诗如画的西湖之畔，邂逅一位貌美而多情的白娘子。即使她是一位蛇妖，却也没有人在乎这些。爱情原本就是超越一切的。

胡雪岩也和众人一道，一边津津乐道谈论着许仙和白娘子的故事，一边登上了雷峰塔。天气本来晴好，在塔上可以一览西湖全貌，也可以远眺杭州城容，不料忽然飘来一阵阴云，下起细雨。

雨中的西湖，别有一番缠绵的情致。胡雪岩和众人下了雷峰塔，继续前行，很快便来到了苏堤。

苏堤就是当年苏东坡主持修建的长堤。苏东坡和杭州的所有情缘，最后都凝结在这条长堤上。本来只是浚治西湖，满湖的淤泥杂草无处安置，却被苏东坡别出心裁，成就了这贯通两岸的六桥风光。

信步走在苏堤之上，两岸的美景真是美不胜收。刚刚在岸上只能远观、在雷峰塔之上只能俯瞰的西湖，忽然变成了可以触摸、可以感受，宛如一位可远观而不可近玩的美丽女子，忽然成为了身边依偎并行的同伴，可以听着她的软语，嗅着她的芳香，可以在她衣佩叮当的清脆声里悠然而行。一时间，真分不清是你亲近了西湖，还是西湖将你容纳在她软玉温香的怀抱里。

西湖的风光自然不必多说，而最令胡雪岩眼花缭乱的，还是在身边川流不息的来游西湖的人们。正是西湖一年中最美的季节，因此来游湖的人们也就格外多。其中大多是像胡雪岩这样的穷小子，外来客，但也有杭州本地的达官贵人、王孙公子和千金小姐。胡雪岩他们是徒步，那些有权有钱的人则不同：千金小姐不肯轻易让人窥见她们的秀色，往往是让下人抬一顶小轿子，在人群中缓步而行，自己则在轿中，从小窗口欣赏外面的美景。偶尔轿帘被风一吹，可以瞥见里面的玉人姿容，但更多的是留给人们去议论、猜测和遐想。至于那些王孙公子，则耀武扬威，他们往往是为了炫耀，骑着高头大马，在并不宽敞的长堤上，依旧是扬鞭策马，飞奔而过，马鞭挥落，马蹄嘚嘚，吓得游人纷纷闪避不迭，他们却开心不已。

在这么一片喧哗声中，胡雪岩和众人走完了苏堤，轻轻巧巧转一个弯，从一条岔路来到著名的"曲院风荷"。

这里是西湖中荷花最多也是最集中的地方，"接天莲叶无穷碧，映日荷花别样红"，说的就是这荷叶与荷叶相连，形成一片无穷无际的碧绿，在一片绿海中，凌波捧出的一朵朵荷花，粉嫩之极，娇艳之极，令人目睹之下，不由地心里顿时生出一股清凉之意，自然也难捺爱慕之心。

如此美景，最是令人情思荡漾。胡雪岩在看到这无边秀色后，不由地就在内心想起了一个人：春姑。

是呀，在这么一个如梦如幻的地方，面对这么一片如画如诗的美景，如果能和自己的心上人一起并肩依偎，静静欣赏，那该是多么惬意的一幕啊！如今，身边虽然也有众多的伙计陪伴，却更觉孤独。

算一算，自从离开家乡，从胡里那个小小的村子到绩溪，从绩溪到金华，再从金华到杭州，已经过去了差不多5年。5年的时光，说长不长，说短不短。胡雪岩已经从离开家时那个瘦骨伶仃的少年，成长为一个身材高大、魁梧有力的青年。在他的下巴上，已经长出浓密的短须，说话的声音也比原来浑厚、洪亮了许多。最大的变化是在他的脸上，那种稳重、成熟、不急不躁的神态，是以前从来没有过的，他的目光也比原来更加明亮，充满了自信。

自己这个样子，不知道春姑还能认出来吗？女大十八变，春姑现在又变成什么样子了呢？

心里想着春姑，他不由自主地将目光在人群中那些女孩子的身上偷睨而去。他还尚未经过男女之事，因此身边的年龄大的伙计肆无忌惮地评论着从身边过去的女子，目光盯着人家的胸脯、屁股，胡雪岩却只能偶尔一扫而过，心中却怦怦狂跳不已。春姑大概也和这些女子一样，发育成熟了吧？不知道她可信守对自己的诺言，还是身边已经招蜂引蝶，有了别的男子？

歇息片刻，有人提议去游船，于是众人凑出来一点钱，租了一条摇橹的船，荡开铺满荷叶的水面下了水。

在船上近观西湖，感觉又不同。远观西湖仿佛一个文静怀春的少女，近观则觉得她是一个肥腴成熟的少妇。水面清澈，可以清楚地看到水中一群群追逐嬉戏的鱼儿。这湖水如此撩人神思，使人忍不住有脱光了衣服跃入水中自由自在畅游的冲动。胡雪岩在家乡的时候，就是一个出了名的游泳好手。他谙熟水性，可以在水下半天不上来。捉鱼摸虾，无不第一。

可是现在，面对周围那么多的游船，船上男男女女都有，自己总不能赤条条下水去嬉戏吧？

不过，他还是将鞋袜除去，挽起裤管，将双脚和双腿垂入水中，感受着那湖水清凉的抚摸。

他是男子，可以这么无拘无束，惬意之极，可是女孩子就不同。这不，对面驶过来一艘小船，船上三四个都是妙龄女子，有的穿红，有的穿绿，有的穿白。她们也多想和胡雪岩一样，赤足去水中嬉戏。可是不行，因为那时候的女子，缠三寸金莲，绝对不可以轻易给男人看到。金莲之足是一定要留到新婚之夜给自己的丈夫欣赏的。所以她们只能弯下腰，伸手去捞水嬉戏。

看她们的年龄，都在十六七岁的样子，一张张面孔粉雕玉琢，一个个挽起袖子，露出嫩藕一样的胳膊。褪去上面的金银玉镯，她们开心地撩起水来，互相打着水仗，清脆的笑声宛如铜铃般响起。

胡雪岩和众伙计目睹这一幕，竟然是呆了。几个女孩子也是玩得兴起，根本不管不顾什么叫做矜持。

不料，正在此时，远处一艘高大雄伟、华贵逼人的画舫急速驶来，船头上一群富家公子，把酒寻欢，目中无人。

大船来得如此之快，激起一片水花。众小船纷纷闪避，那承载众女子的小船不及躲开，一阵剧烈摇晃，一个红衣女子尖叫一声，竟然从船头一下子跌落水中，"扑通"一声，溅起大片水花。

"救命——"

她显然是不谙水性的，一落水，手脚乱舞，只来得及喊了一声，就呛了一大口水，眼见不省人事。

"快救人哪！"

众女子齐声尖叫，然而以她们的微弱之力，根本无法救得同伴。眼见情势危急，胡雪岩想也没想，立即脱去上衣，一个鱼跃扑入水中，只几下就到了那个女子身边，溺水之人，即使一根稻草也要死死捉住，那女子虽然没有多少气力，可是如果在水里被她纠缠住也很要命。所以胡雪岩并没有将自己的胳膊去伸给她，而是毫不犹豫一下捉住了她的秀发，然后拖到船边。

众人七手八脚将那女子拖上船去，她喝了那么多水，早已人事不省，可是众女子从未经历过这等事情，如何懂得施救？

"快，划到岸边！"

胡雪岩虽然懂得救人之道，可是在众目睽睽之下，要去推压女子的胸口，还要嘴对嘴给她渡气，那怎么能够？

他亲自操起桨来，一通猛划。小船很快上了岸，这一带正是孤山，人迹稀少。胡雪岩让众人帮助他把女子抬到一处僻静地方，然后让众人暂避一边。

周围寂静无人，胡雪岩再也顾不得那么多了。将女子身体放平，自己就用双手去挤压她的胸口，又对准她的嘴，使劲向里面输气。这么一番施救，终于，那女子喉咙里一阵响，接着"哇"一声吐出一大口水来。胡雪岩这才松了口气。

众人听得动静，连忙过来，将那女子扶到一块大石头上，头下脚上，又"哇哇"倒出来几口水。

终于，这一条命捡回来了，胡雪岩惦记自己的伙伴们，匆忙起身告辞，众女子千恩万谢，非要他留下姓名。

"我是阜康钱庄的，你们叫我小胡就可以了。"

胡雪岩毕竟还是不肯吐露姓名，只大致说了几句，就急忙离开，去和自己的同事们汇合了。

因为全身的衣服都湿透，游湖只能被迫中止，结果连大名鼎鼎的"三潭印月"都没有看成，未免扫兴。

回来后，胡雪岩很快把这件事情忘在了脑后。因为他"坐功"练完后，接下来就要正式在店里帮忙。而店里的实际情况，显然又和在金库里单纯坐着不同：店里要应付各种各样的客人，迎接客人进门，给客人端茶倒水，赔上笑脸，仔细回答客人的问题，注意师傅是如何谈生意的……

不过，胡雪岩毕竟已经有了绩溪、金华的学徒生涯，因此做起这种事情来轻车熟路，令于掌柜大为满意。

胡雪岩对自己也信心满满，年轻人要做好事情，无非做到两条：一、吃苦耐劳；二、勤奋好学。再加上他天生一张巧嘴，那察言观色的功夫，十分中已修炼出了七八分，所以做任何事情都得心应手。

只有一件事情，令胡雪岩颇为困扰。那就是他每天早上第一个起来，在店里打扫卫生的时候，总会发现一文钱。

一文钱，对于阜康钱庄这么一个专门经营存款、放款业务的专业机构，对于每天几百几千两银子进出的大业务，实在不算什么。对于在金库里见惯了金银珠宝的胡雪岩来说，也的确与尘埃无异。

但胡雪岩却并不敢对这一文钱掉以轻心，每天捡到钱之后，他总是不动声色，将钱找机会交给师傅。

"师傅，这是我捡到的。"

"唔。"

于掌柜对于他上交这一文钱，从来没有多说一个字，既不表扬，也不多问。接过去，就丢入钱箱。

这么一连过了一个月，胡雪岩每天都捡到一文钱，每天都上交给师傅，他也没有告诉任何同事。

第二个月开始的头一天，一大早起来，胡雪岩又在扫地，于掌柜咳嗽一声，从房间里出来了。

"小胡，你过来，我给你说一件事情。"

"是。"

胡雪岩走过去，于掌柜将他领到钱箱跟前，打开来，里面不多不少，只有那一枚胡雪岩每天捡到的铜板。

"小胡，你知道为什么每天都捡到这一文钱吗？"

"不知道。"

"哈，那是我故意丢在那里，用来考验你的，"于掌柜得意地说道，"我用这个办法，测验来我这里学徒的每个伙计，期限都是一个月。你猜，有多少人能够一个月中每次都将这一文钱交上来？"

"大概十有八九吧？"

"十有八九？哈哈，小胡，你真是太不了解人心了，"于掌柜的答案令胡雪岩大吃一惊，"只有你一个。"

"什么？"胡雪岩简直难以置信，"那怎么会？"

"让我来告诉你，这其中是什么道理，"于掌柜仔细给他分析道，"一开始，人们捡到钱；第一个反应，自然是上交师傅。10个人中，的确有七八个人会这么做。也有两三个会觉得，这一文钱无足轻重，顺手捡来塞进了自己腰包，反正也不会有人去当真追究。这样的人，我会立即让他走路。"

"第一次捡到钱，10个人中有七八人上交，连续10天捡到钱，能够坚持上交的就只有四五人了。为什么？有的人是生出了贪婪之心，有的则是觉得麻烦，有的是因为上交后，没有得到我的表扬，心里生出来不平之气。总之，剩下来的人不到两三个。

"再接下来，这两三人中，有人听说别人捡了钱拿去花了，有人嘲笑说一文钱也值得上交？结果受到影响，不知不觉就看淡了这件事情。有的是不再上交，有的是看到了也不去捡了。

"所以，这些年来，从我这里进进出出的伙计，有上百人，但真正能连续一个月将这一文钱上交给我的，只有你一个。这是一件多么简单的事情，然而当真要做好，却又是多么难啊！

"所以啊，小胡，我对你很满意。你聪明机灵，那是没得说，难得你品德好，又肯坚持不懈地做一件事情。如今像你这样的年轻人，可是不多见了。你好好干，将来一定会有出人头地的一天。"

顺利地通过这次测验之后，于掌柜对胡雪岩更加另眼相看，交给他做的事情也就更加多起来。

这天，胡雪岩正在店中忙忙碌碌地做着事情，忽然从外面进来一个人。此人40上下，一身绸缎衣服，光鲜逼人。

他刚一进门，胡雪岩早已迎接上去："这位先生来了，请上坐！"

他刚要去端茶倒水，那位客人却已经拦住了他："不必。"客人说话中气充沛，屋子里每个人都听得清清楚楚。

"请问，哪位是胡先生？"

"胡先生？"

胡雪岩一时丈二和尚摸不着头脑，他一直习惯了被称为"小胡"，在"胡"字后面加上"先生"二字，还是第一次。

"哦，就是小胡。"

那位客人见他迟疑，就改了口。

"小胡？我就是。"

店里姓胡的其实只有胡雪岩一人，只不过一时没有反应过来。如今听说对方找"小胡"，他连忙答应。

"哦？你就是小胡？上个月在西湖救了我闺女阿四的就是你？"

那位客人一迭连声地问。

"阿四？"

胡雪岩又愣住了。因为他当时走得急，根本不知道姑娘的姓名来历，所以一时又不敢应承。

"怎么，莫非你不是小胡？贵钱庄可还有另外一位小胡？"

"没有了，只有我一个。"

"那么，这里不是阜康钱庄？我走错了门？"

"您没走错，这里的确是阜康钱庄。"

"那奇怪了。分明是你救了我女儿，为什么你却不太清楚这件事情？"

"哦，是这样，我当时是救了一个姑娘上岸，可是走得急，也不知道对方叫什么名字，是不是您说的阿四。"

"错不了！"那客人这才肯定地道，"我女儿和她的众伙伴听得清清楚楚，阜康钱庄，小胡，一定是你！"

于是，只见他站起身，整肃衣服，恭恭敬敬地给胡雪岩鞠了一个躬："我在这里替小女谢过胡先生了！"

"言重了，言重了！"

胡雪岩哪里敢受如此大礼，连忙还礼："区区小事，不过举手之劳而已，请您和令女不必挂怀。"

"哪里话，受人滴水之恩，自当涌泉相报，何况你是救了我女儿性命，我罗有贵如果知恩不报，那岂非畜生不如？"只见这位客人提高了嗓门，冲外面一声高喊，"来人哪，抬进来！"

原来外面还有几个跟班的，闻言立即进来，当先一人捧着一个礼盒，在桌子上打开，里面是10锭50两一个的大元宝，一共是500两。接着，后面几个人挑着担子，上好的绫罗绸缎，一共4担。

"胡先生，这是我的一点心意，以酬谢你搭救小女之恩，区区薄礼，请你不要推辞，一定要收下。"

"这,使不得……"

胡雪岩大惊,却也没有想到,这位客人会有这么大的手笔。他连忙道:"这么大的事情,我不敢做主,要问过我师傅……"

"小胡,你和这位先生的话,我都听到了。"于掌柜早注意到这边的动静,一听胡雪岩的话,立即走了出来,来到跟前。

"师傅,您看……?"

"小胡,你救人这么大的事情,怎么也不和我说一声?"于掌柜似乎在责备他,其实却是满心欢喜,"在你看来,顺手救人,小事一桩,可是在这位先生,那姑娘却是他的命根子,是心头肉,给一座金山银山也不换哪!人家既然是答谢你来了,那是诚心诚意,你也别客气了,收下吧!"

"可是这太多了……"

"这算什么?"罗有贵大声道,"如果不是我刚刚收购了一大批生丝,手头上有点紧张,我会再加一倍的酬礼。这样吧,如果胡先生嫌少,等我生丝脱手之后,我再亲自送500两银子来。"

"不,千万不要——"

胡雪岩怕他当真那么做,唬得不行:"这钱我收下就是,至于这些绫罗绸缎,我拿了也是无用……"

"那就给店里面大伙一人做一套新衣服,"罗有贵道,"贵店上上下下,以后就都是我罗某人的朋友了。"

"哈哈,罗先生够豪爽,是个好朋友,"于掌柜最喜欢结交这样的朋友,立即吩咐道,"既然是朋友,没有来了就走的道理,今天罗先生第一次登门,就由我来做东,在望湖楼摆上一桌,好好聊聊。"

"我做东,我做东,大伙儿都去!"

罗有贵坚持要请客,于掌柜拗不过他,最后也只好答应。于是留下几个伙计照看生意,众人直奔"望湖楼"。

在望湖楼坐定以后,罗有贵自我介绍。原来他是杭州本地人,做的是收购生丝的加工生意,平日里往来于杭州和湖州之间,一年之中,倒有多一半时间在湖州一带经商。他的家里有4个女儿，这次游湖跌落湖中的是第四个女儿，是众女儿中最幼小的一个，也是罗有贵的心头肉。其他3个都已经出阁，只有这个小女儿刚刚长成，不过已经和湖州知府的儿子定了亲。

"于掌柜，多亏了胡先生搭救我女儿啊！否则，我女儿有个三长两短，我自己痛不欲生，寻死觅活，那是我个人的事情；湖州王知府那边，我也没有办法交代啊！得罪了人家，我的生意还怎么做？"

"生意做不做，倒在其次，关键是人没有事，这是令千金福大命大，也是罗先生你平日多积善德啊！"

"唉，积什么善德，咱们生意人，能够做到不欺人，不自欺，就算是积德了。"

"不然。以前有句公话，叫做'人在官场好修行'，就是说官家的人，手中的权力大，可以利用权力去救济百姓，去造福一方。其实，依我说，咱们生意人，人在生意场，也是可以多修行的。不瞒你说，我这位小伙计，哦，对了，他叫雪岩，他将来的志向，就是挣大把大把的钱，去救济天下的穷苦百姓。别看小小年纪，却是菩萨心肠，以后像令千金这样受他恩惠的，只怕有成千上万呢！"

"真的？小兄弟竟然有这么大的志向？了不起，真是了不起啊！唉，我以前做生意，只知道一门心思赚钱，以为有了钱就什么都有了；后来有了一点钱，才发现除了钱，什么都没了。钱这玩意，你越想靠，就越靠不住。到头来，还是身边这几个亲人，有钱没钱，总归是一家人。"

这顿饭，就这么一直吃到日落西山，罗老板才大醉而去。临行还拉着胡雪岩的手，不知道说些什么。

像罗老板这样的大客户，自然是阜康钱庄乐于结交的。而罗老板为了报恩于胡雪岩，也就格外照顾阜康钱庄。

几天后，胡雪岩有事跟随于掌柜外出，回来时候已经不早，不过店里伙计还是迎上来小声告诉他：

"小胡，罗老板又派人来存钱啦！不过指定非要你接待不可。人家从晌午来这里，已经等了半天了。"

"哎哟，对不起，对不起！"

胡雪岩连忙去接待那位客人，那客人却年纪轻轻，是一个青衣小厮模样，只是那面孔委实过于清秀了一些。

"咦，你……"

胡雪岩一见他的模样，隐隐约约，似曾相识，却怎么也想不起来在哪里见过。那小厮脸上微微一红，神态也有些扭捏，将随身一个放在桌子上的包裹打开，里面是黄金500两整，交给胡雪岩。

"这是我爹特意嘱咐，交给你存在柜上的，存期一年，不计利息。要用你们只管拿去用好了。"

"你爹？"

胡雪岩又是一愣，但立即明白了，原来这位便是那日自己救起的罗四小姐，只是不知道怎么，她竟然亲自来存钱，而且装扮成一个小厮的模样，一时间，自己竟然没有分辨出来。他暗骂自己真笨，不过还是一丝不苟，将金子交给柜台上收入库中，然后打了存单，交给罗四小姐。

接过存单，罗四小姐似乎想和胡雪岩说些什么，却碍于人多眼杂，姑娘面嫩，一时张不开口。

胡雪岩是何等机灵，一下子体会到她的心事，于是连忙对同事说："我出去送一下客人，去去就回。"

他为店里揽来这么大一笔存款，而且是无息存款，众人自然对他另眼相看，因此纷纷答应，让他自去。

等来到外面，在僻静无人处站定，胡雪岩才小声对罗四小姐说道："罗姑娘，怎么你竟然自己跑来了？"

"我来当面向救我性命的恩公道一声谢，不行么？"罗四小姐这时候不需要再隐瞒，她的声音原来是这么甜润好听，"我爹也说不让我亲自来，可是拗不过我，所以只好由着我来这里了。"

一听她说爹爹"拗不过他"，胡雪岩忽然想到当日他父亲说到女儿的情形，不由"扑哧"一声笑出来。

"喂,你笑什么?"罗四小姐却莫名其妙,仔细地打量自己身上的衣着,"我这身打扮不好看么?"

"不,不,你别误会!"胡雪岩连忙解释道,"我是在想,你爹那么大的一个老板,生意场上威风八面,可是一提到你这个宝贝女儿,就摇头叹气,说拿你一点办法都没有。真是有趣!"

"我爹疼我,从小就拿我没办法,"罗四小姐得意地道,"我要做什么,都是由着自己的性子,真正是秃子打伞——无法无天。我爹为了我,不知道操了多少心。不过,也是因为我娘去世得早。"

"你娘去世了?"

"是啊,我一出生就没有见过我娘,听说是因为生我大出血,只来得及抱了抱我,就去世了。"

"对不起……"

"没什么,这么多年,我早习惯了。我爹后来又娶了好几房女人,可能是觉得亏欠我,所以才对我百依百顺,找了一大堆丫鬟什么的来伺候我。可是他自己却一年到头很少来看我一趟。"

一说到父亲,罗四小姐似乎就满腹牢骚,一肚子的话,结果絮絮叨叨讲了半天,才想起来什么:

"哎呀,我光顾说自己,忘记你了。你怕是还要赶着回店里去,可是我一时还不想回去,怎么办?"

"没什么的,我陪你。"

"真的吗?"罗四小姐大喜,"那咱们干脆去鼓楼那里吃点东西,我知道有很多好吃的。"

"好。"

于是二人就来到了鼓楼。这里是平民百姓、蝇头小民的快活之地,没有什么奢华招摇的建筑,路边多是摆小摊的小商小贩。有一些姑娘家喜欢的针头线脑、装饰物品,也有一些杭州著名的小吃,杂七杂八,一应俱全。

罗四小姐显然平日里很少来这里,如今得了胡雪岩陪伴,兴致颇高,这个看看，那个问问，不过并不当真买。

最后二人来到一处点心铺子，就在摊位上要了几样点心，虽然不是那么精致，不过风味颇有不同。

二人就这么一边吃，一边看着街道上川流不息的人群，这种感觉对罗四小姐来说，实在新鲜。

"小胡，我以后经常来找你，你带我来这里吃东西，好不好？"

"好是好，只怕我店里忙，有时候脱不开身。如果我总丢下生意，出来陪你，怕是要挨师傅骂了。"

"哼，怕什么？大不了我多来几次，往你们这里存钱。我来一次，你就陪我出来逛一次，好不好？"

毕竟是大小姐脾气，忤逆不得，胡雪岩心里觉得好笑，不过在嘴巴上也只能敷衍她道："好。"

"对了，小胡，还没有问你家里那边的情况呢，你家里还有什么人？父母可都健在？兄弟姐妹有什么人？"

罗四小姐似乎要刨根问底，将胡雪岩的情况摸个底朝天。胡雪岩觉得自己一时不知道如何说起。

"这，说来话长……"

"那就慢慢说！"

胡雪岩没有办法，只好将自己的情形大致讲了。听说他没了父亲，家中只有母亲在苦苦支撑，生计艰难，罗四小姐也是一阵难过。

"唉，可惜……"

"你不必为我难过，"胡雪岩还以为她在替自己可惜，连忙一挺胸脯，"我在爹坟前发过誓，不闯出一番天地，不回家乡去。"

"不，我不是说你可惜，是说我可惜……"罗四小姐心直口快，"我是说，我爹前两年就把我许给了湖州王知府的那个什么儿子，如果不是这样，我干脆嫁给你，带上一大笔丰厚的嫁妆到你家去，你就不用在这里给人家做伙计，可以风风光光回去过日子，创立一番自己的事业了。"

"不，不……"胡雪岩连忙摆手，"不要……"

"怎么，你看不上我？"

"不……"

"哦，我知道了。那就是你和我一样，在出来的时候，家里已经给定了亲了。是什么人家的姑娘？"

"没有，真的没有……"胡雪岩连忙解释道，"我的意思是，男子汉大丈夫，要靠自己的双手打拼出一番事业来。靠女人帮忙算什么本事？别看我现在是个小伙计，将来总有一天，我要开自己的钱庄，不但要成为杭州第一大的钱庄，而且是全国联号，走到哪里都是天字第一号！"

"有志气，有魄力！"罗四小姐大为佩服，丝毫也不怀疑他说的话，"你将来一定比我爹强10倍100倍！"

二人谈得兴起，不知不觉，天色已晚。罗四小姐还不肯回去，胡雪岩强行叫了轿子，将她送上轿子。二人约好，下次罗四小姐来，还一起来这里吃东西，罗四小姐才恋恋不舍地离去了……

这个罗四小姐，虽然终究没有逃脱父亲为自己安排的命运，嫁去湖州，和王知府的儿子成了亲。但那个短命鬼丈夫没过几年就死了。罗四小姐最后还是和胡雪岩走到了一起，并且成为胡雪岩创立事业的一个顶好的贤内助。不但在风生水起的时候帮助丈夫，而且在最后落魄的时候，罗四小姐也是唯一一个陪伴在胡雪岩身边，一直到生命中最后时刻的人。

第5章

约法三章

通过重重考验，胡雪岩最终获得了阜康钱庄于掌柜的信任，得到赠财，淘得人生的"第一桶金"。

一个人如何得到人生"第一桶金"，将直接决定他以后能取得怎样的成功。如果是靠投机取巧得来的，那么也会因为投机取巧而败；如果是阴谋诡计得来的，那么也会因为阴谋诡计而败。

胡雪岩是靠自己的德行、志向和才能得到了"第一桶金"，因而决定他以后只要不改初衷，立志济世，不忽视个人道德修养，日增其德，沿着这条路走下去，就一定能够成为一代巨商。

老掌柜临终之际，和胡雪岩"约法三章"，第一条就是不准做石崇，也就是有了钱之后，不准挥霍浪费。第二条是不准做铁公鸡，也就是不要吝啬，要将钱用在为天下百姓造福上面。第三条是不准传自己的子女，要选外来的、有才华的继承者，保证钱庄能够基业长青、代代传下去。这三条即使对今天的企业经营者来说，也是有着很强的告诫作用和现实的借鉴意义。

时间过得真快，一转眼，胡雪岩从一个小伙计学徒期满升为跑街，也已经过去半年多了。

本来，伙计的学徒期限是5年，然而胡雪岩的表现实在是太过优异，因此，于掌柜特地破例，提前一年允许他出徒，给他升了跑街。所谓跑街，顾名思义，就是可以单独外出谈生意，可以去放款、收账，意味着可以不必每天都被囚禁在店里，可以有更多机会接触外面的花花世界了。

当然，胡雪岩是个懂得轻重的人。他知道升为跑街固然证明自己的能力已经有了提高，可以胜任更重要一些的工作，但这也意味着自己必须在新的岗位上尽快锻炼，以取得更大的进步。

每天，从阜康钱庄早早出来，沿着河坊街来到鼓楼一带，吃了简单的早点，胡雪岩一天的跑街生活就开始了。账本是揣在怀里的，昨天晚上睡前都已经整理清楚：今天首先要去拜访什么人，这些人大部分都是要拉拢来阜康钱庄存款的，因此要着意巴结。有的是因为人在官场，不方便出头露面到钱庄来；有的因为是做的见不得光的生意，例如妓院的那些个风尘女子，她们每个人手头总有一些大大小小的款子，数目虽然不大，可是加起来也足够可观。将这些款子揽到钱庄，是胡雪岩的一大发明。他眉清目秀，口齿伶俐，见了这些女子，一口一个"姐姐"地叫着，10个风尘女子中，倒有八九个拿他当作知己，因此纷纷将体己钱拿出来交给他。

完成了当天的揽存业务后，接下来，胡雪岩通常是回到钱庄，吃完午饭，然后下午到望湖楼泡上一壶茶，一边在窗口眺望着西湖上的秀美景色，一边在心里盘算着下午要去讨账的名单。

讨账是跑街的一项异常艰巨的任务，也是一个人能否胜任跑街工作的基本衡量标准之一。因为钱庄的主要盈利方式就是将客户存在这里的钱放出去，放款的利息高出存款的部分，就是利润。

可是，放款这种事情，毫无疑问是有风险的。放款的对象有三种人：一种是那些做大宗生意的老板。这些人资金周转量大，需要钱庄提供资金作为保障。既然是生意场上的人，自然将信誉看得比什么都重，因此他们违约的风险也是相对最低的。不过,这些人也通常是各个钱庄争夺的客户对象,竞争相当激烈,放款的利息相对也是最低。第二种人是一些在公门里做事的人员。这些人员或大或小,手里都掌握一定权力。但为了自己的职务升迁,难免不给上级送些礼金,尤其逢年过节,必要的孝敬是少不了的。可是以他们的岗位薪水,无疑又承受不起。这就需要钱庄的资助了。一旦将这些白花花的银子换来更大一些的乌纱帽,则从此财源滚滚,以前投入的小钱都不算什么。因此,给这一种人放款的利息是最高的,只是周期也最长。如果遇到有什么官员因为营私舞弊被拿下了,那就是彻头彻尾的"倒账",只能自认倒霉。因此这一种人的违约风险又是最大的。第三种人则是那些小商小贩,他们人数最多,所从事的营生也是五花八门。他们所需要的钱款,通常数目不是很大,周期都很短,而且在利息上一分一厘都计较得很,很多上规模的钱庄都不喜欢跟这些升斗小民打交道。可是,阜康钱庄却别出心裁,将这些人当做自己的衣食父母,所以和这些叔爷姑婶、饮食男女打交道,就成为阜康钱庄跑街的一项基本本领。要从他们那里讨回欠款来,真得有舌绽莲花的本领。

胡雪岩这天在望湖楼仔细琢磨的,是一笔极其难收的款子:鼓楼那边有一家"人和豆腐坊"。豆腐坊的老板娘人称"豆腐西施",自从两年前借了阜康钱庄100两银子,一直没有归还。阜康钱庄曾经一连派了三个跑街去找她要账,结果第一个跑街一去就被她泼天泼地地骂了回来。第二个跑街倒是木头疙瘩一个,任凭骂不还口打不还手,结果对方却也成了锯嘴葫芦,一言不发。最后于掌柜派去一个"金刚",横眉怒目在那里站街一个月,最后却鬼使神差被豆腐西施要了一招美人计,"金刚"中了人家的圈套,灰头土脸回来,从此无人再敢上门。

胡雪岩决心虎口拔牙,替阜康钱庄讨回这笔倒账。可是如何对付那个"豆腐西施"呢?

面前的一杯茶,茶水都已经泡得没了颜色,成了白开水,他还没有想出办法来。"茶博士"都不肯来添水了。

虽然无计可施,不过毕竟是胡雪岩,最后还是想出了一个办法。

他径直来到豆腐西施的豆腐店,店在桥头上过去一点,人来人往,地点选得不错，生意很红火。

"豆腐西施"正站在门口，帮顾客切豆腐，过秤，收钱。她已经40多岁，看上去却年轻得多，一张俏脸薄施粉黛，一双眼睛尤其水汪汪的，令人着迷。一袭薄裙，衬托出傲人的身材。

别看这位俏丽动人的老板娘笑语盈盈的，胡雪岩却知道，这是一只不折不扣的"雌老虎"。

因此，他打定主意，故意装出来一副呆头呆脑的样子，来到"豆腐西施"跟前："阿姐，你好！"

他只有20出头，"豆腐西施"却已经40多岁，被他这一声"阿姐"叫得心花怒放，"小兄弟，要买豆腐啊？给你便宜。"

"不，阿姐，我姓胡，是阜康钱庄派来的。"

"阜康钱庄？哼，原来不是来买豆腐，是吃老娘我的'豆腐'来啦！""豆腐西施"一听是来讨债的，立即变了脸。

"阿姐，你别误会，我来是有一件事情求您。"

"哟，真是新鲜！从来都是我求别人，今天破天荒头一遭，有人求到我头上了。说吧，什么事？不过丑话说在前头，要是钱的事情，我可帮不了你。要帮兄弟你找个媳妇什么的，倒可以。"

"不是钱的事情。不过，现在说不方便，这样吧，阿姐你收摊以后，我来找你，好不好？"

"收摊以后，天就黑了。我一个寡妇人家，和你一个小伙子勾勾搭搭约会，你不怕人家嚼舌头？"

"不会的。"

和"豆腐西施"约好了时间后，胡雪岩立即动身，去办别的事情，顺便去采办了几样东西：火腿、糕点、水果、蜜饯什么的。东西不贵，不过却都精致异常，只要是女人无不喜欢吃的。

天刚擦黑，胡雪岩已经准时来到"豆腐西施"的店外。今天生意很好，豆腐早早卖完了，"豆腐西施"打了烊，将胡雪岩让进屋里。

"阿姐，这几样东西，是我的一点心意。"

"来就来了，还带什么东西。"

虽然是这么说，可礼多人不嫌，"豆腐西施"拆开看了几样东西，还是满心欢喜，喜滋滋地收下了。

"对了，小胡，你找我什么事？"

"是这样的，我来到阜康钱庄，已经5年了。前4年一直做伙计，今年提前满徒，刚当上了跑街。"

"不错呀！"

"当了跑街，是不错了，可是我最想当的是出店。不过我们店里有七八个跑街，人人都想当出店。我想做一件和他们不一样的事情，来引起老板的注意，可是却找不到事情做。"

"所以就来找我了。"

"豆腐西施"立即明白了他的意思：他是要从自己这里收回去那100两银子的死账，以邀功请赏。

"我也知道，我从阿姐这里一定什么都得不到，所以也不敢打阿姐的主意。不过既然来了，我想请阿姐帮我演一出戏。"

"哦？怎么个演法？"

"阿姐不是还欠着100两银子吗？先假装还给我们钱庄，然后过几天阿姐再去找我，我升了出店，就有权力经手银子，可以决定小额的放款。阿姐再从我们那里贷回来这100两银子，而且利息比以前更低，如何？这样一来，不会耽误阿姐用这笔钱做生意，我也实现心愿了。"

"小胡，你这个小鬼头，不就是要当个出店嘛，用得着费这么大的心思？100两银子，明天来拿就是！"

"豆腐西施"不知道怎么，见他这么为自己打算，忽然有些感动："我前两年不肯还这笔钱，是因为男人死了，心情不好。现在想明白了，什么样的男人，还不都是一样。我一个人也过得挺好的，生意反而也比从前更好。我早就不缺这100两银子了，如果能成全你，倒是美事一桩。"

"那就多谢阿姐了!"

"不过,我也有个要求,""豆腐西施"趁机提出,"我一个人过日子,白天忙忙碌碌,倒也无所谓。就是晚上有些寂寞,没有个人说知心话。我要你经常过来陪我说说话,你可能做到?"

她这个要求非常突然,也可以说相当无礼,因为这样一来,势必会给胡雪岩带来一些非议。但胡雪岩却从另外一个角度去考虑:承人家情,帮了自己一个忙,自己不过是来陪人家说说话、解解闷而已。如果连这点回报都不肯付出,将来遇到更大的事情,如何去求人?

所以,他爽快之极,一口答应:"没问题。干脆,为了不让别人说三道四,咱们就以姐弟相称,如何?"

"好,好!""豆腐西施"没想到,自己年华老去,花容凋零,却多了这么一个青春年少的弟弟,不由有些哽咽。

果然,从这天以后,胡雪岩一有空闲,就过来陪"豆腐西施"聊天,而"豆腐西施"也真的只是要他来陪自己解闷,说些心里话,并没有往男女方面去发展的意思,胡雪岩更加放心了。

本来只是一句说辞,可是因为这件事情上的突出表现,于掌柜果然很快将胡雪岩升为了出店。

这一年的夏天,杭州城溽热无比。夏夜漫长,闲来无事,胡雪岩又刚升了出店,结识了几个朋友,这天忽然被朋友叫去,说是邀请去消遣消遣,却原来是被叫到了妓院找乐子来了。

这家"夜来香"妓院,本来胡雪岩白天也常来的,可是那是为了揽生意,如今晚上作为客人来消遣,还是头一遭。

邀请胡雪岩前来的是一位阔少,出手大方,将全部的姑娘叫出来站成一排,让胡雪岩挑一个。

"算了,算了,我就不挑了!"

胡雪岩和这些姐妹白天都是生意往来的,现在指名道姓要她们接待自己,觉得颇难为情,连连摆手。

可是，那位阔少却不知道这里面的缘由，还以为他一个都看不上，于是责问老鸨："还有没有别的姑娘？"

"有一个新来的，不过——"

"不过什么？还不马上叫来？大爷有的是钱！"

他掏出一大锭银子砸在桌子上，老鸨见钱眼开，也顾不得什么了，立即去后面生拉硬拽出来一个姑娘。

这个姑娘，胡雪岩只一见之下，就觉得大为眼熟。只是她低着头，又化了很浓的妆，一下子认不出来。

"小胡，这个中意不？"

"就是她吧！"

胡雪岩含糊地答应了一句，阔少和众人各自挑选了自己中意的姑娘，拉拉扯扯去各自屋子里成就好事了。

这边，那姑娘也不招呼客人，被老鸨硬塞过来，按在胡雪岩身边："小胡，这是新来的，还没有来得及调教，你多包涵。"

"哪里，哪里，"胡雪岩道，"我来这里，不过是陪朋友玩玩，不碍事的，我和这姑娘聊聊天就好。"

"那我就不打扰你们了。"

老鸨放心地去招呼别的客人了。这边，只剩下胡雪岩和那位姑娘，胡雪岩怕她难为情，于是没话找话：

"这位姐姐叫什么？哪里人？"

那姑娘至此才将头抬起来。只一打照面，二人就都愣住了。尽管分别多年，可是二人还是一眼认出了对方。

"你是……春姑？！"

"你是……顺官？！"

这简直是不可能的事情。当年一对甜甜蜜蜜的小恋人，如今在分别将近10年后，竟然在这么一种尴尬情形下见了面。

"春姑，真的是你？"胡雪岩擦了擦眼睛，可不，千真万确，虽然岁月在春姑脸上刻下了痕迹，她比那个时候长得高大许多，也成熟了许多，可是她那眼睛，那鼻子，那嘴唇，还是一点没变。

不过她显然经历了不少的风雨沧桑，那神态分明是疲惫的，那一双眸子里也不再清澈如山涧清泉。

"顺官……我不是做梦吧？你怎么会来到这种地方？"春姑对自己在这里遇到胡雪岩也难以置信。

"哦，我是陪朋友过来的，不是当真来找乐子，"胡雪岩连忙解释，又问春姑，"你呢？你怎么会……"

"唉，说来话长……"春姑未曾开口，一声轻叹。无限的心事、无限的委屈、无限的沧桑，尽在其中。

"顺官，我只问你，为什么你这一离开胡里村，这么多年了，中间一趟都没有回去过？为什么？"

"我……"

胡雪岩一时也不知道怎么回答好。不过，他还是简单讲了自己从绩溪到金华，又从金华来杭州的经过。

"这期间发生的事情太多了，3天3夜也讲不完。对了，还是说说你吧，究竟出了什么事情？"

"我在胡里村，一直等你到18岁，来上门提亲的人家真不少，可我总盼望你能有一天出现在我面前。"

春姑一提起自己的事情就泪水滚滚。"后来我实在拗不过爹娘，嫁给了一个生意人。我那丈夫生意开始倒也兴隆，却就是有一个不良嗜好，就是赌博。我怎么劝他也不听，结果十赌九输，每次赌输了就去喝得酩酊大醉，然后就回到家里打我。我害怕极了，躲在床下、柜子里，可每次总能被他找到，然后他就打我，说我给他带来的霉运。最后一次，他什么都输光了，竟然将我在赌桌上输给了别人。我气不过，寻死觅活，但最后还是被上门来讨债的人押走了。我稀里糊涂就被卖给了人贩子，被一次次倒手，结果就来到了杭州，被卖到这个地方来了。"

"春姑，别说了……"听了她的悲惨经历，胡雪岩忍不住想哭，"是我对不起你,如果我按照当初的约定,早些回去,你也不会受这么多的委屈。总之都是我不好,是我辜负了你……"

"顺官,现在一切都晚了,说这些还有什么用?"春姑叹道,"总之,是我命不好。我早认命了,否则怎么还会有勇气活到现在?我想清楚了,自己这一辈子就是这猪狗不如的命……"

"不,不是的!"胡雪岩却坚决地道,"春姑,你的命不是这样的。你应该是做有钱人的夫人,过那种人人羡慕的富贵生活的阔夫人。"

"你说我当阔夫人?等下一辈子吧!"春姑直摇头,"我现在哪里还敢再去做那样的白日梦,我还有资格吗?"

"不,这不是做梦!春姑,我要把你从这里赎出去,我要娶你!只要你像从前一样,不嫌弃我,我就娶你!我现在还是个小伙计,没有钱,但等我有了钱,你就是阔夫人了,我向你保证!"

"真的吗?顺官,你真的要给我赎身?可是那需要很多钱,你哪里来这么多钱?"

"你不要管,我来想办法。"

第二天,一早起身,胡雪岩就来到于掌柜的房间,于掌柜一看他脸色严肃,就知道他有事情找自己。

"什么事,小胡?"

"师傅,我有件事情,想和您说。"

"说吧。"

坐下来后,胡雪岩没有开口讲自己遇到春姑的事情,却先问起了自己当年存在钱庄的那500两银子:

"师傅,几年前罗老板送给我那500两银子,当日我交给您保管,现在我想拿出来用,可以吗?"

"可以呀。不过这么大一笔钱,你要怎么用?莫非要从我这里离开,自己另外出去开买卖?"

"不是。师傅待我情同父子,只要师傅不赶我走,我是不会离开阜康钱庄的。我用这笔钱,是因为我想成一个家。"

"成家?好呀!看上哪一家的姑娘了?要不要我亲自去给你做大媒呀?"

"师傅,我实话实说,说出来您可别见怪。"胡雪岩并没有隐瞒的意思,将真实情况讲了出来。

"什么?夜来香?"

于掌柜怎么也没想到,胡雪岩竟然要用这笔钱为夜来香妓院的一个妓女去赎身,一时气得浑身哆嗦。

"小胡,你……"

"师傅,您别生气,不是您想的那样,听我说完……"

等胡雪岩将事情的详细经过一讲,得知这位姑娘本是胡雪岩青梅竹马的恋人,于掌柜又感动起来。

"小胡,你有这样的想法,真的了不起!现在像你这样的年轻人真的不多了。行,你要娶她,我支持你!"

有了师傅的点头许可,事情就容易多了。胡雪岩立即怀揣一张500两的银票来到夜来香,给春姑赎了身。

赎身花了400两银子,剩下100两,除了留作日常的生活用度,剩下的都用来操办一个热闹的婚礼。

听说胡雪岩从妓院里找了一个姑娘,不明就里的人们都纷纷传说这是胡雪岩的老相好。

没想到平日里为人作风正派的胡雪岩暗地里拈花惹草,一点都不正经。人们纷纷这么传说。

可是胡雪岩对流言蜚语早有准备。和春姑这些年来的悲惨遭遇比起来,自己被人们言语上误会又算什么?因此,尽管是娶一个青楼女子,他还是郑重其事地请了师傅给自己做大媒。

本来还要专程从胡里村老家那里将自己的母亲金氏接来,可是金氏听说是娶春姑,而且是从妓院里赎回的,非常生气,说什么也不肯来参加婚礼。其他几个弟兄都已经成家立业,亦难分身。

总而言之，婚礼办得简单而隆重，胡雪岩和春姑都没有长辈在这里，就把于掌柜当做了唯一的亲人。

婚礼结束后，洞房之夜，当胡雪岩按照规矩，用一把如意挑起春姑头上的红盖头。烛光摇曳之下，映出新娘子那一张俏丽无比的脸孔。那上面早已是梨花带雨，春姑哭得仿佛泪人儿一样。

"顺官，我真的没想到，自己还会有这么一天。告诉我，我不是在做梦吧？这么美的梦，不会醒来吧？"

"这不是梦，这是真的。"胡雪岩虽然不像春姑那么历尽磨难，但这些年来在人事上多有历练，却也已经完全心智成熟，不复是当年那个稚气未脱的毛头小子。他像一个真正可以依靠的男人那样，坐在春姑身边，将她的肩头轻轻揽入自己怀中，"春姑，我答应过你的，一定做到。"

"顺官，我才不去想什么当阔夫人，我只要能够和你厮守在一起，吃糠咽菜，也是莫大的幸福。"

这一夜，一对小夫妇恩爱缠绵，自不必说，春姑因为心存感激，对胡雪岩十二分温柔，真个是销魂蚀骨……

从这以后，春姑就正式在胡雪岩租来的房子里住下来，胡雪岩总算在杭州安下了一个家，尽管是暂时的家，可是这却是实实在在的，家，只有有了女人才能成为一个家，才会令男人安心。

为了挣钱养家，胡雪岩在事业上更加努力。他的这番努力，于掌柜看在眼里，喜在心里，对他更放心了。

自从胡雪岩成家以后，于掌柜对胡雪岩的情感也在悄然变化：以前只当做自己的伙计，现在却把他和春姑当做自己的一对儿女看待。而他们小夫妇也的确将于掌柜当做父亲一样又敬又爱。

这种甜蜜温馨的生活，整整维持了3年。由于胡雪岩在出店这个岗位上干得着实出色，于掌柜决定，将他正式升为掌盘。

掌盘，用今天的职位来说，就是一个企业的总经理了。这对企业的发展来说，可谓是举足轻重。以胡雪岩这么年轻而升到掌盘，在杭州钱庄业首屈一指。

但这天，当于掌柜将胡雪岩叫到自己跟前，对他吐露了自己的想法的时候，却遭到了胡雪岩一口拒绝。

"师傅，我不想当掌盘。"

"怎么？"于掌柜一愣。

"我也知道，掌盘薪水高，工作体面，处理起事情来更能得心应手，全面锻炼自己。可是我觉得出店对咱们阜康钱庄这样的小钱庄来说，更为重要。现在除了我，店里出色的出店并不多。如果我们现在只是在杭州发展，也就够了，但如果要在北京、上海等地发展，就远远不够。我想利用这段时间，一来是自己跑一跑，二来是物色一些人才，来带一带。等我将这些要紧的事情办完了，再来做掌盘，我会安心得多。师傅您觉得我说得对吗？"

"雪岩，你真是让我感动哪！像我在你这个年龄的时候，做事情就没有你这么沉稳，考虑周到。"

自从胡雪岩结婚以后，于掌柜就不再称呼他"小胡"，而是改称"雪岩"。他这么叫，别人自然也这么叫。

"雪岩，我知道以你的能力，早该升掌盘。在出店的位子上一待3年，已经是委屈你了。"

于掌柜自从过了花甲之年，身体一年不如一年。他年轻时候积劳成疾，留下隐患。如今人到老年，各种疾病缠上身来，自己也知道没有几年的寿数了，所以想早早将自己这份事业交给胡雪岩。

"雪岩哪，我年纪大了，不能再从事这些劳心劳力的工作。真希望你能早点顶上来，我就歇手了。"

从店里回到家里，吃晚饭的时候，胡雪岩将老板准备提携自己当掌盘的事情说给妻子春姑听。

"什么，你拒绝了？于掌柜肯提拔你当掌盘，这是你的本事，你能升迁，又能加薪，多好啊。"

"生意场上的事情，你不懂。"胡雪岩叹了口气，解释道，"我现在干出店，结交三教九流的人物，绝不仅仅是为了替钱庄招揽生意，而是为我以后开自己的钱庄打下基础。我总不能在阜康钱庄干一辈子，将来总有一天，我要在全国开自己的联号，我要人人都知道我胡雪岩。"

"雪岩，你的想法真大，难怪于掌柜常说，如果他有你这么个儿子就好了，就可以将钱庄传给你。"

"师傅待我，和亲生儿子也差不多，所以我这几年才一直待在阜康钱庄，出大价钱来'挖角'的钱庄多了去了，可是我都没有过一丝一毫的动心。不过，我看师傅的身体一天不如一天，只怕……"

"如果真有那么一天，你怎么办？"

"我也不知道。反正师傅待我不薄，只要他在一天，我就要为阜康的事业出一份力；将来师傅不在了，只怕阜康也保不住了，到时候，我倒要认真考虑一下自己的前途，是否自立门户。"

"那些都是以后的事情，现在且不去管它。"春姑过来在他身边坐下来，轻轻依偎着，"你总替这个着想，替那个着想，你有没有替咱们的将来想过？"

"咱们的将来？"

"是啊！"春姑认真地道，"顺官，难道你就没有注意到，咱们已经成亲3年多了，却还没有一个……孩子……"

"孩子？"胡雪岩一愣，他从来没有想到过这件事情，思想上没有任何的准备，"什么孩子？"

"唉，你一天到晚，心思只扑在生意上，自然不会注意到左邻右舍的风言风语。大家都在笑话你呢！"

"笑话什么？"

"笑话你是个冤大头，娶了我这么一只不下蛋的老母鸡。"

"春姑，别人说什么我不管，我不准你这么说自己。从今以后，这些混账话一个字也不要提！"

这一年的冬天，格外漫长，杭州城里早早就迎来了第一场雪。西湖最著名的景色"断桥残雪"，就是在这样的季节里才能一露娇容。人人都争相约着去看景，胡雪岩和春姑也在心下盘算。

不料，伴随着大雪而来的，是于掌柜的病情忽然加剧了。于掌柜这么多年都是一个人过，身边无人照料，因此照顾他的病情的任务自然落在春姑和胡雪岩这对小夫妇的身上。好在二人早把他看做自己的亲生父亲，春姑拿药煎药，端茶递水，胡雪岩则嘘寒问暖，接屎接尿。

白天忙碌了一天，夜里胡雪岩就守候在于掌柜的病榻之前，一刻不敢离开，实在困极了，就和衣打个盹。

这么衣不解带，一连伺候了半个月，于掌柜的病情终于稍见好转。夜里，灯烛之下，能与胡雪岩略作交谈。

"雪岩，你来我店里几年了？"

"差不多10年了。"

"有这么久了？"于掌柜似乎自己也有些惊讶，"时间过得真快啊，我总觉得你还是刚来的样子。"

"是啊，我也没有觉得过得这么快，大概是每天要做的事情都很多，不知不觉一天就忙碌过去了吧。"

"那么，想过以后没有？"

"以后？"

"是啊，以后有什么打算？"

"打算？"胡雪岩从来没有对于掌柜吐露过自己的心事，但在这样漫长的冬夜里，守着熊熊的火盆，和于掌柜对面而坐，似乎也没有什么可以对他隐瞒的。于是，他讲出了自己的真实想法，"我想将来开一家自己的钱庄。记得我对您说过，我要做杭州最大的，而且在北京、上海开联号。"

"想法是不错，可是具体有什么打算？"

"没有。"

其实胡雪岩也知道，要想自己开一家钱庄，谈何容易。这不但需要有过硬的专业本领，更需要有雄厚的资本。而这第一桶金的创业资本从何而来？若非家境殷实，有赖祖宗的荫庇，就只能靠个人的运气，得到有钱有势的朋友资助，一起合伙开生意。真正依靠一个人的力量，几乎不可能。

于掌柜显然也知道胡雪岩心里在想什么,沉默片刻,忽然道:"雪岩,你可知道,我这个钱庄,当初是如何创立的?"

"不知。"

的确,胡雪岩和众人从未听说过阜康钱庄是如何创立的。于掌柜从来没有对任何人提起过此事。

"是阜康钱庄的第一任老掌柜送给我的。"

"啊?"

"当初,我和你一样,因为一个偶然的机缘来到阜康钱庄学徒,一学就是20年,从一个小伙计一步步升到了掌盘。老掌柜无儿无女,老伴又先他而去,临终之际,将钱庄赠给了我。"

"原来是这样。"

"我还记得,也是这么一个冬天,也是这么一个夜晚,老掌柜拉着我的手,语重心长地叮嘱我三件事情。

"第一件事情,就是要我富了之后,莫要得意忘形。更不可因富而骄,以至于落得石崇的下场。"

"石崇?"

"你读书少,不晓得石崇是谁。他是历史上有名的大富豪,以奢侈无度著称,斗富炫贵,最后惨死。"

"哦。"

"老掌柜交代我的第二件事情,就是我常对你们说的了,人在生意场,记得多修行。要以人役钱,以钱济世。绝对不可成为一毛不拔的铁公鸡。钱这东西,就好像水流一样,你囤积得多了,别人那里就少了。你这里只囤不放,早晚有一天堤坝冲毁,到时候连你自己一起被吞噬。"

"我听说过一句话,叫'独善其身,兼济天下',老掌柜的意思,是说一个人有钱了应该兼济天下吧?"

"对。所以说你刚来的时候,你说要有好多的钱,来帮助天下人,我才对你那么欣赏,喜欢得不得了。"

说到这里，于掌柜喘息了一阵，喝了胡雪岩端上来的茶水，片刻之后，又接着讲下去："老掌柜交代我的第三件事情，是要我答应他，这家阜康钱庄，在我手里不能传给自己的子女，而要在将来选择一个合适的人选，一如当年他选择我一样，将阜康钱庄从我这里再传下去。不传子女，但传志士。这是他一再叮嘱我的。一定要将阜康钱庄这片基业用来造福天下人。"

"了不起，真是了不起！"胡雪岩听了，由衷地叹服，"像老掌柜这样的胸怀，怕是天下少有！"

"那是自然，我这么多年在生意场上摸爬滚打，像老掌柜这样的奇男子、伟丈夫，的确是凤毛麟角。"

于掌柜讲到这里，长长地出了一口气："雪岩，现在你该知道，我这些年来，对你严加考验，为什么了吧？"

"为什么？"

"就是因为，我要遵照老掌柜的遗愿，'不传子女，但传志士'，将阜康钱庄这片基业，交到你的手上呀！"

"啊？"

"对于你的聪慧通达，我是没有什么可担心的；对于你的道德品行，我更是一百二十个放心。可以肯定，阜康钱庄将来在你的手上，规模会比在我手里扩张10倍，100倍，都不足为奇。"

于掌柜对胡雪岩充满信心，但也不无忧虑："不过有一条，就是这'不传子女'，我担心你做不到。"

"既然是老掌柜的遗训，那是无论如何都要遵守的。只要能将阜康钱庄的事业发展壮大，造福天下的百姓，那就是天大的积德修行。如此功德，相信观音菩萨也会保佑我的子孙后代，何须挂怀？"

"哈哈，到底是你雪岩，真正是男儿胸怀，光明坦荡。这样一来，我就没有任何的顾虑了。"

一夕长谈之后，于掌柜和胡雪岩彼此交心，完全明了了对方的心思。于掌柜第二天便暗暗立了遗嘱。

不久之后，于掌柜病情反复，一病不起。临终之前，他又将胡雪岩叫到床前，拉着他的手，泪流满面：

"雪岩，我要去了……"

"不，师傅，您会好起来的！"胡雪岩明知道他已经进入弥留之际，还在试图用言语安慰他。

"唉，我的病我自己清楚，是没得好转了，"于掌柜流着泪道，"我把阜康钱庄交给你了，我和你那约法三章，你记住了吗？"

"是！"胡雪岩恭恭敬敬地道，"一、不做石崇；二、不做铁公鸡；三、不传子女。"

"很好，"于掌柜脸上浮现一丝笑容，"这是老掌柜留下的规矩，希望你答应我的，不要食言。"

"我对天发誓：如果违反'约法三章'中的任何一条，教我天打雷劈，不得善终！"

"够了，我相信你……"于掌柜阻止他说下去，从身下颤抖着抽出来一封信，交给胡雪岩，"一切事宜，我都写在里面了。唉，自从当年从老掌柜手里接过这副担子，我总是战战兢兢。如今卸下重担，我去九泉之下见了老掌柜，也可以有个交代了。雪岩，以后就要全拜托你了！"

"请师傅放心……"

胡雪岩还要再说什么，却见于掌柜手臂向下一垂，溘然而逝。他的脸上笑容犹存，走得甚是安详……

第6章
烽火乱世

从接手阜康钱庄开始,胡雪岩正式开启了自己的财富之旅。而他也果然是大手笔,一上来就展示了与众不同的眼光和手腕。

他敢于做他人所不敢做,敢于将目光盯上了太平军将士的大批金银,冒险与之结交,获得信任。这笔太平军的存款一下子使他的资本丰厚起来。

他能够做常人所不能做的事。人总是喜欢盯着比自己更有钱的人,胡雪岩偏偏能发现那些比自己更穷的人,更需要帮助的人,能在一团泥沙中认出被尘封的夜明珠。王有龄就是这么一颗夜明珠。

也许,胡雪岩一开始就清醒地意识到,王有龄将成为自己进军官场的一块跳板。这一点有如吕不韦当年盯上了秦王孙异人。但这里面的风险同样显而易见:因为你一旦开始第一笔投资,就必须与这个人一生同进同退,一荣俱荣,一损俱损。那么胡雪岩是怎么看上王有龄的?就因为他和王有龄是贫贱之交。人在贫贱时候交的朋友,是最赤裸裸的,最真实,也最可靠。

许多历史上的大人物,后来做大事情依靠的贤臣良将,其实都是贫贱时候的知己,胡雪岩显然深知这一点……

接手阜康钱庄之后,胡雪岩要做的第一件事情,就是大举为于掌柜发丧。葬礼之隆重,轰动全城。

由于于掌柜一生修行,多有积德,因此不但钱庄同业的人们纷纷赶来吊唁,连那些受过他资助的穷苦百姓,也都纷纷来灵前摆上一盘水果,烧上一炷香。阜康钱庄一时门槛都要被踏平了。

出殡这天,胡雪岩完全扮演了一个孝子角色,把自己视作于掌柜的亲生儿子,披麻戴孝,哭得死去活来。

整个河坊街一片缟素,人人都自发赶来为于掌柜送行,白色的纸花洒满一地,宛如落了一场大雪。

葬礼过后,胡雪岩正式宣布,接任阜康钱庄的掌柜。消息一传出去,前来祝贺的人,也不在少数。

至于钱庄里那些伙计,对于胡雪岩一下子爬到这么高的位置上,未免眼红。但胡雪岩做事情做得漂亮,给所有人都官升一级,加了薪水,又将其中一位颇有能力、人缘的提拔为掌盘,一时皆大欢喜。

接下来,一番喧嚣过后,尘埃落定,人人都要看胡雪岩如何施展自己的本领了。胡雪岩呢,也踌躇满志,准备大干一场。

可是这时候,外面的时局却已经是颇不太平。就在一年前,在广西的金田,一个叫洪秀全的人和他的兄弟们一起创立了以信奉上帝为宗旨的太平天国,掀起了改天换地的滚滚洪流。

起初,清政府并没有把这个披着异端外衣的农民组织当做一回事,只轻描淡写地派了已经老朽不堪的林则徐去剿平匪乱。结果林则徐抱病出征,挣扎着刚走到半途就再也支持不住,驾鹤归天。等随后代替他的新任钦差大臣赶到,广西的局面早已不可收拾。太平军杀出广西,挥师北上。

清政府显然低估了太平军在农民中的巨大感召力,只要听听下面这首诗,就知道太平军平地崛起的原因了:

上等的人欠我钱,

> 中等的人得睡眠。
>
> 下等的人跟我去，
>
> 好过租牛耕瘦田！

这首诗据说是当时名噪一时的大海盗张嘉祥（后来投靠清政府）所作。诗句虽然直白，却道出了太平军造反的充足理由。的确，当时的社会现实，已经令广大农民很难维持正常的生计，陷入绝望。

太平军的军力，似乎在一夜之间就达到了令人瞠目结舌的50万，并且随即攻下了南京，作为都城。

太平天国盘踞南京，发出造反的宣言，将矛头公然指向坐在紫禁城龙椅上的清皇室，这样公然的大逆不道，在当时的震撼是无与伦比的。尤其江南一带，50万太平军，就牵扯到50万个家庭。按照一个家庭平均5口人计算，牵连就达250万人。何况江南大家族居多，每个人差不多都有七大姑八大姨，算起来亲戚在十几二十个左右，则牵连又达到了2500万人。

整个江南都因为太平军的崛起而受到了颠覆性的冲击。没有人能看清太平军与清政府的这场对峙会是怎样的结局，甚至那些太平军将领，一在天京（南京）建立起自己的政权之后，立即摆出一副有今天没明天的姿态。以洪秀全为首的天国将领，无不过上了奢侈淫靡、荒唐不堪的生活。上层的领袖如此，下面的将领更是如此，人人都有一种朝不保夕的感觉。

在这种情形下，一方面太平军将领和官军、土匪一样，疯狂地洗劫百姓，积攒了大批的钱财；另外一方面，太平军的将士们也无不面临着一个难题：如何将自己掳掠来的钱财加以保存？

谁都知道这是一场早晚都要结束的战争，如果侥幸留得一条命在，将来还可以用这笔钱逍遥度日。

然而将钱存在什么地方呢？当然是离南京远一些比较好，但又不能太远，例如到江北去。那么，杭州自然就成为最佳选择。大大小小的钱庄一时间迎来了最好的发财机会，就看谁敢接收"逆财"。

胡雪岩敏锐地捕捉到了这个机会，并且，很快遇到一件事情，为他将这个机会转化为现实提供了保障。

这个机会说来也巧，那天，胡雪岩不知道怎么动了心思，竟然和几个朋友信步来到西湖之畔的岳王庙。

岳王庙，就是供奉南宋战神岳飞的地方。杭州在南宋时称临安，并且在当时达到了自吴越国以来的又一个经济和文化的高峰。南宋在政治上、军事上也许是一个失败的王朝，但在文化上、经济上却是鼎盛一时。杭州人因此对南宋怀有特殊的感情，而这感情的凝结点，就是岳飞。

岳飞抗金是南宋史上最令人热血沸腾的一大壮举。岳飞的军事才能冠绝一时，如果不是政治腐朽，君主昏庸，也许岳飞真的有本领将金人打回塞外去，收复故土，再开乾坤。但可惜那样一个时代是注定容不下岳飞这样的一个盖世之才的，他的锋芒太过强盛，以至于压过了皇帝。于是皇帝含含糊糊地授意秦桧，秦桧以一个颇具创造性的"莫须有"罪名，将岳飞父子害死。

杀死岳飞，是南宋自毁长城的愚蠢之举，也是南宋王朝悲剧性命运的一个缩影。从此，杭州的西湖边上，多了一道直冲霄汉的英雄之气。那是岳飞的精魂，在风光秀美的西湖边上，时时长啸。

这天，胡雪岩和几个朋友来到岳王庙，在岳飞塑像前上了香，又在墓园里岳飞和岳云的墓前磕了头，向秦桧夫妇的跪像上吐了口水。正要离开，忽然被一群人吸引。上前一看，原来是一个摆摊的场子。场子里，一排布做的人偶，5米开外，一条汉子正在守着一堆沙袋，口里吆喝：

"掷沙包，都来掷沙包啊，一文钱一个沙包，掷中双倍返还……"

听说有这么好的事情，众人都跃跃欲试。但也有人怀疑其中有诈，忍不住喊出声来："你先掷一个试试！"

"列位看真——"

那汉子也真不含糊，只见他从身前拈起一个沙包，轻轻一掷，便击倒了一个人偶。再一掷，又命中了一个。

"好！"

人群中有人喝彩，那汉子听了，更是得意："这算什么，看我来个'双飞燕'！"

只见他一手拈一个沙包，同时掷出，两只沙包都准确地各自击中了一个人偶，其准头令人叹为观止。

"好嘿！"

人群中喝声大作，立即吸引了无数的人纷纷上来试试手气。然而这有个名目，叫做"大宋沙包"，是当年岳飞在招兵的时候，用来测验入伍者的基本本领而设置的，若非手眼协调，以前有过弓马本领的，岂能一击而中。所以10个人上场，倒有八九个人落空，乘兴而来，败兴而去。

见胡雪岩看得饶有趣味，一个朋友撺掇他："胡老板，你何不上去玩玩？"

"不错，我正要玩玩。"胡雪岩上前，不去拿沙包，而是从怀里掏出来一锭十两的银子，放在那汉子面前。

他这一举动，立即将众人震住了。那汉子一看这么大一锭银子，也吓了一跳："这位客官，我这里可是小本生意，不设找零。"

"不用找了，"胡雪岩轻描淡写地道，"我和你打一个赌，只要你能连续投掷100个沙包，1个不落，全部击中，那么这10两银子就是你的了。"

"如果我输了呢？"

"如果输了，哈哈，那么我这10两银子，就只好拿回来了。"

"原来这位爷是来消遣我的，不过，你说的话可不许反悔！"

"绝不反悔！"

"好呀，那我今天就露一回绝技，让诸位开开眼界！"那汉子也真不含糊，当即脱去外面的短褂，露出一身精赤条条的白肉，一块块凸起的肌肉，显示其蕴藏着一身的力气。只见他先去摆了20个人偶，然后回来挑出20个沙包，对众人道："诸位，刚刚见过了'双飞燕'，这一次，我让你们见识一下'大四喜'！"

他每只手拈了两个沙包，一声喝，4只沙包同时飞出，果然同时命中了4个目标，果真是个"大四喜"！

再接下来，只见他沙包如飞，风声呼呼，一转眼，20只沙包飞出，便击中了

20个目标，分毫不差。

眼见他又要去摆沙包，胡雪岩上前阻止了他。那汉子诧异地看着胡雪岩，讥讽地问："怎么，客官反悔了？"

"不，我是被你的本领完全折服了！"胡雪岩心悦诚服地道，"如此本领，别说100只沙包，1000只都连续击中，只怕也不在话下！后面的不用比了，我这10两银子，双手奉上，请壮士笑纳！"

"哈哈！"那人接过银子，开怀大笑。胡雪岩又诚恳地道："如壮士肯赏脸，请赐教尊姓大名。"

"我姓吴，叫吴千斤。"

"原来是吴壮士，我姓胡，叫胡雪岩。如果壮士不嫌弃，我欲请壮士一起去喝一杯，如何？"

"不嫌，不嫌，我生平第一爱武，第二爱酒，第三爱交朋友。只要是这三样，我便舍弃性命，也不错过。"

"痛快，请！"

于是，胡雪岩和那几位朋友一道，将这位壮士请到望湖楼，摆了一桌上好的宴席，把酒痛饮。

叙话之间，众人才明白胡雪岩的用意：原来他是看中这位吴千斤的一身本领，想请他做阜康钱庄的护院教头！

众人皆知胡雪岩精于算计，敢于破格用人，但却没有想到，他在市井之中，也能发现如此人才！

"要我去做护院教头，自然是比我流浪卖艺强多了，怕只怕我这个性格，自由散漫惯了，会有误事。"

见吴千斤似乎有推托之意，胡雪岩立即道："其实也不是真的当什么教头，只不过是我敬慕你一身本领，想结交吴兄这位朋友，吴兄如果觉得我胡某人值得结交，就到我那里去挂个虚名。"

"哈哈，既然这么说，那么就恭敬不如从命。不过我三山五岳的兄弟多得很，将来只怕多有打扰。"

"不妨，不妨。"

此后，这位吴千斤就真的来到胡雪岩的阜康钱庄，当了一个护院教头。而他也诚如所言，江湖上的朋友极多，经常有装束奇怪、操着各省口音的朋友来投奔他，胡雪岩来者不拒，一律管吃管住。

乱世之中，正用得着吴千斤这等江湖人物，胡雪岩这步棋是完全走对了。不过两个月，就有了动静。

这天，吴千斤来见胡雪岩："胡掌柜，我有位朋友想见一见胡掌柜，不知道掌柜的允不允？"

"哦？"

"我这位朋友，做的是这个生意。"吴千斤用手在脖子上一比，意思是砍头，那就是造反的买卖了。

"人在哪里？"

"在丽春院。"

"走！"

胡雪岩早想做太平军的买卖，只是苦于没有机会。如今机会上门来了，自然不肯白白错过。

来到丽春院以后，吴千斤先进去通报了，很快出来带胡雪岩进去，和一位虬髯大汉见了面。

"这是我大哥，姓童！"

听了吴千斤的介绍，胡雪岩立即双手抱拳："哦，原来是童大哥，久仰，久仰。小弟有礼了。"

"胡掌柜不必客气，请坐。"这位童万贯，在太平军显然也是个不小的将领，坐在那里不怒自威。他将刀子般锋利的目光在胡雪岩脸上一扫，只这一扫，似乎已经把胡雪岩整个人看穿了。

"听我吴兄弟说，胡掌柜是位豪爽之人，我也不多客气。我们这批兄弟，手上有一点钱，想存在阜康钱庄，不知道胡掌柜敢不敢接这单生意？"

"敢，只是不知道有什么条件？"

"条件嘛，一是不要问钱的来路。"

"那是自然。我们做生意，从来只对钱不对人，钱的上面又没有写是官是私，是黑是白，总之认钱不认人。"

"好一个'认钱不认人'，不过，第二个条件比较难办。我的兄弟们都不识字，所以也不用折子，只要用各自的名字开了户头，以后只要来到钱庄，报出名字，胡掌柜就要按照户头支付存银。"

"没问题。"

"至于这第三个条件嘛，我兄弟的钱，都是将脑袋掖在裤腰带上挣来的，所以利息自然要高一些。"

"比别的钱庄高两厘。如果存放期限超过一年的，每年还可以有分红。怎么样？"胡雪岩立即道。

"痛快，怪不得我吴兄弟对胡掌柜推崇之至，说胡掌柜有江湖豪侠之风，是生意场上的英雄。"童万贯没想到胡雪岩对自己所提出的条件一点磕绊都没有，大喜过望，"事不宜迟，明天就请我吴兄弟带人到这里来取银子。不过数目太大，最好是分几次存入，以免惹人怀疑，生出是非。"

一笔大生意就这么谈妥了。果然，第二天吴千斤带人来到妓院，就从这里搬走了5000两银子。第三天，第四天，又来陆续搬运银子，最后一共搬出了整整3万两，称得上是一笔巨款了。

结交太平军，为太平军存钱，只是胡雪岩迈出的第一步。有了这笔巨款以后，他必须立即找出一个方法，将这笔银子贷出去。

选择什么样的放贷对象，是钱庄的一大成败关键。要选有信誉的，又有实力的，还要愿意高额付息的。

可是胡雪岩却偏偏将第一笔贷款放给了一个莫名其妙的人。谁？一个穷困潦倒的书生王有龄。

这个王有龄，其时已经在杭州落魄一年多。他每天都会在望湖楼坐着喝茶，一坐就是一天，一杯茶冲得最后只剩下白开水，还舍不得倒掉，最后再加上两个芝麻烧饼，一股脑儿吃下去。

胡雪岩经常出入望湖楼，可以说和这个王有龄天天见面。有时候坐在邻桌，难免小叙几句。

从王有龄的话语中，胡雪岩得知，这个王有龄本不是一般人，他出身官宦世家，曾祖父和祖父都做过不小的官。只是到了父亲这一辈上，时运不济，无论如何努力，始终考不中一官半职。父亲人生失意，就把全部的希望寄托在儿子身上。可是王有龄十年寒窗，却一样次次名落孙山。

最后，实在没有办法，父亲一咬牙，倾其所有，给王有龄捐了一个候补盐大使。然后父子二人就从福建一路北上，寻找将虚官补为实缺的机会。却不料，刚走到杭州，父亲就染了病，不幸去世。

王有龄用身上最后的钱给父亲料理了丧事，将身边的行李典当一空，只得了几个小钱，日日在此以茶消遣。

听说了王有龄的不幸遭遇以后，胡雪岩深表同情。然而他在官场上并无朋友，也帮不了王有龄。

现在，有了太平军这一笔巨款，胡雪岩的财力陡增，他开始实施自己的又一个宏伟计划：投资官场。

毕竟，生意场和官场从来都是分不开的。一个人要想做小生意，可以自给自足，要想做大生意，非得到他们认可才行。

胡雪岩决定从王有龄身上打开缺口。为此他还专门找来《史记》，重新读了吕不韦投资异人的故事。

带着一个宏伟的梦想，怀里揣着银票，胡雪岩不动声色，来到望湖楼找王有龄。王有龄果然在这里。

胡雪岩来的时候，王有龄正和望湖楼的伙计起了冲突。原来王有龄每天都是第一个来，占据窗口的一张桌子。而这张桌子是食客们最喜爱的，所以难免店里的伙计要将王有龄轰开。

这天，王有龄也不知道怎么，倔脾气上来了，说什么也不肯让座。"我先来的，为什么要让别人？"

"王先生，话不是这么说吧？"店小二的话里夹枪带棒，一点都不客气，

"你是先来的不假,可是你来了之后,就是这么一杯最下等的西湖龙井,一泡就是一天,末了两个芝麻烧饼。说句不好听的,我们赚你一点蝇头小利,还不够我给你添的白开水费的柴火钱!我们掌柜的与人为善,不让赶你走也就罢了。你老人家也该自己识相点,何苦非要占这靠窗的上座?"

"哼,狗眼看人低,等有一天,我发达了,做了这浙江的巡抚,你还会这么跟我讲话么?"王有龄嚷道。

"浙江巡抚?你们大伙儿都听听,一天一杯清茶,两个烧饼,这样的人也能当浙江巡抚?谁信?"

"我信!"

胡雪岩正好踏进来,大声喊了一句,将所有人的目光一下子吸引过来。"我愿以阜康钱庄作保,押这位王先生早晚飞黄腾达!"

"哎呀,原来是胡老板!"店小二认得胡雪岩,立即换了一副笑脸,"我不过是开玩笑,莫怪,莫怪!"

"哼!"胡雪岩不去理会他,将怀里1锭10两的银子拍在桌子上,"取最上等酒菜,我要和王先生对饮!"

店小二见钱眼开,一迭连声地去了。这边,胡雪岩走到王有龄跟前,不等王有龄邀请,自己落了座。

"王先生,别人都说你走了霉运,一霉到底。我胡雪岩偏偏不信。以我的相人之法,王先生印堂发亮,近日必有意外之喜。我今天就先小小的设个宴席,恭喜王先生否极泰来,福星高照!"

"胡掌柜是在安慰我,还是笑话我?"王有龄这个人,有读书人的通病,别人对他真心真意好,他却在思虑胡雪岩这么对他是否别有用心,因此还在迟疑要不要接受胡雪岩的友谊。

"我不是安慰,也不是笑话,我说的是实话,"胡雪岩胸脯拍得山响,"我的相术可是麻衣正宗,从不落空。"

"真的?"

王有龄还在迟疑,但小二已经将一桌丰盛的酒宴摆上来,佳肴美味就在跟前，岂能有假？他顾不得那许多了。

"来，王先生，请！"

"请！"

二人举杯对饮，王有龄已经许久没有开过这等大荤，也顾不得什么吃相了，真个是风卷残云，一通大嚼。

一顿饭吃下来，肚饱酒足，王有龄对待胡雪岩，已然是视作自家兄弟："胡掌柜，可真要谢谢你。实不相瞒，我自从去年以来，整整一年，都没有沾过肉星了。唉，真个是一文钱难倒英雄汉哪！"

"钱算什么？我开钱庄，最不缺的就是钱，"胡雪岩故意问道，"不知道你需要多少钱，准备怎么用？"

"我的情况，胡掌柜大概还不尽知晓，"王有龄这才将自己的底细和盘托出，"我本来是要上京城去，托关系将我的这个候补盐大使补一个实缺。我听人说，我小的时候，我家里有个仆人，姓何，他的儿子何桂清是我的同窗伴读。后来多年失散，如今听说京城里有一个二品大员，也叫做何桂清。不知道这个何桂清是不是那个我的伴读何桂清。我想去试一试运气，只是苦无盘缠。"

"需要多少盘缠？"

"大概500两。"

"这个容易，由我来资助王先生便可。"

"真的？"

王有龄先是一阵高兴，随即又面露忧色："可是我身无长物，连一件拿得出手的抵押东西都没有。"

"抵押什么？这500两银子，就当我赠送给先生的好了。"胡雪岩慷慨地道，"我的麻衣相术，看人从来不会错。我看王先生此番北上，定然得遇贵人相助，所谓心想事成，你所谋划，一定能够成功。"

"当真？"王有龄激动地声音都颤抖了，"如果真是那样，我回来之后，一定加倍酬谢胡掌柜。"

"我结交王先生，图的不是钱财，而是欣赏王先生的才华学识，"胡雪岩趁机提出道,"如果王先生不嫌弃,我有一个想法,想与王先生义结金兰,就是不知道我满身铜臭,王先生可看得起?"

"胡掌柜哪里话,"王有龄久困风尘,对自己早已失去了信心,如今见胡雪岩不仅肯资助自己,而且还愿意和自己义结金兰,真个有得遇知音之感,当即一口答应,"承蒙胡掌柜高看,不胜荣幸!"

"好,那不用说,王先生就是大哥了,"胡雪岩当即起身,"大哥在上,请受小弟一拜!"

他说拜就拜,竟然当真跪下去,唬得王有龄也连忙起身,在他对面跪下去:"贤弟快快请起!"

他二人在众目睽睽之下结拜,众人都当他们酒喝多了,指指点点,笑话不已。

"大哥,这里人多嘈杂,咱们换个地方。"

"好。"

于是,二人下楼,沿西湖边走边谈,不知不觉来到人迹稀少的孤山一带。信步上山,便是林和靖的墓地了。

在林和靖墓前,二人从旁边的凉亭买了香,先给林和靖上了香,然后兄弟二人借此机会,再次结拜。

> 皇天在上,
> 后土在下。
> 林仙逋公,
> 以为见证:
> 胡氏雪岩,
> 王氏有龄,
> 在此盟誓,
> 结为兄弟。
> 有龄为兄,
> 雪岩为弟。

> 兄弟同心，
> 其利断金。
> 不求同生，
> 但求同死。
> 若有违誓，
> 天打雷轰。
> ……

盟誓完毕，二人对拜三拜，这才起身。

"大哥！"

"贤弟！"

二人的眼睛里都有一种湿润的感觉。男人就是这样，四海之内皆兄弟。一经结拜，至死不渝。

磕过了头，二人在凉亭里坐下来，一边啜着香茗，一边望着烟雨朦胧中的西湖，都觉得一肚子话要说。

"贤弟，你我在林逋公的墓前结拜，流传后世，也称得上一段佳话了！"王有龄叹道，"想当年，林公一个人在这里幽居20年，以梅为妻，以鹤为子，逍遥固然是逍遥之极了，然而，又如何比得上你我兄弟结拜，心心相印。如果林公当年得遇知音，也不会寂寞到如此地步了！"

"大哥说得对！"胡雪岩读书不多，并不太懂得这个林和靖是什么人，不过想来一个人以梅为妻，以鹤为子，一个人在这孤山上孤零零地一住20年，最后郁郁而终，也真是有些凄凉。

"对了，大哥，你有什么打算？"

"我想明天一早就动身，到京城去碰碰运气。"王有龄恨不得插上翅膀，一下子飞到京城去。

"运气一定有的。大哥此去，必然飞黄腾达。那何桂清念在昔日的情分上，一定会帮助你的。"胡雪岩道，"不过，大哥有一件事情，要记在心上。那就是何桂清问你要在什么地方做官，你哪里也不要去，就一口咬定回杭州来。一来你我兄弟相交，不致从此天各一方；二来，小弟的阜康钱庄目前在外省并无分号，你只有回到浙江这里来，小弟才能帮得上大哥的忙。"

"你提醒得很及时。"王有龄却还没有想到这么远，因为他还不能确定这个何桂清是否是自己故旧。

"大哥说需要500两银子，我再另外给大哥准备500两银子的备用。京城花销，不比杭州。所需要打点的人也多，大哥此去，所求之人必然甚多，千万不可因为手头拮据而错过机会。"

"多谢贤弟。"

二人商量停当之后，第二天一早，胡雪岩早早带着1000两银子来到西湖边上，给王有龄饯行。

"大哥，珍重！"

"小弟，珍重！"

兄弟二人洒泪而别，王有龄带着胡雪岩给的1000两银子，毅然决然地踏上了北上京城的未知旅途……

第7章
月夜定情

胡雪岩果然没有看错王有龄。一向不怎么走运的王有龄，一踏上仕途，居然一帆风顺，步步高升。

而胡雪岩的事业亦随之风生水起，他紧紧跟随王有龄来到湖州，并且在这里开设了自己的第一家分号：阜康湖州分号。

有了充足的银子，胡雪岩开始大举进军以前想都不敢想的蚕丝业。他没有想到，自己会偶遇已经丧偶的罗四，并且经过几年的锻炼，罗四已经成为生意场上的一把好手。月夜之下，胡雪岩向罗四倾诉衷肠，详细地讲述了自己今后的发展计划。当听说胡雪岩要做一个"大利天下"的巨商，要为了蚕农的利益而去和不可一世的洋商展开竞争，罗四大为感动，不但献上自己的芳心一颗，而且毅然决然，将自己的丝庄交给胡雪岩，发誓要用自己的一生去辅佐胡雪岩……

送走了王有龄之后，胡雪岩马不停蹄，利用阜康钱庄的宽裕资金，要再开创一项新的事业：

涉足生丝。

早在几年前，偶然在西湖里救起了落水女子罗四小姐，得以结识罗有贵罗大老板，胡雪岩就从他口中大致了解了生丝收购这个行业，知道这个行业动用的本钱大，然而资金流转快，利润相当可观。

当时，胡雪岩只是一个小伙计，不敢有染指蚕丝行业的非分之想。但现在，他财力雄厚，可以一展身手了。

将钱庄的事情基本料理妥当，交给得力的掌盘之后，胡雪岩立即带上厚厚一沓银票，直奔湖州。

湖州，紧邻杭州，位于太湖之畔，依山傍水，自古以来就是富饶的地方，鱼米之乡。这里最早以"战国四公子"之一的春申君而著名，后来又因为西楚霸王项羽在这里起兵而落下一个"霸王城"的美誉。但最广为人知的，还是这里出产驰名天下的"湖丝"，被称为"丝绸之府"。

湖州的蚕丝业兴起得非常早，在明代的时候，就已经有了自己的金字招牌"七里丝"，而在清代康熙时达到极致，几乎家家户户无不种桑、养蚕、缫丝。所谓一到蚕月，"亲朋不轻出，官府暂停讼，官税私债暂罢索，蒙童馆辍放蚕忙"，这样一副全神贯注的姿态，所生产出来的"湖丝"，自然质量上乘，冠绝全国。其代表招牌"七里丝"（又称"辑里丝"）"擅名江浙"，"称甲天下"。当时著名的江宁、苏州、杭州三大织造府，所需要的原料全赖"湖丝"供给，而且派出专门官员，到南浔、双林等地采办宫廷御用的"贡丝"。除了中国宫廷喜欢"湖丝"，对这最感兴趣的要数外国商人了。大约在康熙二十年以后，海禁初开，外国商船就来到湖州，此后"湖丝"便一举打开了英国……一个接一个番邦的大门。官方的规定配额是每条船准购"湖丝"3000斤，但这只是表面上的，因为利润巨大，所以商船冒险走私，官商勾结，超出规定数字数倍乃至数十倍的"湖丝"被一艘艘商船辗转运出了湖州，行销天下。

鸦片战争爆发，中国的国门被迫打开，上海开埠，"湖丝"原来只能从广州出口，如今改为距离更近的上海，结果销量大增，每年从上海出口的生丝，"湖丝"的占有量都在50%以上。

胡雪岩来到湖州以后，第一件事情便是要寻找在这里经商的罗有贵。然而人生地不熟，加上罗有贵在南浔、双林、菱湖一带收购生丝，在湖州和上海之间往来贸易，一时不易寻找。

不过，胡雪岩自有办法。罗有贵虽然找不到，但他记得罗四姑娘当年嫁到湖州来，是和湖州知府的儿子成的亲。湖州知府的儿子，在当地不知道的大概不多。可是胡雪岩一打听，才知道那位知府之子，已经在几年前就因为纵情声色，染了见不得人的花柳病，一命呜呼了。

拐弯抹角之间，胡雪岩打听到，当年那位知府之子死后，妻妾皆散。其结发妻子并未另嫁，也没有回娘家，而是在菱湖一带开了一家丝栈，摇身一变成为了一位生意场上的能手，人呼"罗四老板"。

听了介绍，胡雪岩心中一动："这位罗四老板，莫非就是罗四姑娘？他女承父业，也并非不可能。"

这么一想，胡雪岩在湖州府一刻也不肯耽搁，立即动身，来到下面的菱湖镇上，打听"罗四老板"。

"怎么，这位先生要找罗四老板做生意？那可是一头'母老虎'，等闲之人，根本伏她不住！"

听当地人这么一讲，胡雪岩越发相信：这个"罗四老板"一定就是自己要找的罗四姑娘！

因此，他落下脚之后，第二天一早，专门穿上一套新衣服，提了精致的点心，来到"罗四丝栈"拜访。

"请问，罗四老板在吗？"

他一进丝栈，就发现这里与众不同。店里整洁光亮，一尘不染。负责接待客人的都是清一色的女子，身材高挑，面目姣好；穿着量身定做的鲜艳旗袍，将青春无敌的玲珑身材勾勒出来。

更令胡雪岩惊奇的是，这些"女伙计"所接待的客人，竟然不是中国人，而是鼻子高高、眼睛发蓝的外国人。这还是胡雪岩第一次看到外国人，在他的关于洋人一鳞半爪的印象里，似乎洋人一个个都高大凶猛，一副凶神恶煞的样子。听说鸦片战争时期，洋人的枪炮肆虐，在广州一带着实不可抵挡。可是如今见了洋人，却一个个西装笔挺，皮鞋锃亮，满脸温文尔雅。

洋人操着满口的鸟语，叽里咕噜，还不时地打着手势，胡雪岩一个字也听不懂。可是店里的这些个"女伙计"，居然也能叽里咕噜，和洋人对话，显然在这方面着实下了一番苦工夫。

由于第一次见洋人，胡雪岩不由地多看了几眼。正在出神，一个女伙计上来招呼他："请问这位先生，是来买丝，还是卖丝？"

"哦，我不买丝，也不卖丝。我来是想见一见你们的罗四老板，请问她可在吗？"

"哦，对不起，罗四老板正在和客人谈生意。请问您是她的朋友吗？如果有要紧的事情……"

"不要紧，不要紧，我可以等。"胡雪岩正要找个地方坐下，不料，一转身，却从门外急匆匆进来一人撞个满怀。

"哎哟！"

这一下，撞得着实不轻。胡雪岩眼前一阵金星乱冒，连忙扶住了身边的桌子，才没有跌倒。

"你……瞎了眼了……"

和他相撞的，却是一位身材高大、面目英俊的外国男子。他进门的时候，手上捧着一大把名贵的紫罗兰。如今这把花被胡雪岩一碰，顿时花瓣凋零，散落一地。他气得将花束往地上一丢，操着一口并不流利的中国话，对胡雪岩破口大骂："猪猡……不长眼睛的家伙……"

"你……怎么骂人？"

胡雪岩一愣之间，刚缓过神来，心想我并不是有意的，给你道个歉也就可以了，你怎么张口就骂人？

"猪猡，你还敢还口？"

不料，那个洋人的火气大得很，居然上来一把揪住了胡雪岩的衣服领子，劈头一拳打来。

胡雪岩虽然不懂得拳脚功夫，平时和吴千斤请教几下，也学了点防身之术，一把拿住对方手腕。

"好了，好了，两位先生请不要动手。尼尔逊先生，请看在我们家罗四老板的面子上，不要在这里生事。"

店里的女伙计看看情势不好，连忙上来拉开二人。中间多了娇滴滴的姑娘，这架就打不起来了。

"哼，猪猡，把我的花全部撞坏了。我本来是要送给罗四小姐的，现在却被这个中国猪猡给毁了。"

被称为尼尔逊的洋人，口里还在骂骂咧咧。胡雪岩涵养虽好，如今被人一口一个"猪猡"叫着，也是火冒三丈。他气愤地对这个洋人嚷道："不就是一束破花嘛，神气什么？我赔你就是！"

"你赔得起？"尼尔逊轻蔑地道，"我这是上等的紫罗兰，品种纯正，足足值100两银子，你赔得起吗？"

"哼，不就是100两银子吗，算什么？"胡雪岩岂能在气势上被他压倒，从怀中一掏，掏出来一张100两的银票，丢给尼尔逊，"赔你！要不要我再给你一点跑腿的小费，你回去再买一束同样的花来？"

他这么公然和尼尔逊对抗，却是尼尔逊进入中国、来到湖州以后所碰到的第一人。尼尔逊不由得上上下下认真地打量了一下胡雪岩，又疑惑地看了看他扔过来的银票："阜康钱庄？没听说过。你们中国猪猡的东西，我信不过，谁知道这银票是真是假，能不能兑换出银子来。"

"你……"胡雪岩真没有想到，外国人中也有这样的无赖之徒。他冷冷地问道，"那你要怎样？"

二人争执不下，便在这时候，听得一阵脚步声响，从里面走出来一个人，人未到跟前，声音先至：

"我倒要看看，什么人到我这里惹是生非来了？也不打听打听，姑奶奶这里是什么地方。"

一听那声音，胡雪岩不用转身，也知道是罗四姑娘。经过这么多年，她清脆悦耳的声音和那火爆豪爽的脾气还是一点没改。

这边，尼尔逊本来气势汹汹，可是一见到罗四老板出来，立即换上了一副笑脸："罗小姐，我是来请您去吃饭的。"

"请我吃饭？你不知道我正在和查理先生谈生意上的事情吗？"罗四满脸寒霜，冷冷地道。

"查理先生？他也在这里？"

"查理先生是你的顶头上司，他要去什么地方，应该不需要和你商量吧？对不对，查理先生？"

她最后这句话，却是对着身边一个40多岁的外国男子说的。那人戴着一副金丝眼镜，留着一蓬茂密的金色胡须，一张脸上写满圆滑和世故，一看就知道是生意场上的老狐狸了。

"尼尔逊，你不知道罗小姐是我们怡和洋行的伙伴，也是我最好的朋友吗？"

查理的目光仿佛刀子一样刺向尼尔逊，尼尔逊连忙来到罗四老板身边，充满歉意地道："对不起，对不起……"

"算了，你是来请我吃饭的，我不怪你，并且还要谢谢你的邀请，"罗四八面玲珑，她显然也知道得罪自己的生意伙伴是没有必要的，"不过我今天已经接受了查理先生的邀请，下次如果你肯来邀请我，我会很高兴的。"

"谢谢罗小姐。"

尼尔逊长长地出了一口气，再次向罗四致谢，然后灰头土脸地转身离开，快步出了店门。

"这位先生，在我的店里让你受这么大委屈，对不起，"罗四老板又来到胡雪岩身后，诚恳地道，"来的都是客，如果……"她刚要说下去，忽然胡雪岩转过身来，和她对视。

"是你……雪岩？"

罗四老板怎么也没有想到，胡雪岩会在这个地方、以这么一种方式出现在她的面前，一时愣住了。

"不错，是我。"

胡雪岩点了点头。他惊讶地发现，数年光阴，似乎并未在罗四的脸上留下什么痕迹。她的容颜还是那么姣丽，一双眸子，依旧明亮清澈。一接触到她的目光，胡雪岩满腔怒火烟消云散。

"不好意思，本来是想来看你的，却给你店里添麻烦了，实在不好意思。"胡雪岩主动道歉。

"哪里，应该是我给你道歉呀。正好，我这里有一位外国朋友，给你们介绍认识。"罗四大大方方，一指查理，"这是我的英国朋友查理，从上海来的，是怡和洋行大班威廉先生最信任之人。"又给查理介绍，"这位是我的好朋友，叫胡雪岩，从杭州来的，是阜康钱庄的老板。"

"久仰，久仰！"

胡雪岩按照中国人见面的习惯，抱了抱拳。查理却按照外国人的习惯，冲他伸出了一只手。

"雪岩，这是外国礼节，和外国朋友见面，男人之间是要握手的。"

"握手？"

胡雪岩一迟疑，但还是犹豫着伸出了手，和查理轻轻一握。查理的大手毛茸茸的，令胡雪岩想起了猴子。

"胡先生是做钱庄生意的，我们怡和洋行也有投资银行，以后大家多多亲近。我们会有合作的。"

"一定，一定。"

胡雪岩客气地应酬着，罗四显然看出他对和外国人打交道还不怎么适应，因此立即接过话去："雪岩，我和查理还有点事情要谈，而且中午约了一起吃饭，也不知道你会突然来访。不如这样，你住在什么地方，给我留一个地址。我晚上让人去接你，专门为你接风洗尘，如何？"

"正好，我也有点别的事情，那就先告辞了。"胡雪岩顺水推舟，和罗四约定后，也转身出来。

这一番见面，尽管仓促，却给胡雪岩留下了深刻的印象。他虽然还不知道这些英国人的来头，也不知道所谓的怡和洋行在上海那边是怎样的实力，但至少可以说明一个问题：自己在杭州那边，一直埋头做钱庄生意，是落后了，倒不如湖州这边和外国人贸易往来更领风气之先。

这么一想，才知道自己这次来湖州是来对了。自从鸦片战争以来，中国和外国的贸易往来日趋活跃，从原来的广州一个口岸扩大到五口通商，尤其上海开埠，是一件多么重大的事情！可是自己作为生意人，居然迄今为止还没有去过上海，更不要说在上海创立自己的事业！

一向自诩年轻、进取、创新的胡雪岩，在杭州钱庄界已经小有名气，现在才知道自己是多么可笑！

一个与国际上联通一体、与世界各国的商人打交道的大时代，正在自己面前拉开大幕，如同一幕大戏，已经隆重开场，舞台上锣鼓叮当，各色演员都已经粉墨登场，自己却如聋子盲人般不闻不见，真是可笑！

想到这里，他倒有些佩服起罗四来了。人家一个姑娘家，却也比自己有出息，不但生意做得够气派，而且人家和外国人打交道，居然颇有所成，看来自己真该好好向罗四请教一下了。

在自己的住处，胡雪岩正在呆呆出神，胡思乱想着，不知不觉，天色将晚，忽然外面响起一个清脆的声音：

"请问，从杭州来的胡先生住哪个房间？"

一听那声音，胡雪岩不由心中一动："怎么，罗四姑娘亲自来了？"他连忙起身去开了门，小二已经将罗四领到门外。

"多谢。"

罗四谢了小二，进入胡雪岩房间。一进门，胡雪岩就低声埋怨："不是说好派人来叫吗？你怎么亲自来了？"

"哎哟，你是我的救命大恩人，又是堂堂的胡大老板，我怎么敢随便派个人来劳动你的大驾？"

罗四像是一本正经，又像是在开玩笑。不过看得出，她来这里，显然是经过了精心的打扮。一身旗袍裁剪得恰到好处，增一分则肥，减一分则瘦。她的身材较之窈窕少女，多了一分成熟；较之肥腴少妇，又多了一分纤美。尤其她那种生意场上磨炼出来的气质，精明、简练、落落大方，一举手一投足都自有一种端庄优雅的美，和胡雪岩见惯了的官太太、老板娘截然不同。和她比较起来，胡雪岩陡然觉得自己对女人的压抑已久的欲望又被激发起来。

"罗四老板见笑了，你的生意都做到外国人那里了，和你相比，我现在就是个傻里傻气的土包子。"

"雪岩，这可不像你往日的风格哟？"罗四立即戳穿了他的言不由衷，"你从来不肯自轻自贱的。外国人怎么了？和他们做生意也不见得就有多少钱可赚，不过表面上似乎风光无限罢了。"

"哈哈，不愧是阿四，最了解我胡雪岩！"胡雪岩本来还要自谦几句，听了罗四的话，也就不再隐瞒什么，"阿四，你知道我回来这半天，一直在想什么吗？本来我到湖州，还不确定是不是要涉足蚕丝业，可是今天见外国人这么轻视我们中国人，我就气不打一处来。哼，你们不是看不起我们么？我胡雪岩偏要在湖州蚕丝业立足，而且做出一番事业，非令外国人折服不可！"

"这才是我认识的雪岩！"罗四最喜欢的就是胡雪岩的这种豪侠气概，她自己虽然也是襟怀开阔，颇有抱负，然而终究是女流之辈，在生意场上抛头露面，未免有些束手束脚，颇多阻碍。

然而，胡雪岩就不同了。如果由胡雪岩来出面，就可以放开手脚去干。他本来就是生意场上的好手，加上自己在背后出谋献策，一定可以做出一番惊天动地的事业来，也遂了他凌云之志。

本来，罗四以一介女子，步入生意场，就有些迫于无奈的意思。她虽然在生意场上呼风唤雨，然而对一个女人来说，最想过的还是平淡而真实的生活。她丈夫去世之后，不是没有想过去杭州找胡雪岩。然而胡雪岩已经娶了春姑，罗四晚了一步，只能哀叹自己命运不济。既然不能与心爱的人在一起，暂时又没有入得她眼的男子出现，罗四只能一咬牙，接手了父亲的生意，一边做生意，一边暗暗等待，等待一个像胡雪岩那样令自己心动的男人出现。

这一等就是许多年。她在等待中渐渐明白：这一生中，自己所钟情的、所能去爱的男人只有一个。

尽管在生意场上追求她的人颇多，其中也不乏优秀之士，但罗四紧锁在芳心上的那一把锁，始终未能被打开。她总忘不了胡雪岩，她的一颗心早在多年之前，就已经被他给带走了。

如今，终于等到二人重逢，终于等到胡雪岩离开了杭州，要向外拓展自己的事业。他将湖州作为自己的第一站，就足以证实：在他的心里，其实也一直未能忘掉自己，仍然保留着这份情！

这就更加令罗四对他死心塌地。一个像他这样有才华、有能力、有情有义的男人，岂非上天赐下？

他们的这一段恋情，一定是冥冥之中注定的。罗四多年的苦苦等待，痴情期盼，终于有了结果。

这天晚上，在丰盛的宴席结束后，罗四特地安排了一条小船，邀请胡雪岩一道，夜游菱湖。

正是暖意融融的初夏，湖面上吹来微微的风。月亮很大，很美，挂在头顶上，似乎那么近，触手可及。湖水清澈，月亮的倒影映照在水中，一时让人分不清天上的是真，还是水里是真。

小船在水面上悄然前进，不时响起一两声欸乃的摇橹声。摇船的是一个老翁，一声不响，只管摇船。

船舱里，罗四打开带来的食盒，都是菱湖一带的精美点心。女人家就是心细，她还特地为胡雪岩备了一坛"女儿红"陈酿，显然是准备在这月夜的湖面之上和胡雪岩作长夜之饮。

二人多年未见，都有一肚子的话要对对方讲，也都想了解对方这些年是怎么过来的。然而，真的有了这么一个倾诉衷肠、一吐为快的机会，二人反而都沉默了。只是相对静坐，无语饮酒。

胡雪岩在酒宴上已经喝了不少酒。罗四在菱湖一带声名远扬，生意场上给她捧场的人很多，着实创出了一片不小的天地。冲着她的面子，大家对胡雪岩都非常尊敬，因此频频劝酒，殷勤致意。

然而那些酒都是为了应酬而喝，是没有真心和复杂的情感的。只有现在，与罗四对坐而饮，胡雪岩才觉得端在杯子里的是酒，酒一入肚，万般的思绪和无尽的往事纷纷涌上心头。

"阿四，我不是在做梦吧？"

胡雪岩已经有了几分醉意，从一双蒙眬的醉眼里望出去，只觉得一切都不真实：这月亮，这湖水，这良辰美景，还有眼前娇艳动人的罗四。他真的怀疑，自己是陷入了一个不愿醒来的美梦。

"你知道吗？我经常梦到咱们一起在这么一艘小船上，也是这样的月光下，在湖面上划呀划，似乎那湖水永远没有尽头。可是尽管在一条船上，你却总坐得离我那么远，我怎么也看不清你的容颜。有时候我急了，想要过去和你坐在一起，这身子却仿佛钉住了一样，怎么也动不了。"

"是吗？"罗四其实何尝不是夜夜在梦里见到胡雪岩，不知道做了多少和他相关的春梦。然而一梦醒来，总是孤身一人，泪湿枕巾。

"那么你现在呢？试一试现在身子能动不能动？"

"自然能动。"

"那还不过来和我坐在一起？"

"那倒是。"

胡雪岩似乎经她提醒，才想到自己要和她并肩而坐。他起身来到她身边，和她相偎而坐。

"这回，我倒要仔细看看，非看清你的样子不可。"

"那么，看清楚了吗？"

"还是不太真切，我再近一些。"

到这里，二人已经有些男女调情的意味。不过，胡雪岩并非当真，只不过一句玩笑。毕竟，罗四身上阵阵浓烈的芳香传来，已经令他难以承受。他将自己的身子稍微挪开一些，问道：

"罗四,你身上擦了什么脂粉,这么香?"

"不是脂粉,是香水。正宗的法国货。"

"法国香水?"胡雪岩从来没有听说过,不过似乎一下子明白了什么,"哼,又是什么尼尔逊、什么查理之类的外国人送的吧?他们这些个洋鬼子,在女人身上可真是会下工夫啊!"

"雪岩,怎么,你还在为白天的事情生气?"

到底是罗四,最理解胡雪岩。她将身子挨近一些,将自己的一双手放在胡雪岩的手上,让他轻轻握住。

"那种情形,不要说是我,任何一个中国人,只怕都会生气,"胡雪岩心头怒意仍旧未熄,"被人家称作'猪猡',那滋味好受么?"

"对不起,雪岩,你要我怎么道歉,我都答应。"

"不关你的事,"胡雪岩气呼呼地道,"倒是我不明白,你为什么要对这些洋鬼子那么客气?"

"雪岩,你刚到这边,有些情形可能你还不了解,"罗四觉得有必要给他介绍一下基本情况,"你知道这些洋鬼子有多厉害么?"

"有多厉害?还能三头六臂,或者像孙猴子那样七十二变?"

"没有那样,也差不多,"罗四叹了口气。"你不是说要涉足蚕丝生意吗?我来问你,如果让你来收购生丝,你是希望将定价权控制在自己手上呢,还是任人宰割,俯首听命,受制于人?"

"自然是将定价权控制在自己手上。"

"怎么控制?"

"我会联系蚕丝业的同行,和钱庄联合,将生丝收购的行市垄断起来,大量的生丝囤积在手上,自然就有定价权了。"

"可是那要动用多大一笔资金,你想过没有?还有,那么多的蚕丝业同行,人家怎么服你?这是其一。

"其二,你知道洋人是怎么做的吗?我们这里的生丝,从上海出口以后,去了哪里?去了大英帝国的首都伦敦。伦敦市场上的生丝出售多少钱一斤,他们就通过电报立即告诉上海的洋行，上海洋行的大班将这个价格抬高到他们认为合适的价钱，再通知在湖州这边的买办，买办将这个价格告诉下面与他们合作的各个丝栈，丝栈便按照这个价格展开收购，你明白了吗？"

"伦敦我没听说过，上海我也没去过，不过我知道一点，生丝是从湖州这里出去的，只要在源头上下工夫，就一定可以扼住洋鬼子的咽喉。我就不信，他们收不到生丝，价格敢不提上去！"

"这么说，你真准备和洋人干一场了？"

"我跟你讲过我的志向没有？我要赚好多好多的钱，就是要帮助天下更多的人。如今我见咱们的蚕农辛辛苦苦，忙活了一阵，最后却是人为刀俎，我为鱼肉，任凭洋鬼子宰割，我心里不痛快！我一定要将定价权拿过来，将收购价格抬得高高的，让所有的蚕农都能得到实惠！"

"雪岩，你哪里是个生意人，简直就是一个救苦救难的活菩萨！"罗四笑道，"如果你真的能拿到生丝的定价权，让所有的蚕农从中受益，那一定家家户户给你立生祠，天天给你上香！"

"人活一世，草木一秋，既然是做生意，总要做得大一点，轰轰烈烈，弄出个名堂来。"胡雪岩踌躇满志，似乎已经看到自己大展雄风，令洋鬼子灰头土脸的一幕，"阿四，你肯不肯帮我？"

"你真的要和洋人开战？"罗四还以为他在说笑，"100多年来，可还从来没有人这么干过。"

"我就是要做第一个吃螃蟹的人。堂堂男子汉大丈夫，就要做人所不敢做、不能做之事！"

"那好，"罗四也立即下了决心，"如果是这样，那么，我就拿出我的丝栈来，和你合伙一起干！"

她丝毫没有犹豫，似乎自己这么多年的打拼，都只是为了等待胡雪岩来找自己，帮助他成就梦想。

"不过，我的全部身家都在这里了。我不但将它交给你，以后可是连我自己也交给你了。我不准你辜负我！"

"一定不会！"胡雪岩坚决地道，"上次你说要嫁给我，我没有答应，那是我一生中最痛苦、最愚蠢的决定。为此我一下失去你这么多年。现在老天爷可怜，让我再次有了拥有你的机会。阿四，请你相信，这一次无论如何，我不会再放手了。我一定会全心全意待你好。"

胡雪岩对罗四的一片真心，无须剖怀。他既然言语铿锵，真情流露，罗四自然也不能没有表示：

"雪岩，也不知道怎么，从看见你第一眼，我就肯定，你是我一生中最重要的男人。我真的很高兴，你肯答应我，让我留在你的身边，帮助你，照顾你。你放心，不管你的事业是红红火火，还是一败涂地，我都不会离开你的。就是你赶我走，我也绝不会离开你身边一步。"

早就心心相印的一对痴情男女，如今终于有机会互相表白，他们紧紧地拥抱在一起，彼此都那么用力，仿佛要将对方勒入自己的身体里去。在这月夜之下，在这清澈的湖水之上，一切的嘈杂声都听不到了：风儿停止了吹拂，湖水停止了摆动，连水面菱叶下的小鱼小虾也停止了游动。一切都是那么静，似乎无数的生灵都在屏息静气，生怕打扰这一对恋人……

第8章

初斗洋商

俗话说："一个好汉三个帮。"胡雪岩单枪匹马，显然没有办法和洋商斗，他必须组建自己的"团队"。

而在这方面，胡雪岩充分显示了自己的用人策略。他首先利用熟人关系找到了青帮，成为青帮的"门外小爷"，又通过罗四结识了当时的新兴商人阶层——买办，认识了一位唐大少。为了笼络唐大少死心塌地为自己卖命，胡雪岩先用重金在上海结识了名动一时的妓女"小红梅"，为"小红梅"赎身，置办了洋宅。就在"小红梅"以为自己遭遇了一位有情有义的大富豪时，胡雪岩却耍了一个手腕，在新婚之夜将自己这个新郎官让给了唐大少，令二人旧梦重温。

在官场，胡雪岩用的是"信"字诀；在江湖，胡雪岩用的是"义"字诀；在生活中，胡雪岩对身边人用的是"情"字诀。他不但清楚地知道在什么时候应该用什么手腕，而且做戏逼真。古人云：人情练达即文章，其实对经商的人来说也一样，人情练达，即是滚滚财源。

虽然胡雪岩立下壮志，要在控制生丝收购源头上和洋人斗法，争夺至关重要的定价权，但这毕竟不是一件小事。要做成这件事情，离不开三个方面的力量：一是官场。必须得到来自官场上强硬后台的支持。因为洋人在中国享有特权，如果没有官方的支持，而私自去和洋人斗，结果是可想而知的。中国自古有云：民不和官斗，何况在当时洋人又大于官，是"洋大人"。所以胡雪岩第一件事情就是一定要在官场上打通关节，为自己找到一个过硬的靠山。二是帮会。在当时在中国做事情，仅仅依靠官府不行，还必须依靠秘密帮会，也就是所谓的"黑道"。官府对社会的控制，只是法律和名义上的，实际上，真正控制民间社会的，是大大小小的帮会。这里面尤其以青帮、洪门两大组织平分半壁江山，当时各种力量几乎是非青即红。想要避开这两股力量的纠缠而独自成事，几乎是不可能的。三是买办。洋人在中国横行无阻，所依靠的就是喝过洋墨水、懂得中国事的买办。胡雪岩要击败洋人，必须从这方面入手，将助纣为虐、为虎作伥的爪牙斩断。当然也可以善加利用，诱使洋人上钩。

以上三大方面，任何一股力量想要引为己用，都不是急切之间所能做到的。好在胡雪岩在湖州找到了罗四这么一块坚定的立脚基石。利用罗四的一些关系，他还是可以做一些事情。

但令胡雪岩没有想到的是，最大的支持竟然是来自王有龄。

原来，王有龄北上"投供"，本来抱着试一试的想法，有很大的撞运气的成分。不料，时来运转，那个叫做何桂清的朝廷二品大员，竟然真的就是他小时候的小小伴读。故人相见，涕泪交加。一番痛哭之后，何桂清一心要报答王有龄父亲的恩德，问起王有龄的情形，王有龄也不隐瞒，如实相告。何桂清今非昔比，从一个小小书童成为二品大员，最怕的是王有龄提出什么非分的要求。听说王有龄只是要将"候补"变成"实缺"，而且特别强调，要外放杭州，何桂清长长地出了一口气。在王有龄看来难于登天的事情，对他来说，真是轻而易举。因为浙江抚台黄宗汉正好和何桂清是同年，交情匪浅。何桂清立即给王有龄写了一封保荐信，又给了他一笔银子，作为做官的本钱。何桂清欠王家的这份"人情债"就算还清了。

王有龄一回到杭州，拿着何桂清的推荐信和白花花的银子，就去找黄宗汉，果然朝中有人好做官，立即得了一个实实在在的差事：海运局坐办。从这一刻起，王有龄正式踏上仕途。

海运局这个部门，是朝廷的新兴衙门，是在将漕粮从河运改为海运之后而专门增设的。王有龄上任之后，才知道这个工作并不好干。因为当时太平军四处出击，专门在河道、海道上打劫粮船。朝廷征收的粮食，经常被劫。而粮食如果不能按时运到京城，是要掉脑袋的。

这不，刚一上任，王有龄就遇到一个情况：今年好不容易征集来的粮食，连人带船，又被太平军劫去了。

如果要征集新的粮食，显然来不及；可是如果不能火速凑齐粮食，将粮食交到京城去，则只能坐以待毙。

王有龄说到底，只是一个书生，哪里能处理这么复杂的情况？他不得已，只好到处寻找胡雪岩。

总算打听到胡雪岩在湖州，王有龄接二连三派人送信给胡雪岩，邀请胡雪岩无论如何马上回杭州见面！

胡雪岩和罗四依依惜别，回到杭州，一见面，王有龄简单讲了自己身上发生的事情，立即问胡雪岩：

"贤弟，你看怎么办？"

"这个……"胡雪岩顾不得向王有龄道贺，他知道，必须帮助王有龄渡过眼前的第一个难关。

"大哥放心，我来想办法。"

这就是胡雪岩，他知道自己和王有龄是一条绳上的蚂蚱。王有龄的事情，就是他胡雪岩的事情。

安抚了王有龄之后，胡雪岩回到阜康钱庄，第一件事情就是请吴千斤喝酒，向他请教江湖上的事情。

"现今这个时节，兵荒马乱的。要说手里有粮，又有船的，也只能去找青帮了。"

"青帮?"

"是。胡先生可能还不了解青帮。"

"愿闻其详。"

原来,青帮是雍正年间专门负责漕运的一帮人创立的一个秘密组织。当时,漕粮刚由旱路运输改为水路运输,杭州的三位异姓昆仲好友:翁、钱、潘,揭了皇榜,创立水道运粮,在杭州和北京通州之间,建立72个码头,设立128帮半,是谓青帮。青帮尊翁、钱、潘三位为祖师,其中翁、钱先后去世,由潘姓祖师独掌门户,是以"潘姓弟子半天下"。

青帮的基本组织架构,是四庵六部。四庵即翁祖朱寺庵、钱祖刘寺庵、潘祖黄寺庵、护法小爷石寺庵。其中石寺庵来历最为奇特:潘祖有一个贴身小厮,叫王培玉,潘祖去后,小厮守墓终日,哀恸不已,饮食不思,数日后随潘祖仙逝,青帮众人念其忠义护主,尊为"护法小爷"。石寺庵弟子,就是指领帮行运、护佑全帮的总领帮主,或是护佑青帮有功之人。

六部,指的是吏部、礼部、户部、工部、兵部、刑部。其中,吏部专门处理帮中大小事务,户部则负责管理人员,礼部则主管规矩仪注之订定与考核人员礼仪,工部则责于各项帮中工程,兵部则为遇外敌时统筹规划作战之部门,刑部则为青帮的执法单位。

一个普通人要加入青帮,必须经过重重考核。首先递交"拜帖",详细写明自己的情况,由三帮九代开设寄名香堂。经过香堂仪式洗礼之后,仍不能算是真正青帮内人,而称"一脚门内,一脚门外"。师父会在这寄名后的3年内,勤加考核,这个阶段称为"师访徒3年"。3年后,必须由学生勤访师父3年,让师父考核其是否真有决心进家,这个阶段,称为"徒访师3年",经过6年的考验,确定学生的决心、品性后,师父则会开始教导其基本仪注,或委由石寺庵教导,经过1年的学习,通过后,则师父会择吉日,并报请户部,由户部开始做开设香堂之准备,并通报四庵、六部与三帮九代,让学生晋任"小香",此时方成为正式的"潘家子孙"。

听吴千斤粗略介绍了青帮的知识后,胡雪岩才知道青帮有这么大的来头,杭州是青帮的大本营，自己在杭州这么多年，却对这么一个举足轻重的秘密组织一点风声都没听到，可见其组织纪律之严明。

当即，胡雪岩委托吴千斤，为自己找来一个在"门槛内"的朋友，他要亲自去青帮"拜山"。

吴千斤很快把这个人找来了，他叫"大疤脸"，长相凶恶，不过人却极是厚道，是个热心肠。

这天，胡雪岩一早起来，就和"大疤脸"前往青帮的香堂。一路上，"大疤脸"低声给胡雪岩讲着青帮的诸多规矩和礼仪，什么三谈三不谈原则（同道能谈、香堂能谈、告帮能谈；茶馆不谈、酒肆不谈、澡堂不谈）、三准三不准规矩（准借不准偷、准打不准骂、准充不准赖）、三露三不露原则（遇急、遇难、遇盘查露；外人、熟人、亲人不露）。十大帮规：一、不准欺师灭祖；二、不准藐视前人；三、不准提闸放水；四、不准引水代纤；五、不准江湖乱道；六、不准扰乱帮规；七、不准扒灰盗拢；八、不准奸盗邪淫；九、不准大小不尊；十、不准代髮收人。

不知不觉，二人穿街过巷，来到一处僻静的地方。这里有一座造型独特的石桥，从石桥下去，沿着一条青石板铺就的小路一直走到尽头，是一个很大的院子。只是院门紧闭，一片死寂。

"大疤脸"显然对这里很熟悉，他不慌不忙，上前用手掀起门上的铜把手，轻叩三下，一长两短；过一会儿，再叩三下，一短两长；最后是连续叩击三下，然后将铜环放下，站在一旁。

"谁？干什么？"

里面传来一个瓮声瓮气的声音，这是里面的兄弟在"盘道"，要弄清楚外面来的是什么人。

"赶香会。""大疤脸"回答。

"有多少支香？"

"5支抱头香。"

"哪5支？"

"一敬天地君亲师，二学仁义礼智信，三吃金木水火土，四求四季平安乐，五怕生老病死苦。"

"前殿有什么对联？"

"莲花不离青莲叶，三教原来是一家。"

"殿前匾额是什么？"

"我佛如来。"

"大疤脸"对答如流，里面人知道是自家兄弟，这才开门迎接。胡雪岩跟在"大疤脸"后面，进了院子。

院子很深，每一重门都有两条大汉把守。而规矩和仪式也是繁琐无比的，例如"净面"、"涮船"。净面，即以清水洗面；涮船，指漱口和饮水，第一口水只能漱口不能饮用，第二口水是净口水，必须咽下。

一切完毕之后，这才来到香堂。一进门，首先是祖师神位（翁、钱、潘三祖师，称长、二、三房），旁边供奉的是护法小爷。胡雪岩跟随"大疤脸"，恭恭敬敬地上前给祖师磕头、上香：

> 双膝跪尘埃，
>
> 焚香朝五台。
>
> 弟子请祖爷，
>
> 临坛把道开。

礼毕起身，二人站在一旁，大气也不敢出一口。门外众人，鱼贯而入。首先进来的是三老四少，因为今天商量重要事情，开的是"议事香堂"，所以帮会中的头面人物差不多都到齐了。

众人进来后，站在自己的位置上，却并不就坐，而是垂手肃立，屏息静气，等待"老头子"入场。

青帮的辈分，一共有24个：清、净、道、德、文、成、佛、法、仁、伦、智、慧、本、来、自、信、元、明、兴、理、大、通、悟、觉。传到现在，这一代总帮主，是"行"字辈，叫做马行空，已经80开外。

在一阵咳嗽声中，一位满头银须的老翁，拄着一根拐杖缓步而出。年纪虽大，却精神矍铄，满面红光。尤其那一双眼睛，偶尔光芒一闪，似乎要将人内心深处的秘密看透，着实有神。

"老头子"一出来，众人立即跪下：

> 祖师生长在杭州，
>
> 武林门外把道参。
>
> 三位祖师头里走，
>
> 弟子磕头在后头。

至此，诸般仪式结束，香堂正式开始。由"大疤脸"先报了自己姓名，又介绍胡雪岩。

"这位胡爷，是为了海运局的事儿来的。"

"海运局管的是海上的事情，咱们青帮管的是河上的事情，海水不犯河水，以前可没有往来呀！"

"老头子"说话不紧不慢，不过那意思是明摆着的：虽然海运局是官，但青帮却不会因此买账。

"这么说，这位胡爷是官面上的人？"

"前辈误会了，我是为官面的事来的，却不是官面上的人。实际上，我是个生意人，只懂得生意上的事情。"

"哦？""老头子"听胡雪岩这么说，才用目光在他脸上扫了一下，"你要来和我谈生意？多大的生意？"

"我要向前辈借20万石大米，100艘船。"

"好大的口气。凭什么？就凭海运局担保？""老头子"逼视着胡雪岩，气氛陡然紧张起来。

"不，是用我的阜康钱庄作为抵押，"胡雪岩一边说，一边从怀里掏出来一张银票，"这是10万两定银。"

"胡爷好大的手笔！"

"老头子"起初见胡雪岩打着海运局的招牌，还以为他是来仗势欺人的，却不料胡雪岩这么有诚意，颇有些出乎意料。

"我想问一句,胡爷的阜康钱庄,是海运局的后台吗?"

"不是,是我个人所有。"

"那么,你与海运局又有什么瓜葛?为什么甘愿以自己的钱庄,为海运局揽这桩擦屁股的事情?"

"实不相瞒,海运局的坐办王有龄,是我义结金兰的大哥。我们兄弟有福同享,有难同当。我大哥如果不能按时将粮食运到京城,就是杀头的罪名。我不能看大哥陷入绝境,所以要帮他一把。"

"佩服,佩服,原来胡爷竟然是这么一条重义气、讲交情的汉子,够兄弟,够朋友,够江湖!"

"老头子"听说胡雪岩为了王有龄,竟然要将自己的阜康钱庄押上,这份兄弟肝胆相照的义气,正是江湖帮派最为推崇的"义气",所以他当即站起身:"这笔生意,就这么谈定了!"

他又亲自下来,拉着胡雪岩的手,对众人说道:"诸位兄弟,从今天起,这位胡爷,就是'门外小爷'!"

"门外小爷"就是当年那位跟随潘祖的小厮,未曾入帮,地位却和三位祖师一样,受到尊崇。青帮有一个不成文的规矩,如果有什么人对青帮有重大贡献,够朋友,够义气,就会由青帮的"老头子"亲自封对方为"门外小爷",那意思就是不入会的兄弟,是"老头子"的生死知己。

"老头子"给予胡雪岩这么优厚的待遇,那是将他的地位抬到和自己平起平坐了,众人一齐给胡雪岩见礼:

"小爷!"

"不敢,不敢!"胡雪岩连忙还礼。

"胡兄弟——"这时候,"老头子"早已连称呼都改了,"胡兄弟,你不要谦虚,我知道,这个称号你一定担得起,听我给你讲这里面的缘故。"

于是,"老头子"命人给胡雪岩搬来一把椅子,让他在自己身边坐下,他则细说其中缘由。原来,他是想到,既然胡雪岩在海运局有这么过硬的关系,而青帮因为河运改为海运,生意大跌,正在苦苦寻求生路,如果能够利用胡雪岩的关系，和海运局合作，将海运局的一部分差事揽过来，则或许青帮还会有一条生路。而这件事情，要想办好，非得重用胡雪岩不可。

"胡兄弟，你放心，我老头子在江湖上混了一辈子，这双眼睛，还从来没有看错过人。我说你行，就一定行！"

"那么……恭敬不如从命，"胡雪岩不再推辞，点头答应，"以后，海运局和青帮就是一家人了！"

众人一听，皆大欢喜。尤其"老头子"，能够在自己手上化解海运局和青帮的这一大恩怨，颇为不易，更加将胡雪岩看得比什么都重，立即吩咐摆开宴席，以最隆重的礼节宴请胡雪岩。

这一件天大的难事，胡雪岩本来也是硬着头皮来做的，却不料如此轻而易举就办成了，连他自己都难以置信。

最终，这件事情以皆大欢喜的方式圆满收场：王有龄顺利地将粮食运到了京城，在太平军肆虐的岁月，能够按时将粮食运到，以免京城中的皇室贵族、王孙公子饿肚子，这实在是一桩不小的功劳。因此之举，王有龄获得黄宗汉的大力保荐，加上何桂清从中使力，不久，便又有一道公文下来：王有龄以海运局坐办的身份，兼领湖州府的知府一职，可谓肥差。

而有了王有龄担当湖州知府这么一个再坚实不过的靠山，胡雪岩要大战洋商，控制生丝的收购，以争夺定价权，这个宏伟的计划终于要开始实施了。

官面上有王有龄做后台，黑道方面，胡雪岩如今是青帮的门外小爷，则任何一个地方的派系力量，也不能不卖他一个面子。何况湖州的洪门，本来与青帮就有交情，因此立即归命于胡雪岩。

现在，就差一块进入上海的跳板——买办了。这个不难，罗四很快给胡雪岩举荐了一个人。

这个人叫唐大少，是广东人。据罗四介绍，他出身买办世家，天资聪慧，以前曾经在香港教会学校读书，学得一口漂亮的英语，后来上海开埠，就到了上海，做了怡和洋行的买办。

虽然当上了风光无限的洋买办，然而这个职业，看起来风光，却是一肚子的苦水。洋人不买账,将你当牛做马,大班经常对买办呵斥来去,动不动就是一句"猪猡",而中国人又将买办视为汉奸、走狗,因为他们必须全身心地维护洋人的利益,对中国人苛刻之极。

在这种夹缝中做人,其难可想而知。唐大少满腹苦闷,无处倾诉,却在湖州找到了罗四这么一个知音。

唐大少虽然在香港读书,学了一肚子的洋文化,骨子里却是一个地道的中国人。对于罗四这样的东方标准女性,他一见钟情。尽管知道自己的顶头上司查理对罗四也虎视眈眈,唐大少却丝毫不肯退让。为此,他不知道吃了查理多少苦头,经常被横挑鼻子竖挑眼,早窝了一肚子火。

听说罗四有个朋友叫胡雪岩,要和洋人展开一场生丝收购的大战,唐大少立即表示,愿意加入进来。

在罗四的穿针引线下,胡雪岩和唐大少见了面。二人是截然不同的两副面目:胡雪岩是长袍马褂,标准的中国式装扮;至于唐大少,则是西装领带,皮鞋锃亮,一副西方新潮派头。

见面之后,罗四给二人做了引见,便借口出去了。胡雪岩开门见山,对唐大少说道:"唐先生,我想要和洋人干一场,却苦于没有懂得门路的朋友。如果你肯和我联手,一定可以成功。"

"胡先生为什么非和洋人对着干?"

唐大少不去看胡雪岩,而是低头摆弄自己的双手。那是一双保养得极好的手,十指修长,每一根手指上都留着尖尖的、长长的指甲,倒和女人的葱葱玉指差不多。足见他如何自爱!

"唐先生以为呢?"

"据我所知,普通中国人对洋人,不外乎两种态度:一种是将其当做未开化的蛮夷之人,茹毛饮血,刀耕火种;还有一种,将其当做大人,一见面即膝盖发软,忍不住要给人家跪下去。胡先生是哪一种?"

"我哪一种都不是。我是见不得洋人神气,见不得我们的蚕农自己辛辛苦苦种桑、养蚕、缫丝,最后却要被人家掐住脖子。我不信中国人联合起来就斗不过洋人。我偏要试一试。"

"这么说，胡先生是意气用事了？"

"也可以这么说，我不为别的，争的就是一口气。我虽然不敢以天朝大国的上等人自居，却不甘心被外国人这么轻视，轻则骂为'猪猡'，重则拳打脚踢。凭什么？就因为他们在广州摆了几艘船，放了一通炮，咱们中国人就怕了？就算是朝廷怕了，我胡雪岩也不怕！"

"有骨气，有胆子！"

唐大少是广东人，他的家族在广州本来赫赫有名，却因为鸦片战争中遭了重创，几代人积攒下来的家业，俱化为乌有。否则以他世家子弟的身份，也不至于到上海给人家做翻译，当买办。

所以，一听胡雪岩这么铿锵有力地宣布要和洋人干一场，唐大少的一腔血性不由地也被激发起来：

"胡先生不怕，我唐大少也不怕！和洋人斗，算我一个！我马上回去向怡和洋行提交辞呈！"

有了唐大少的加盟，胡雪岩的这一个小小的团队就算组成了。但胡雪岩还是不放心唐大少，必须想一个办法，来收服其心。而要收服一个男人的心，最好的办法就是用女人去拴住他。

什么样的女人能令唐大少死心塌地？只有一个，就是罗四，可是胡雪岩绝不会将罗四送给唐大少。

不过，胡雪岩毕竟是胡雪岩，他借口邀请唐大少喝酒，却不动声色地打听出，唐大少在家乡广东有一个青梅竹马的恋人，叫阿茵。阿茵在唐大少去香港读书后，就和他断了联系。

不过，唐大少心里一直没有放下阿茵，多方打听，才听说阿茵嫁给了一个商人，一起到了上海。

"行了，有办法了！"

于是，胡雪岩这边每天和罗四、唐大少等商量如何对付洋人，暗地里却派人去上海打听，甚至动用了上海那边青帮的关系，撒开一张大网，明察暗访，终于得知，阿茵的丈夫做生意失败，愤而自杀。阿茵无力还债，被迫做了一名交际花，连名字也改了，叫做"小红梅"。

等第一批生丝3000包收购起来后，胡雪岩就和唐大少一道，押着这批生丝到了上海，存进丝栈。

也是他们走运，他们到上海的第二天，就传来小刀会起事的消息，街头巷尾，无不人心惶惶。

水路被截，上海被围，外面的生丝运不进来，上海市面上的生丝价格一日三涨，洋商无米下锅，只能被迫来和胡雪岩、唐大少谈生意。唐大少每日里都要接待英国人、法国人、日本人，忙得不可开交。

然而，胡雪岩却似乎根本不关心这笔生丝生意，每天都出去莺歌燕舞，日日叫局，好不快活！

这天，唐大少兴冲冲地从外面回来，找胡雪岩商量："胡先生，丝价已经涨到每包300两了！"

他们是按照每包100两的价格收购的，如今涨到每包300两，是破天荒的高价，纯赚60万。

可是这么大一件喜事，胡雪岩却似乎顾不上。他正在对着镜子试穿一件新衣服："老唐，快点换衣服，陪我去见一个人。"

"什么人，这么重要？"

"见了你就知道了！"

唐大少莫名其妙，只好换了衣服，跟随胡雪岩出门，一人乘坐一顶轿子，一起来到一栋豪华的别墅里。

这是一座新式的花园洋房，充满了异国情调。花园里种植着大片鲜艳的玫瑰花，香气扑面。

"胡先生，你葫芦里到底卖的什么药？"

"进去就知道了。"

胡雪岩神秘地笑着，在前面率先进去。唐大少跟在后面进了大厅，才发现这里布置得宛如宫殿一般，美轮美奂。

大厅里并排站立着一群人：一位标准装扮的英式管家，一位黑皮肤的女佣，其他诸如厨师、杂役、司机等，一应俱全。一见到胡雪岩进来，众人一齐躬身，恭恭敬敬地喊了一声：

"老爷！"

"老爷？"唐大少一惊，"胡先生什么时候在这里安了一个家？"

"就是这几天的事情。实不相瞒，今天是我成亲的大喜日子，老唐，你可要给我做个见证。"

"成亲？"

唐大少哭笑不得。自己忙着谈生意，紧张得喘不过气来，胡雪岩却居然有心思在这里金屋藏娇，娶起亲来了。

"什么样的姑娘，值得胡先生这么郑重其事？"唐大少打量着屋子里的豪华陈设，"花了不少钱吧？"

"不多，洋房、汽车，加上一应杂费，不过区区3万两银子。3万两，抱得美人归，哈哈，值了！"

"那就快请女主人出来吧，我倒迫不及待要看一看，令胡先生如此煞费苦心的是如何一位倾国倾城的佳人了。"

"老唐，正要请你来鉴赏。"

胡雪岩自信满满，和唐大少坐定，静品香茗，等待女主人下来见客。一时间，唐大少好奇心大盛。

他将目光紧紧盯着楼梯口。就听得一阵高跟鞋清脆作响，一个身着鲜艳旗袍的女子出现在那里。

那女子果然是个绝代佳人，身材高挑细长，一张鹅蛋脸，白皙娇嫩，一双丹凤眼，水雾朦胧。精美华贵的旗袍，紧紧贴在身上，衬托出凹凸有致的傲人身材。一双长腿尤其纤细修长，美得惊心动魄。在她的脚上，穿了一双水晶透明的高跟鞋，鞋跟尖细，足有七八厘米高。

这么一个娇艳、性感、成熟的女子出现在那里，果然是一个天生尤物，令唐大少不由地心中狂跳。

当那个女子从楼梯上缓步而下，带着一阵香风，来到近前，唐大少简直要窒息。然而，当他和那女子的目光对接，他似乎被雷电击到了一样，全身不由一颤，突然想到了一个人。

"阿茵？！"

他几乎要脱口而出，叫出她的名字来。然而他还是克制住了自己，生生将这个称呼咽了下去。

"唐老弟，我的眼光怎么样？还过得去吧？"

胡雪岩却似乎没有看到唐大少的异样反应，等那女子来到近前，给唐大少介绍："这就是上海大名鼎鼎的交际花'小红梅'。不过从今天以后，就再也没有'小红梅'这个人，只有胡太太了。哈哈。"

"小红梅？"

唐大少在心里念叨着这个名字，不对，她应该就是阿茵，可是为什么她又变成了"小红梅"？

而"小红梅"似乎也认出了唐大少，看他的目光略微有些异样，目光在他脸上一扫而过，低下头去。

"这位是我的好朋友，好搭档，好兄弟，"胡雪岩又给"小红梅"介绍，"他姓唐，你就喊他一声唐兄弟吧！"

"唐兄弟！"

"胡……大嫂……"

这称呼对唐大少来说别提多别扭了，他怎么也没有想到，自己的心上人会当了胡雪岩的太太！

一会儿，酒宴摆开，"小红梅"亲自作陪，她和胡雪岩是主，唐大少是客，自然要对唐大少殷勤致意。

唐大少本来不怎么喝酒的，今天却来者不拒，酒到杯干，一连喝了十多杯酒，醉意大作。

此时，正好胡雪岩出去更衣，屋子里只剩下"小红梅"和唐大少。"小红梅"又起身给唐大少倒酒，却被唐大少一把攥住了手腕：

"阿茵,你是不是阿茵?"

"唐兄弟,请你放手,让老爷看到不好……"

"小红梅"显然没有想到,唐大少会在这时候突然发作,连忙用力往回夺自己的手腕,却被唐大少攥得更紧。

"阿茵,你一定就是阿茵,为什么不肯承认?你为什么假装不认得我?为什么不敢以真面目对我?"

唐大少被酒力烧得迷迷糊糊,再也无法控制自己,竟然流下泪来:"我知道,你不是不敢认我,而是看不起我。你看上了胡先生的万贯家产,看不起我这个穷光蛋。我不怪你,只怪自己没本事……"

他这么一哭,"小红梅"的心顿时软了:"你不要错怪我,你对我的情意,我都记着。我只是没想到,你会这么突然地在我面前出现。我马上就要和胡老爷成亲了,你教我如何认你?"

二人正在僵持,忽然,胡雪岩正好回来了,一见这情景,登时脸色沉下来:"这是怎么回事?"

"胡老爷——"

"小红梅"担心胡雪岩因此怪罪唐大少,连忙过来在他面前跪下,"都是我不好,不该对您隐瞒。其实我和唐大少早就认识,只是我怕您多心,所以不敢在您面前和他相认。请您别生气。"

"什么?你们早就认识?"

"不错,"唐大少此时的酒也醒了一半,眼见掩饰不过去,干脆道出实情,"她就是我对您说过的阿茵。"

"阿茵?你就是阿茵?"胡雪岩惊讶地道,"我听唐兄弟提起过很多次,他对你可牵挂得紧哪。原来世界上真有这么巧的事情。"

重新入席之后,阿茵讲起自己这些年来的遭遇,讲到伤心之处,难免一阵唏嘘,真个是梨花落雨,我见犹怜。

"阿茵,你知道吗?我来上海之后,一直在找你,可是却始终没有你的音信。如果早一步找到……"

"现在也不算晚哪！"胡雪岩却忽然接过话去，"你们是旧情人，老相好，倒是我这个外人搅和在你们中间了。也罢，君子不夺人所爱，既然你们一个有情，一个有意，我干脆做个顺水人情，今天这新郎官，就不由我来做，而是由唐老弟你来做。老弟，你怎么谢我？"

"什么？"

他这话一出，阿茵、唐大少都觉得难以置信，以为自己听错了。唐大少只觉得自己在做梦一般。

"胡先生，这是真的吗？"

"自然是真的。不但我将新郎官让给你做，而且我干脆将这房子都送了给你，权作贺礼。"

"啊？"

这一来，唐大少和阿茵都再无怀疑。二人对视一眼，一起来到胡雪岩跟前，齐齐跪倒在地上。

"多谢胡先生成全！"

他们恭恭敬敬地给胡雪岩磕了三个响头，起身以后，你望望我，我望望你，都觉得匪夷所思。

唐大少为人素来自负，恃才傲物，然而今天却是彻底服了胡雪岩。他端起一杯酒，敬给胡雪岩：

"胡先生，我以前只是听说，你是怎样的仗义疏财，怎样对别人好，今天才算真正领教了。我唐某这一生，得遇胡先生，也不枉了。大恩不言谢，我唐某也没有什么太大的本领，这洋场上的事情，以后都交给我去做就是，水里水里去，火里火里去，绝不皱一下眉头。"

"唐兄弟言重了！"胡雪岩道，"生意什么人都可以做得，但要当兄弟，就不要分这么清楚了。"

阿茵识趣，也端了一杯酒上来敬胡雪岩："胡先生，我也敬你一杯。虽然我今生无缘，不能和胡先生做夫妻，但我能够得到胡先生成全，了却我心中的夙愿，使我得以和唐大少长相厮守，这已经是我这一生最大的幸运。如果胡先生不嫌弃，今后我愿意和胡先生以兄妹相称，如何？"

"好，那我就叫你一声小妹了？"

"大哥！"

二人的关系顷刻之间由夫妻而成兄妹，这座豪华的花园洋房，也一瞬间换了男主人。胡雪岩将府上的众人都叫过来，大略讲明情形。众人都有如坠云里雾里之感。然而这又是千真万确的，于是众人一齐改口称唐大少为"唐老爷"，称呼阿茵为"唐太太"。至于胡雪岩，则称"大老爷"。

一切安排妥当，胡雪岩高高兴兴地离去了。留下唐大少和阿茵，开开心心做起夫妻来……

经过这件事情，唐大少对胡雪岩死心塌地，成为胡雪岩在上海的一员得力干将。而胡雪岩虽然花了几万两银子，但比起这一次天价出售生丝所赚取的60万两之巨的利润比起来，实在不算什么。

从这里开始，罗四、唐大少，加上青帮、湖州知府王有龄，胡雪岩在这些人之间穿针引线，编织起了一道官府、黑道、洋场、钱庄千丝万缕纠缠在一起的大网。这张大网一铺开，杭州、湖州、上海，三大肥腴之地，如同构成一只三足鼎立的"聚宝盆"，数不尽的金钱滚滚而来。

从这一年一直到王有龄升任浙江巡抚，胡雪岩的事业可谓风生水起。他不但将杭州的阜康钱庄经营得有声有色，而且很快兑现自己当日的誓言，在湖州和上海各开设了一家阜康分号。

但胡雪岩的人生命运，又注定了是不可能这么一帆风顺的。他和王有龄一荣俱荣，一损俱损。王有龄刚刚升任浙江巡抚，胡雪岩还没有来得及赶回杭州去祝贺，却传来了太平军包围杭州的消息。一得到这个讯息，胡雪岩的第一个反应，就是自己必须冒死去见王有龄……

第9章

临危受命

> "天有不测风云，人有旦夕祸福"，每个人都不能期望自己的人生一帆风顺，商场上的风险尤其防不胜防。

胡雪岩投资王有龄，本来是一笔一本万利的买卖，王有龄做到了浙江巡抚，似乎青云直上就在眼前。可是，太平军突然杀奔杭州，令王有龄陷入了绝境。守是守不住的，可是逃跑也不行。因为当时清廷规定：弃城而逃的官员，一律问斩！结果王有龄只能困守待毙！

生死一发之际，王有龄让胡雪岩出去买粮、求援，一方面是希望能够对局面有一些帮助，另外也是借此让胡雪岩逃出去。他不是朝廷命官，没有必要在杭州城中殉葬。王有龄要保全胡雪岩，让他做大事。

王有龄最终与城俱亡，胡雪岩尽管采办到了粮食、军火，却无法进入被太平军重重围困的杭州城，这是胡雪岩第一次直面生死离别，也是第一次认识到：每个人都有自己不可更改的命运。

当胡雪岩从水路昼夜兼程来到杭州城外，才知道这一次太平军围城形势是何等的严峻！

这已经是杭州第二次被围。一年前，也是李秀成率领的这支太平军，为了解救天京（南京）之围，实施了围魏救赵的战略。李秀成率领1000太平军，闪击杭州，竟然仅仅用了半个月的时间，一举破城，逼迫浙江巡抚罗遵殿服毒自杀，将杭州城内囤积的粮饷横掠一空，大胜而去。

正因为罗遵殿自杀，才给了王有龄一个机会，让他从湖州知府升为了浙江巡抚。这也是他人生的顶点。

王有龄做了浙江巡抚之后，第一件事情自然要和满将瑞昌商量如何固守杭州，避免上次的悲剧重现。他们在城内修筑工事，训练兵卒，储备了足足两万常规人马，以防止太平军偷袭。

但没有想到，这一次，李秀成再次攻打杭州，却不是偷袭，而是正大光明地以重兵正面攻击了。此时太平军整体上的形势已经非常危急，西征失败，安庆失守，天京（南京）震动。因此，太平军这一次的战略计划，不是偷袭杭州，虚晃一枪，而是要掠下浙江全境作为后援了。

李秀成的主力部队席卷而来，杭州外围很快被肃清，援军全部被截断，王有龄、瑞昌只能困守孤城。

胡雪岩和众人一样，刚来到杭州城外的武林门，就被阻挡在了这里。太平军盘查严密，即使一只飞鸟也过不得。

胡雪岩一见这种情势，知道一刻也耽误不得。他灵机一动，想出一个主意，大摇大摆走上前去。

"什么人？站住！"

一个太平军士兵将手中明晃晃的大刀一横，恫吓胡雪岩："任何人不准进城，违者格杀勿论！"

"我不是进城，我要找一位在你们军中的朋友。"

"朋友？谁？"

"他姓童，叫做童万贯——"

"大胆！我们大哥的名字，也是你随便叫的？"太平军呵斥着，不过神态已经不那么严厉了。

"你真是我们大哥的朋友？"

"不错。不妨请去通报一声，就说阜康钱庄的胡雪岩求见！"

"你等着！"

一个太平军士兵去通报了，胡雪岩心下惴惴，脸上却装出若无其事的轻松神态，悠然等在一边。

片刻，那个士兵又回来了："我们大哥有请！"

胡雪岩心下一松，知道自己这一步冒险的棋是走对了。有时候就是这样，不入虎穴，焉得虎子？

他跟随太平军士兵来到大营，一路上但见太平军阵容严明，队伍整齐，人人精神抖擞，不由暗暗为义兄王有龄的处境捏了一把汗。和意态骄横、纪律散漫的清朝绿营兵将对比起来，太平军显然更加充满活力，更加充满了高昂的斗志。两军虽未进行决战，而胜负其实早已分出。

进入营帐，只见一位大将，威风凛凛，端坐在白虎交椅上，可不正是那位一面之交的童万贯？

"小人胡雪岩，参见将军。"

胡雪岩很识趣，知道自己对童万贯表现得越恭敬，童万贯就会越高兴。所以他立即上前，下跪磕头。

"起来，哈哈，这不是阜康钱庄的钱老板吗？"童万贯一时还摸不清楚胡雪岩来见自己的用意。

"你来找我，有何贵干？如果是劝我往你那里存钱，哈哈，我可是穷光蛋一个，比不得满清的官员、太太啊！"

他这么说，那显然是在暗示胡雪岩，他之前在阜康钱庄的存款是秘密进行的，不要让人知晓。

"是，是，小人有天大的胆子，也不敢跑到这里来向将军揽存。实在是小人因有事在外，刚刚回来，却不料已经无法进城。小人上有80岁老母，下有3岁小儿，嗷嗷待哺，不能不赶回去。所以才冒死来求见将军，求将军格外开恩，放小人进城。小人一家性命，全赖将军搭救。"

他故意将自己的情况说得很惨，太平军众人都是有妻儿老小的，最重感情，听了无不同情。

"我太平天国以仁义起师，太平军中兄弟，俱以孝悌为先。既然你要回去孝敬老母，照顾幼儿，那么我就网开一面，放你进去。"童万贯的理由亦冠冕堂皇，"不过，两军交战在即，你如果胆敢将看到的我军机密泄露给清朝一个字，哼哼，到时候我可救不了你了！明白吗？"

"是，是，多谢将军！"

胡雪岩跪地叩头，童万贯掷下一块令牌来："这是我的令牌，保你通行无阻。回去以后，立即关闭你那阜康钱庄，安心在家照顾一家老小。等我进城之后，自然会派人去你那里取回令牌。"

这话语中，又是一语双关，意思是告诉胡雪岩，保护好太平军在他那里的存款，不要轻举妄动。

"是！"

得了童万贯的令牌，胡雪岩知道自己不但可以顺利进城，而且阜康钱庄在太平军破城之后也可以保全。他不敢在这里多耽搁，给童万贯磕头之后，立即出来，怀揣令牌进了杭州城。

杭州城中，一派兵荒马乱的景象。守城的官军不消说，人人都忙着加筑工事，擦亮刀枪。街道上的民众也都没有了往日里的悠闲景象，一个个仓皇行走，互相探询着关于外面的消息。

胡雪岩通过太平军的防线固然不易，而进杭州城过官军这一关，也是哨卡重重。幸而他搬出王有龄这块招牌，那些清朝的将官，消息最是灵通，人人都知道他和王有龄关系非同一般，所以立即放行。

胡雪岩顾不得回自己的阜康钱庄，立即来到巡抚衙门。听说胡雪岩求见，王有龄一连说了三个"快请"！

一见面，胡雪岩按照规矩，给王有龄磕头："小人参见巡抚大人……"

"快起来,你我自家兄弟,都什么时候了,还来这一套虚文假节的!快说,你是从哪里来的?"

"上海。"

"外边的情形怎么样?你是怎么通过长毛(太平军)的防线的?"

"这个……"胡雪岩沉吟了一下,虽然他和王有龄是生死兄弟,无话不谈,但是自己和太平军的交往,还是不说为好。他想了想,胡乱编造了一个理由,"我是青帮的'门外小爷',正好长毛军中有我们几个弟兄。他们就帮我弄了一条船,趁黑夜无人,给悄悄放进来了。"

"原来如此。"

王有龄此时并没有心思去想胡雪岩的话是真是假。他只是关心,太平军围城的兵力究竟有多少。

"具体我也不太清楚,不过根据我的目测,大体上总在两三万人吧。"

"两三万人?"王有龄听了,脸色苍白之极,一屁股坐在椅子上,半天没有说出一句话来。

"大哥放心,长毛人数虽众,不过我看也只是虚张声势而已,我看他们所用的兵器,都是大刀、长矛之类的,差劲得很。如果当真攻城,区区血肉之躯,难道还能抵挡咱们的大炮?"

"攻他们是不敢攻的,我最担心的是他们围而不攻,"王有龄叹道,"围城打援,原是他们的拿手好戏!"

"那咱们就和他们耗上了!"胡雪岩小心翼翼地道,"咱们有钱有粮,耗他个一年半载,应该不成问题。朝廷总不至于眼睁睁看着长毛围困,却不给咱们派救兵来吧?到时候,救兵一到,来他个里应外合,情势也许就会发生变化。说不定大哥还能借此机会,建立功勋,再升一级呢!"

"贤弟,你说得简单!"王有龄却不如他这般乐观,长叹一声,"唉,你知道吗?如果长毛围而不攻,咱们一心一意,坐守孤城,你以为咱们的粮食能够支持多久?一年半载?那是做梦!"

"那么,3个月总够吧?"

"不够！"王有龄摇了摇头，冲胡雪岩伸出一个手指，苦笑一声，"想不到吧？只够这个数。"

"啊？1个月？"胡雪岩大惊，"这怎么可能？大哥是不是弄错了？"

"千真万确，"王有龄道，"兵马未动，粮草先行。这个道理，我岂能不懂。本来，杭州是粮饷重地，的确堪称富足。可是，去年长毛破城，已经将积存多年的粮饷一掠而空。而今年所征收上来的粮饷，又接济给了江北大营。本来以为长毛旦夕可破，谁料李秀成却又杀了个回马枪。他也是料定杭州城内粮饷空虚，所以才坐拥重兵，围而不攻，这一招的确高明啊！"

"这么说，我们除了坐以待毙，就没有任何办法啦？"

"也不是没有办法。我们的兵力充足，火器精良，自保是没有问题的。如果能解决粮饷问题，就一定可以击败长毛，渡过难关。关键中的关键，是要弄到足够的粮食，固守待援！"

"需要多少？"

"1万石够了。"

"1万石并不多。上海那边，市场上粮食供应非常充足，价格也不是很高。我去了就能弄到。"胡雪岩自信地一拍胸脯，但随即脸上又浮现出为难的神态，"可是这1万石粮食如何运进来呢？"

"说不得，到时候只能由我派出一支精锐部队，到江面上去接应你了。是成是败，由天决定。"

"那好，"胡雪岩立即道，"粮食的事情，交给我去办。20天之内，我保证将粮食运到城下。"

"那就以20天为限。到时，我会派出一支3000人的精锐部队，在江面上杀出一条血路，接应你进城。"

接下来，二人仔细商量了一些细节，一直到很晚，胡雪岩才离开巡抚衙门，回到自己的家中。

几年前，胡雪岩早已将老夫人金氏从胡里村接来了杭州。春姑不能生育，给胡雪岩另外娶了两个姨太太，每人给胡雪岩生了一个女儿，虽然没有男丁，美中不足，但一家人其乐融融，日子过得也还安乐富足。太平军一围城，气氛陡然紧张，这小小的家庭也笼上了一层阴影。

胡雪岩一回到家中，等于这个家的顶梁柱回来了。老夫人金氏第一个眉开眼笑："阿弥陀佛，顺官，你可回来了！"

"是呀，顺官，你不知道娘有多么惦记你哪，每天在佛前上香，求菩萨保佑你平安无事！"

春姑迎接出来，将胡雪岩迎进门。两个姨太太都上来见礼，然后忙着去厨下吩咐准备晚饭。

一边吃饭，胡雪岩一边将外边的情况说了。他故意说得很轻松，似乎太平军围一阵子就会撤去。

哄得众人高兴，老夫人先去睡了。这边两个孩子缠着胡雪岩玩了一会儿，也被姨太太各自领去睡了。

只剩下春姑和胡雪岩，胡雪岩才对夫人说了实话："我已经见过王大哥了，情势不能再糟糕了！"

"啊？"

"城中的粮草仅够支持1个月。我已经领了命令，去上海购粮。明天一早，我就动身出城。"

"这么急？"春姑毕竟是个妇道人家，杭州的安危，她是顾不上的，但胡雪岩刚回来却又要动身出门，那么一旦有事情，这一家老小怎么办？万一有个三长两短，她如何向胡雪岩交代？

"你放心，走之前，我会把一切都安排好的，"胡雪岩自然明白她的担心，安慰道，"不会有事的。"

一夜无话。第二天一早，胡雪岩起身后，立即吩咐众人收拾东西，将一家人都送到了阜康钱庄。

"娘，春姑，你们带着孩子从今天开始就住在这里，白天黑夜，不准踏出钱庄大门一步。"

胡雪岩仔细叮嘱："不管外面发生了什么事情，都不准出去探听消息。只管紧锁大门，过自己的日子。"

安顿好了家人，他又将钱庄里的伙计叫到一起，对众人宣布："从今天起，钱庄停止营业！有愿意留在这里的，薪水照发；有愿意回家去守着老婆孩子的，一律发给路费。至于钱庄什么时候恢复营业，要看具体情况而定。总之请大伙儿相信我的话，阜康钱庄不会有事的！"

这么忙碌一上午，将钱庄里的伙计留下的留下，遣散的遣散，最后将掌盘叫到内室，秘密吩咐：

"我这里有一块令牌，是从长毛那里得来的，将来一旦长毛进城，就将这块令牌挂在大门上。长毛都认得这块令牌，不会轻举妄动，可以帮助阜康钱庄逃过一劫。"

将令牌交给掌盘后，他又仔细叮嘱："金库要多派人看守，要选年轻力壮的，忠实可靠的，薪水加倍。只要不出闪失，将来重新开业，我们仍然会有东山再起的一天。一定要挺过这一关！"

"请胡先生放心，只要我有一口气在，就别想有人从阜康钱庄拿走一分一厘。"掌盘信誓旦旦地道。

一切事情都料理完毕之后，胡雪岩告别众人，又来到巡抚衙门和王有龄告别。王有龄专门为他饯行。

"贤弟，你这一去，为兄也不知道你我兄弟是否还有再相见之日啊！"

尽管面对着满满一桌的精美菜肴，王有龄却一点口腹之欲都没有，酒入肚中，愁绪更是化不开来。

"大哥，莫要如此气短！"胡雪岩鼓励道，"只不过20天而已，20天后，我一定如期赶回！"

"20天，20天！"王有龄喃喃自语，"不知道怎么，我总有一种不祥的预感，似乎支持不到20天。"

"不可能吧？"胡雪岩难以置信，以城中人马军械，居然会支持不到20天，也太匪夷所思了吧？

"去年李秀成进入杭州，你知道用了多少天？"

"几天？"

"10天都不到。而且他还只有1000人。如今兵力多出二三十倍不止。你说他需要多少天？"

"果然如此，那也是没有办法的事情，"胡雪岩道，"此乃天数，非人力可为。大哥不需要责备自己！"

"城在人在，城亡人亡。如果真的是老天爷要让李秀成20天之内攻进来，那我只能……嘿嘿……"

王有龄苦笑一声，将一杯酒猛地一灌而下。自相识以来，这是胡雪岩第一次见他如此不要命地饮酒。

"大哥，没有其他的办法吗？"

胡雪岩也知道他的意思，他是要和杭州共存亡，如果城破，那么就要殉城自尽。"一定要这么做吗？"

"贤弟，你不明白，"王有龄黯然道，"这叫做义之所在，不得不如此啊！你我兄弟以义结交，尚且知道生死与共，同进同退。我王有龄受朝廷隆恩，如果丢了杭州，除了以死谢罪，还能怎样？"

他说的是实话，前任巡抚罗遵殿，便是因为在自己手上丢了城池，不得不服毒自杀，以谢朝廷。而即使不自杀，等朝廷的处罚下来，也是死罪一条，别无他路。早死晚死，都是一样。

但如果落个殉节而死，至少在名义上，可以受到嘉奖，一家人也可以得到朝廷的优渥抚恤。

"贤弟，如果真的出现什么意外，我希望你能帮助我做一件事情。"王有龄眼圈红红的，看着胡雪岩。

"兄长不需吩咐，兄长的妻儿老小，雪岩自当鼎力照顾，视作自己的亲人一样。"胡雪岩立即道。

"不，我要说的不是这件事情，"王有龄却出人意料，说出另外一番话来，"如果杭州真的在我手上失守，那么我纵然一死，也还是无补于事。城中80万百姓，却要受苦受难了。此虽非我一人之罪，然而我身为父母官，终究于心难安。

所以我才要你忍辱负重，留着有用之身，好好活着。等到将来朝廷派人收复杭州，到时候替我做一件大大有利于民的事情。"

"请大哥吩咐！"

胡雪岩也知道，王有龄这么郑重其事，所托付的一定不是件小事情，但此刻除了毅然答应，别无选择。

"贤弟，我这些年来，宦囊算不得如何丰裕，不过，存在你阜康钱庄里的钱，也有5万两了吧？"

"只多不少。"

"那好。我要你做的事情，就是等杭州光复之后，将这5万两银子全部买米买粮，买医买药，赈济百姓。不过，到时候只以你的名义行事就可以了，不要让人家以为我这些钱是贪来的。"

"大哥如此举动，真是义薄云天，古今罕有！"

胡雪岩听了，忍不住感动地落下泪来："我与大哥，以义相交，一晃10年。然而直到今日，才知道大哥是怎样了不起的奇男子、伟丈夫。请大哥放心，只要我还有一口气在，就一定不辜负大哥的嘱托！"

"好兄弟，好兄弟，"王有龄也动了感情，流着眼泪，拉着胡雪岩的手，"贤弟，你我相交多年，肝胆相照。虽然你在生意场，我在官场，但我们都自问平生行事光明磊落，无愧于心。男子汉大丈夫，只要时刻将这8个字放在心上，以为警戒，那便端得正，行得顺，一生不会出什么大问题了。贤弟，如果我真的就这么死了，你也不必为我感到难过。我这正应了一句话，叫做'生有所为，死得其所'。贤弟，如果临别有什么赠言，这句话就送给你吧！"

"生有所为，死得其所……"

胡雪岩喃喃着，一边仔细品味着这句话中的深刻含义，一边告别了王有龄，兄弟挥别，泪落如雨。

从巡抚衙门出来后，王有龄径直出城。因为有王有龄的亲自关照，城门守将一见到他，立即开城。

但接下来，如何突破太平军的防线，却成为了摆在胡雪岩面前的一道难题。

胡雪岩：红顶商圣

本来他有童万贯给他的令牌，但为了保护阜康钱庄和家人，他却将令牌留下了。如今，再去找童万贯，显然不合适。

反正左右也是无计，而时间上又不能拖延。因此胡雪岩想出了一个最简单的方法，强闯关卡。

当太平军将他拦下后，他立即从怀里掏出来10两1锭的银子，一共50两，恭恭敬敬地奉上：

"小人并非杭州本地人，只因家中老母病重，无奈来杭州寻医问药，不料被围。如今须得星夜回去，侍奉老母。求军爷开恩。"

虽然明知道他说的是谎话，但太平军见了50两明晃晃的银子，岂能不动心？于是一个军官模样的人走了上来。

"当真老母病重？"

"是！"

"有没有通敌文书？如果夹带什么书信之类，自己乖乖交出来，否则一会儿让你死得很难看。"

"没有，没有。"

"带到里面，搜他的身。"

一声吆喝，胡雪岩被带到里面的一间屋子里。搜身很严格，连他的鞋子的底面都撕开了，并无所藏。

"看来你倒是个老实人，行了，起来吧！"

"多谢！"

胡雪岩刚站起身，那军官却一下子抽出了腰刀。明晃晃的腰刀一亮，吓得胡雪岩又跪下了。

"大人饶命。"

"你放心，我不是要杀你，而是要在你胳膊上砍上一刀。否则，人家会追究你是我放出去的。如果你不被拿到，算你福大命大，如果被拿到，就说被我砍了没死，自己逃出去的。"

"是！"

胡雪岩肩负重大使命，只要能逃出去，被砍一刀算什么？那军官其实也不是真砍，看在50两银子的买路钱份上，只轻轻在他手臂上拉了一个口子。胡雪岩掩着伤口，一口气跑出数里。

　　然后，他就进了山。因为害怕水路上被太平军截获，在山里行走反而安全得多。他穿山越岭，渴了就喝一口山泉，饿了就摘一把野果子吃，不分昼夜地走了几日，居然没遇到一个太平军。

　　总算一路辗转，来到了湖州。罗四正在为胡雪岩的生死日夜担忧，茶饭不思。一见到胡雪岩从天而降，真是喜出望外。但再看胡雪岩衣衫褴褛，一只胳膊上还鲜血淋漓，顿时又落下泪来。

　　沐浴更衣，找来医生包扎好伤口后，胡雪岩先狼吞虎咽，吃了几天来第一顿热饭，才有力气说话。

　　"杭州那边的情形，我看是早晚不保的了。长毛已经围得铁桶一般，城中粮食却只能支撑1个月。"

　　"啊？只够1个月？"

　　"所以，我才奉了我兄长王有龄的命令，冒死出来，前往上海购粮。也不知道来不来得及，只能赌一把了。"

　　"需要多少粮食？"

　　"最少1万石，20天必须筹齐、送到。"

　　"20天？这么急？"

　　"可不，我在路上已经耽搁了几天，今天晚上歇息一下，明天必须动身去上海，一刻也不能耽搁。"

　　"那我和你一起去上海。"

　　罗四也是个风风火火的人，知道这么大的事情胡雪岩一个人一定忙不过来。所以主动提出帮忙。

　　"阿四，有你在身边，我心里踏实多了。"胡雪岩这一次进出杭州，出生入死，平生从来没有这么心里没底过。生死一线之际，在山林里狼狈奔走之时，他最牵挂的，就是罗四。

"阿四，你知道吗？我甚至在想，如果我不明不白、稀里糊涂死了，却又无法捎信给你，那你该多急啊！"

"雪岩，现在不是说这个的时候！"罗四给他打气，"王老爷那边，可是在望眼欲穿哪！你可千万不能死！"

"对，我不能死，我还有好多的事情没有做呢！"胡雪岩顿时又打起精神，仔细和罗四商量去上海以后的每一步行事。

但他又毕竟太疲惫了，不知不觉，就枕在罗四的腿上睡了过去。罗四不敢惊动他，就这么拥他入睡……

第二天，胡雪岩将阜康钱庄湖州分号的现银一股脑装上船，和罗四一路如飞，恨不得一下插翅飞到上海。

到上海以后，胡雪岩、罗四立即找到唐大少，三人一商量，立即定了分工：购粮的购粮，筹款的筹款……

这时节，上海也正在闹粮荒。要在短短的时间之内，收购这么大批量的粮食，谈何容易！何况胡雪岩一心怕粮食不够，王有龄给他定的任务是1万石，他却足足收购了25000石。

将粮食购齐，还只是第一步。真正将这批粮食从上海运到杭州城下，才是当时最大的难题。

虽然是替政府办事，但要求江苏巡抚出兵保护这一笔粮食是不可能的，只能自己咬牙想办法。

所幸，上海这个地方有一个特别之处，就是洋人的力量特别雄厚。唐大少发挥自己的特长，很快和洋人达成了一个协议：出高价钱租借了一艘洋人商船，并且配备了洋人的"火枪队"押运。

这样一来，就做到了万无一失。胡雪岩立即吩咐起航，在约定时间的前一天抵近了杭州城下。

然而，到了约定的日期，却不见王有龄的接应部队出城，而胡雪岩的商船尽管挂着洋人的旗号，却也不敢在这里久久逗留。

一连三天，胡雪岩每天都着急地在船头上张望，却始终不见杭州城里出来一兵一卒。而洋人却害怕遭到太平军的袭击，一再催促胡雪岩尽快离开此地，胡雪岩苦苦哀求，洋人才答应再留一天！

这一天，从早晨到黄昏，胡雪岩一直在船头上，茶饭不进，端着一柄单筒望远镜，死死盯着杭州城门。

整整一天过去了，那边城门紧闭，一点动静都没有，胡雪岩真的是绝望了。天黑之后，他还不死心，抱着最后一线希望，在一片漆黑中，如同雕像一样矗立在船头上，一直到东方将亮。

四更时分，不能再拖延了。胡雪岩在船头上郑重其事地跪下，冲着杭州城中磕了三个响头。

"大哥，请原谅我，我实在无法说动洋人让他们在这里再等下去了。但愿大哥吉人天相，逢凶化吉！"

洋人又一次来催促了，胡雪岩只能怅然起身。船已经调了头，离杭州越来越远，胡雪岩还在张望……

后来胡雪岩才知道，杭州城中的情形远比自己所想象的还要悲惨万分。李秀成对杭州采取"攻心"之战，分化满、汉两派，结果在城中形成了严重的局面：守城的王有龄和满人将军瑞昌竟然也因此不和。王有龄要开城门迎接胡雪岩的粮草，却被瑞昌认为有通敌之嫌，死活不允。结果，王有龄只能在城头上眼睁睁地看着胡雪岩的粮船，近在咫尺，却没有任何办法！

胡雪岩一去，王有龄知道最后的希望也丧失了，也懒得再去和瑞昌争论什么，一心等死。

从13日被围，到下一个月的29日，杭州在苦苦坚持了46天之后，终于宣布失守！

当太平军入城之时，王有龄已经在巡抚衙门里为自己备下了一杯毒酒，一根白绫，他自尽了……

第10章

谒左献粮

王有龄以身殉职，他的突然死去对胡雪岩来说打击是巨大的，也使得胡雪岩犹豫不定：究竟下一步还要不要在官场上继续投资？如果投的话，该选择谁？这一步棋胡雪岩犹豫了很久。

他经过长期观察，最终决定选择左宗棠。这一次和结交王有龄不同：他与王有龄是贫贱之交，结义兄弟，但是和左宗棠却是存在着严格的"官"与"商"的界限。尤其左宗棠这个人清高、孤傲，标准的书生意气，自己作为一个追逐铜臭的商人，如何才能取得他的信任呢？

胡雪岩一番思考之后，最后认为自己和左宗棠有一个共同点，就是"真性情"，不矫揉造作，不装腔作势，只要以真面目相待，就一定可以打动左宗棠！以真性情对真性情，此所谓君子之交！

果然，胡雪岩成功了。他和左宗棠一见如故，从此又开始向着人生和事业的更高峰攀登……

上部 发迹乱世

从这一年的十一月二十八日太平军进入杭州，到两年后左宗棠率军入城，杭州沦陷两年多。

和杭州的沦陷不相干的是，上海这边的生活依旧太平，纸醉金迷，歌舞升平，生意也依旧红红火火。胡雪岩有阜康钱庄上海分号为他日进斗金，身边又有罗四这样的红颜知己作陪，本应该逍遥无忧。可是，他却无时无刻不惦记着杭州城中的情况，日夜等候杭州光复的消息。

王有龄已经死了。当日消息传到宁波的一家客栈中，胡雪岩刚刚将手头的两万五千石大米脱手。此刻米价飞涨，他这批大米趁机上市，不消说又大大赚了一笔。可是还没有来得及弄清账目，就听说杭州失守，王有龄自尽，胡雪岩听了，将手上的算盘一丢，大叫一声倒在地上，昏死过去。

此后整整1个多月，胡雪岩都是在病榻上度过的。这是他平生第一次生这么重的病，罗四闻讯赶到宁波，衣不解带，寸步不离地守候在床前，请了最好的医生，开了最好的药。然而胡雪岩的病是在心上，他的精神受到了打击，不是一时半刻之间能够缓过来的。

最终，宁波也不保了，太平军正在迅速赶来，罗四只能弄了一条船，将胡雪岩运到了上海。

在上海，又静养了3个月之后，胡雪岩才终于能够起身下地。他的眼泪已经流干了，人也憔悴得瘦了一圈。当他在镜子里看到自己的脸，简直认不出这张沧桑、疲惫的面孔属于自己。经此一病，他似乎一下老了10岁。那个意气风发、志得意满的胡雪岩不见了，现在的他，一看就知道沧桑阅尽，以他只有40岁的年纪，所经历的事情，已经抵得上寻常人的一生。

但胡雪岩又清醒地知道，自己肩负王有龄的重托，身上的这幅担子才刚刚压上去。等到杭州光复，到时候百废待兴，才是真正考验自己的时刻！所以，身体绝对不能垮下去，精神更不能松懈！

他强迫自己站了起来，重新开始积蓄力量。加上罗四的精心照料，终于又恢复了昔日雄风。

继王有龄之后接任浙江巡抚的，是当时一位刚刚崛起、却才华早蕴的了不起的人物——左宗棠。

关于这个左宗棠，胡雪岩并不很了解。事实上当时知道左宗棠是何许人也的人并不是很多。但推荐左宗棠破格提升、出任浙江巡抚的曾国藩却是一个深识左宗棠的人。他知道，如果说在当时有什么人能够对曾国藩形成威胁，那么就只有两个人：一个是左宗棠，一个是李鸿章。

这两个人，都曾经在曾国藩的幕府做事，从名义上来说，是曾国藩的学生。但曾国藩识人的眼光何等厉害，早看出来，这二人日后必不甘心居于自己之下。毕竟大丈夫处世，如锥处囊中，是不可能长久默默无闻的。曾国藩一生致力于维护满清政权的稳定，尽心竭力忠诚于自己"修身齐家治国平天下"的儒家哲学。然而他知道，李鸿章和左宗棠不是这样的人。

李鸿章和左宗棠二人，如果用道家文化中的"阴""阳"来比喻，那么李鸿章就是"阴"，是"柔"，是"水"，城府深，喜怒不形于色，能屈能伸，是个颇擅谋略的主儿，而且没有曾国藩那么强的道德感，所谓"翻手为云，覆手为雨"，是个天生的政治家；至于左宗棠，却是"阳"，是"刚"，是"火"，天纵奇才，恃才狂放，个性极端的张扬，一腔热血，甘洒沙场，是个天生的军事家。二人都无法做到像曾国藩那样，阴阳一体，水火交融，刚柔并济。

曾国藩对二人均寄予厚望，也知道自己百年之后，左右大清朝命运的，非这二人莫属。

也许会有人提出疑问：大清朝的命运，应该是由皇帝来决定的，满清的江山，怎么轮到汉人书生来作主？其实这正是一种认识上的误区：历代历朝，无论皇帝怎么杰出，或者怎么昏庸，真正决定这个王朝命运的，其实并不在皇室，而在臣子。

有什么样的臣子，就会有什么样的王朝命运。如果有贤臣，有能臣，有忠臣，那么这个王朝就会兴旺发达；如果有佞臣，有庸臣，有奸臣，那么这个王朝就会葬送。君主皇室，说到底就好像是一个人的大脑，只能决策，真正去执行决策还是要依靠文武大臣，如脑使臂，使手，使脚，一个人有怎样聪慧的脑袋，如果没有健全的肢体，也是枉然的。

当太平天国崛起，基业从根本上被撼动，摇摇欲坠，这时候以曾国藩为首的汉臣又面临着一个选择：是继续向这个满清创立的王朝效忠，还是趁此机会驱除异族，建立一个真正属于汉人的崭新王朝？要知道，这并非简单的道德选择，而是关于内心文化皈依的激烈交锋。如果洪秀全真的是历史上"500年必有王者兴"的预言之主，如果太平天国能够以儒家文化的"王道"作为号召，而不是以西方世界的基督天国作为立足的根基，那么"洪秀全们"或许会得到朝中的汉臣响应，从而形成一种里应外合的有利局面也不一定。

但偏偏太平天国没有选择"王道"，而是选择了虚无缥缈的"天国"，这就令曾国藩们失去了兴趣。他们毅然决然选择了忠于满清皇室，选择了走上镇压太平天国的背道而驰的道路。

如果说曾国藩以一人之力扑灭了太平天国这团蓬勃燃烧的熊熊火焰，这是不可能的，也是不客观、不公正的。但也的确，只有曾国藩，才能在这样一个大厦将倾的时刻挺身而出。他不是以军事天才，也不是以政治天才，而是以"圣人"的面目出现的，他以修身克己的非常人所能及的道德功夫令众人叹服，从而将一个个才华出众而性格迥异的将领聚集在一起，在他而不是其他什么人的统领下，才逐渐将太平天国一度昂扬的雄起势头打压下去。

在曾国藩身上，再一次体现了中国传统儒家文化的"内圣外王"的惊人力量。当一个人在"内圣"的道德修炼功夫上达到极致，"外王"也就众望所归，成为水到渠成的一件事情。

当时，劝曾国藩趁势称王、推翻清朝并取而代之的人不少，其中左宗棠就是一个。左宗棠给曾国藩写了一封信，指出"鼎之轻重，似可问也"，结果得到的答复却是"鼎之大小，未可问也"。只改动了几个字，却表明了曾国藩的清醒。曾国藩比任何人都知道，自己之所以被称为"曾帅"，依靠的并非个人才华和出众能力，他有的只是道德修炼功夫，而这玩意儿有时候所向披靡，有时候又一文不值。如果他真的以为自己可以当皇帝了，向天下公然宣布自己背叛了个人的道德信仰，那么第一个起来反对他的，就是左宗棠。

曾国藩、左宗棠、李鸿章，这三个大清帝国的杰出之士，可谓互相牵制，又互相倾轧。

推荐左宗棠出任浙江巡抚，可以看做曾国藩对左宗棠的"破格提拔"，是"知遇之恩"，但如果对比曾国藩提拔李鸿章当江苏巡抚，就可以看出曾国藩的私心：一来在对待李鸿章和左宗棠上，毕竟还是有亲疏之别；二来曾国藩将二人支开，是不希望淮军、楚军来抢湘军已经牢牢扼制两年之久、即将到手的天字第一号大肥肉天京。曾氏大功将成，在这个时刻，是决不允许任何人染指自己的伟业的。对于左宗棠和李鸿章，他一样不放心。

左宗棠平步青云，当上了浙江巡抚，但他必须面对的，是太平军在浙江盘踞的十几万雄厚力量。而左宗棠的楚军却只有8000人，并且真正能作战的还不到5000人。这无疑是以卵击石。所以曾国藩表面上抬高左宗棠，其实却是给他出了一个天大的难题：人情卖了，却冷眼旁观！

因此，左宗棠这个浙江巡抚，空有名头，在长达一年多的时间里，无力控制浙江的局面。

然而左宗棠就是左宗棠，他以"今亮"即当今诸葛亮自称，绝非虚妄。面对挑战，他没有畏缩不前，而是强者愈强，经过一系列的战略部署，一个接一个的战争，终于逼近了杭州。

左宗棠一率军入浙，胡雪岩就在密切关注着左宗棠的动态。因此，当听说终于要对杭州、余杭等地的太平军发起最后的攻击，胡雪岩立即敏锐地捕捉到了机会：自己出面的时候到了！

缺饷缺粮，一直是左宗棠进入浙江以来所面临的头号难题。关于缺饷之事，是当时的普遍问题。楚军成立一年多，欠饷就长达半年，尽管左宗棠多方筹措，却仍旧远水难解近渴。

至于缺粮问题，就更加严重。浙江自古以来就号称"膏腴之乡"，然而左宗棠自进入浙江以来，所见"死伤流亡，田荒屋毁"。灾民普遍露宿野外，有数日吃不上一顿饭的，有一家饿死数口的，路边的沟壑里，横七竖八地躺着尸体，野狗一群群地争着啃食尸骨。瘟疫流行，十室九空，太平军在浙江两年多，竟然将这里摧残成如此惨状，令铁打的汉子也不由潸然泪下。

根据后来的一份资料显示：两年前太平军入城，杭州人口大概在60万以上；两年之后清军入城，收复杭州，杭州的人口已经只有区区6万。60万与6万，相差迥异天地！

左宗棠入浙以来，巧妇难为无米之炊，这个处境他自己深知，而胡雪岩作为旁观者，亦看得清楚！

因此，当消息传来，说左宗棠决心对杭州的太平军发起攻击，胡雪岩知道，决战即将打响。经过这么长一段时间以来对左宗棠的观察，胡雪岩确信，他已经看准了此人，杭州一定能够在左宗棠手中光复，此时此刻，大战在即，正是自己去谒左献粮、雪中送炭的最佳时机。

于是，胡雪岩立即在上海行动起来，很顺利地购买了25000石大米，然后带上充足的银子，亲自押运，来见左宗棠。

这么一支声势浩大的船队，加上胡雪岩有意张扬，在船头上插满了彩色的旗帜，飘飘扬扬，岂能不引人注目。

"喂，停船！来的什么人？"

押运粮食的船队刚接近左宗棠的大营，就被拦下来。楚军方面担心是太平军使的什么"妖术"，因此调动了500弓箭手，在岸边弯弓搭箭，严阵以待。胡雪岩立即吩咐下了锚，泊于江面。

"请不要误会。我们是前浙江巡抚王有龄王大人的粮船，现有粮食两万五千石，特来献给左大人。"

"什么？王有龄的粮船？"

楚军的军官，显然亦知晓当日城破，王有龄自杀殉城，因此对这个说法流露出充分的戒备。

"王有龄不是早死了？分明是有诈，弓箭手准备——"

"且慢！"

胡雪岩不顾危险，在船头上大声喊道："我们的确是奉王有龄王大人之命采办粮食的。只是当时杭州被围，粮食无论如何运不进去。后来城破，我等只好将粮食出售，耐心等待时机。今日听说左大人要攻打杭州，因此重新将这笔钱购买了粮食，特地来献给左大人，也算复命。"

"真的么？"

"那还有假？请带我去见左大人，我要当面向他禀报，说明当日的事情经过。"

"好，那你一个人下船来！"

于是，胡雪岩被允准一个人下了船，上得岸来，那军官吩咐一名下属带他去见大帅。其他人则继续在江边警戒。

这名校官带领胡雪岩来到大营门口，只见这里静悄悄的，人不吵，马不嘶，一点没有大战前的紧张气氛。

"你叫什么名字？"

"胡雪岩。"

"你等在这里。"

那校官进去通报，一会儿出来，对胡雪岩道："大帅已经答应见你，你可以进去了。"

"是！"

胡雪岩答应一声，刚要进去，却又被里面走出来的两名卫士拦住："且慢！"二人上来仔细搜了胡雪岩的身上，确定没有什么匕首之类的行刺用物，才放心地让胡雪岩进到里面，谒见大帅。

胡雪岩小心翼翼地进了大帐，本来想象中，这里一定是甲士林立，刀光剑影，然而他却错了。

大帐里比外面更安静，一点声音都没有。在白色的虎皮椅子上，端坐一人，正在全神贯注掩卷读书。

胡雪岩不敢出声，站在下首，一边静静地等候左宗棠读书完毕，一边用眼睛的余光扫了左宗棠一眼。

只见这个左宗棠，身材也不算如何魁梧，一身的粗布衣服，乍一看竟然像是个乡下人，朴素之极。

然而，大战在即，他却在这里好整以暇，专心读书。那种气定神闲的大将气度和静心功夫，却非寻常人能比。

他似乎根本没有注意到胡雪岩进来，仍旧那么专心致志，一字一字地读着手上的书卷。他不抬头，不出声，胡雪岩更是大气都不敢出一口。

不过，胡雪岩经过这么多年的磨砺，也算是定力超群的一个人。尽管这么站着一动不动，却毫不心焦。

他知道，要么是左宗棠在故意考察自己，要么这个人就是真如传说中般，恃才傲物，目中无人。

不管是哪一种情况，自己在左宗棠面前都不可以犯一丝一毫的错误。因为自己将来全部的事业，都押宝在这个人身上。自己能不能继王有龄之后在官场找到一个更大的靠山，将在此一举。

因此，胡雪岩也仿佛老僧入定一样，站在那里一动不动。他知道自己越沉得住气，左宗棠会越高看自己。

果然，左宗棠是在考验胡雪岩，看这个人究竟是来献粮，还是有什么不可告人的目的。

他一口气读了10篇，连一声粗重的喘息都没有听到，这才将书卷一放，抬起眼，似乎刚看到胡雪岩：

"你就是那个献粮之人？"

"正是。"

"叫什么来着？"

"胡雪岩。"

"哪里人氏？"

"祖籍安徽绩溪，少年时来到杭州经商，一晃20年了。现在说起来，也算是杭州人了。"

"你是商人？为什么王有龄王大人会委托你去购粮？"

"小人虽然是商人，但却另有一重身份，和王大人生意上虽无来往，但私下里却是王大人的金兰兄弟。"

"哦？你与王有龄结拜过？"

"不错。不过那是在王大哥还没有步入仕途之前。"于是胡雪岩简单讲了当日二人结拜的经过。

当然了,他并没有吐露自己的真实意图,只说与王有龄性情、趣味相投,因此相见恨晚,结为兄弟。

"原来是这样。"左宗棠对此倒无怀疑,因为关于王有龄,他多少也听过一些消息,知道此人才具平平,所以屡有升迁,除了在官场上有何桂清做靠山,的确另有其人在暗中帮他做事。

"这么说,是你一直在帮助王大人做事了?"左宗棠这才认真地上上下下打量了胡雪岩几眼,"说说看,当日他是怎么将购粮的事情交付给你,你又是怎样购粮,怎样被阻挡在城外的?"

"事情经过是这样的——"胡雪岩一想起当日情形,仍然心痛不已。即使在左宗棠面前,也微有哽咽。

"这25000石粮食,当日无法运入杭州城中,只能在宁波上岸。出手之后,除去本钱,尚有3万两银子的盈余。这一笔钱,小人也带来了,现在就在外面船上,一并交给大人。"

"哦?"

左宗棠听说胡雪岩不仅运来了25000石大米,尚且带来了3万两银子,正好可以解自己燃眉之急,不由大喜过望:"你这个人,办事公私分明,果然漂亮,王有龄的确没有用错人。"

"大人过奖了!小人只不过遵照我义兄的嘱托,做了应该做的事情罢了。"胡雪岩脸上没有一丝一毫的喜悦之色,反而神情萧瑟,显然深怀自责,"自从杭州失陷以后,小人心中,没有一日不痛责自己,深恨自己无能。如果自己能够有诸葛先生之奇谋,又或者有岳飞武穆之勇武,那么小人一定会倾尽家产,招募一支军队,去和长毛决一死战,也胜过一个人孤零零活在世上,眼睁睁地看着杭州城中父老百姓惨遭长毛屠戮,小人老母妻儿,亦不知死活……"

他越说越是难过,竟然泪水滂沱,在左宗棠面前大为失态!不过,这一番真情流露,足见他是个性情中人!

胡雪岩这么做，却正对了左宗棠的心思。左宗棠一生为人，秉持"真性情"这三个字，他是出了名的襟怀坦荡，和人打交道，一颗心恨不得捧出来给你看。而他所交往的人中，如陶澍、胡林翼、林则徐，也都是这样疾恶如仇、性如烈火的人物，和曾、李一派迥然不同。

因此，左宗棠一看胡雪岩这么重情重义，首先在情感上接受了他，将称呼也改了："胡先生，你所说的诸葛孔明和岳飞武穆，虽然是了不起的英雄人物，但毕竟是古人。其实就拿眼前来说，王中丞为了保护杭州一城百姓，竟然不惜舍出一己性命，殉城而死，也称得上'国士'了。"

"请大人原谅！"胡雪岩如实说道，"我少读书，不懂得'国士'是一种什么样的标准，也不知道王大哥配不配的上'国士'的称号。不过，我当日和王大哥结拜，是在林和靖林公的墓前。当时，王大哥就说，林公梅妻鹤子，逍遥如神仙，这等日子，我们是过不来的。我们是世俗之人，总觉得这一腔热血，不洒在疆场之上，也要济世利民，做出一番轰轰烈烈的事业来。所以，王大哥常勉励我，钱要多多地挣，越多越好，但挣了钱，不要给自己花，而要给天下人花！要使天下每个人都受到你的惠泽，那才叫男子汉大丈夫，是奇男子，真英雄！"

"挣钱不给自己花，而给天下人花？"

左宗棠第一次从一个生意人口中，听说有人有如此胸襟抱负，不由地对胡雪岩刮目相看："有趣，有趣。我以前真不知道，王中丞是这么一位胸怀天下的圣贤之士，真是失敬，失敬！"

"不瞒大人，我大哥除了交代我代购粮食，还嘱咐我一件私事——"胡雪岩趁机将王有龄嘱咐自己的事情说出来，"我大哥可能已经预感到，杭州要守不住，所以与我分别之时，特地交代，倘若他一旦有难，教我无论如何，也要留住有用之身。说将来杭州一定会光复，到时候，大劫过后，百废待兴，让我把他存在我阜康钱庄的5万两银子全部拿出来，散药施粥，救济百姓！"

"了不起，真是了不起！"左宗棠越听越是稀奇，忍不住一拍大腿，"如此壮举，我还是第一次听说！"

"所以，小人一听左大人要收复杭州，才忙不迭地来献粮献银。这25000石粮食和3万两银子都是公事，小人在上海和湖州尚有两家钱庄，总共有五十万两银子的规模，虽然不济大事，但只要左大人一声令下，小人情愿水里水里去，火里火里去！只求杭州得复，我大哥的遗志在我手上能够早日得到实现，那么小人也算对得起和我大哥结拜这一番金兰之义！"

他这一番话，彻底打动了左宗棠。左宗棠以一人之力，独自面对十几万的太平军，本来并无必胜的把握，忽然从天上掉到跟前这么一个胡雪岩，而且信誓旦旦，甘愿鼎力相助他，令他不由地深感天意在自己这一方，因此陡然大长精神，心情格外爽朗，忍不住大笑起来：

"哈哈，王中丞，你有这么一个生死兄弟，金兰知己，在九泉之下，也当瞑目了吧？"

大笑几声，他又将炯炯的目光盯住胡雪岩，真诚地邀请道："怎么样，胡先生，我现在正在用人之际，你肯不肯像帮助王中丞一样帮我？我左某人不敢夸口，许给你什么锦绣前程，但有一件事情我可以给你打包票，就是用人用其长。只要你有本领，尽情施展拳脚便是。"

"承蒙大人厚爱，小人敢不竭效犬马之劳？"胡雪岩等的就是这么一个机会，立即跪下叩头。

"小人从今以后，愿意鞍前马后，追随左公！"

"好，好，快起来！"左宗棠等他叩头完毕，立即上前，双手将他扶起来，"哈哈，我今日不但得了粮草、饷银，更多了一位胡先生这样的'活财神'，从今以后，我不用再过穷日子了吧？"

他的话虽然是玩笑，但却也是实情。如果在他身边有胡雪岩这么一位生意场上的高手筹粮筹饷，使他可以腾出手来安心训练士卒，和太平军作战，何愁浙江全境不早日肃清？

因此，尽管是初次相见，左宗棠给予胡雪岩的待遇仍然是非常高，留他和自己一道吃饭。

军营中的伙食，自然是粗茶淡饭。不过左宗棠是种田弄菜出身，仍然吃得津津有味，一点都不浪费。

而胡雪岩呢，平生第一次和左宗棠这样的人坐在一张桌子上吃饭，纵然摆的是山珍海味，也吃不出味道。

吃过饭之后，左宗棠并不谈论公事，却好整以暇，问胡雪岩：

"会下棋吗？"

"象棋会一点儿，围棋不会。"

"那就下象棋。"

左宗棠立即吩咐拿来一副象棋，在棋盘上摆开来，由胡雪岩执黑，左宗棠执红。红先黑后，这是规矩。

"请！"

"请！"

二人仿佛两个古代的武士，一声客气之后，立即各自摆开阵势。左宗棠是当头炮，胡雪岩是屏风马，二人谁也不让谁，很快杀了个难解难分。

但胡雪岩很快发现，自己向来自负的棋艺，在左宗棠面前并占不到多少上风。左宗棠的攻势，并不如何凌厉，却稳扎稳打，步步为营；而自己虽然摆出一副密不透风的防御架势，却无力反击。

中局阶段，胡雪岩的一步棋思考得时间长了一些，忽然一抬头，发现左宗棠正目光炯炯地盯着他。

"左公，好厉害的棋！"

"胡先生，你也不差。"左宗棠却也看出，胡雪岩防守之中，暗藏着不少的反击后着。

"哪里，我虽然苦苦支撑，不过是困兽犹斗，终究难逃一败。"

"是吗？"不料，左宗棠忽然道，"你我互相换个位置，你执红，我执黑，再走走看如何？"

"是！"

胡雪岩和左宗棠互相换了位置，红黑易边，换位思考，局面果然随之一新，又生出无数变化妙着。

最终，还是左宗棠棋高一着，绝地反击，一举击溃了胡雪岩的红子，黑子起死回生，一步险胜。

"哈哈，胡先生，你是让我吧？"

"不敢，小人已经尽力了。左公棋艺高超，小人心服口服。"胡雪岩恭恭敬敬地道。

"别那么拘束，来，这边坐。"

推开棋盘，左宗棠邀请胡雪岩到一边喝茶，并解释道："知道我为什么和你互换棋子，更易形势？"

"我想，大人是用这盘棋来说事吧？"胡雪岩猜测着，"现在大战在即，大人对于如何排兵布阵，早已了然于胸，并且必然有不止一种取胜之道。拿下棋说事，不过是说，战场形势，瞬息万变，运用之妙，存乎一心。任凭你什么样的局面，也需要有人去主使，否则便是无用。"

"你说得很对！"左宗棠点了点头，他自己是个聪明人，因此就喜欢胡雪岩这样的聪明人，"我刚才和你互换棋子，更易形势，不过是一时兴起，突发奇想罢了。但你要记住，就是这个突发'奇'想的'奇'字，便是取胜的关键。普通人做事情，大抵循规蹈矩，但因此也难以成就大功。真正有智慧、能够做大事情的人，一定是想常人所不敢想，做常人所不敢做。"

"大人这番教诲，小人谨记于心。"

"行了，今天我还有事情要做，先不留你了。"左宗棠吩咐道，"你明天一早来见我，有一件大事，要和你商量。"

"是！"

胡雪岩自己都没有想到，仅仅是初次相见，左宗棠就把自己引为了知己，不由地有种大遇知音之感。

整整一夜，他都在反复思量左宗棠要和自己商量什么大事，然而左宗棠行事，神出鬼没，又怎么能够被他猜中？所以胡乱思想了一夜，第二天一早，还是早早起来，来见左宗棠。

"你来得倒挺早。"

"左公既然说有大事吩咐，小人不敢怠慢！"

"哈,其实这件事情,我也没有拿定主意,不过是找你来商量商量,看能不能行得通。"左宗棠道。

等二人坐定以后,左宗棠并不马上说是什么事情,却先问了胡雪岩一句:"胡先生,你可与洋人打过交道?"

"洋人?"胡雪岩一愣,不知道这件事情与洋人有什么关系,但左宗棠既然问起,他就如实回答,"小人在上海除了经营钱庄,还做有生丝生意,生丝销洋庄,少不得和洋人打交道。"

"这么说,你和洋人很熟了?那么,你对他们怎么看?"

"左公问我怎么看洋人?"胡雪岩听左宗棠这个问题问得很大,他在脑子里飞快地思索着,不知道左宗棠这么问自己是什么用意,"洋人和我们中国人比起来,的确有很大的不同。他们做什么事情,都当是在做生意,而且在信用上非常重视。这一点,我们国人多有不及。"

"说下去。"

"不过洋人也有骄横自大、愚蠢无知的一面。他们远来是客,却丝毫不懂得为客之道,反而常常反客为主。他们在中国做事情,离不开中国人,可是他们对待中国人很不友好,看不起中国人。"

"哼,岂止是不友好,看不起中国人!难道你没有察觉吗,他们有吞并我们中国的野心呢!"

左宗棠至此才表明了自己的态度:"我们现在朝中有些官员,张口洋人,闭口洋人,甚至主张什么'借师助剿'。胡先生,你在上海也应该听说过'常胜军'洋枪队的名头吧?哼,威风得紧哪!"

他这么说,那是对于借助洋人的力量来剿灭太平军持公然反对的态度了,胡雪岩本来当日和王有龄曾经商量要去购买洋枪洋炮,借助洋枪队来对抗太平军,现在却不敢提一个字。

"是,略有耳闻。"

"本来,借助洋人的枪炮,来增加我们的力量,我并不反对。可是将洋人一下子捧到天上去,认为离开了洋人,我们就做不了事情,这就不是在'借'洋人,而是在'媚'洋人,是要夹起尾巴来做'哈巴狗'了!我左某平生最恨的,就是这种没有骨气的小人!何况,我听说在洋枪队中,倒是洋人不足三分之一,中国人却占了三分之二,冒充洋兵洋将,敲诈勒索,索银索饷。如果放任这种情况,洋枪队迅速壮大下去,这不变成了客强主弱、以客压主吗?将来一旦有事,我等依赖人家已久,到那时如何独立自主,如何抵御外侮?"

"大人说得是。"

"不过,洋人的力量,也不能完全不用。"左宗棠却也并非一味的清高孤傲,而是颇为现实,"李鸿章用洋枪队,虽然说是花了不少钱,可是每战必胜,进军速度异乎寻常。的确卓有奇效啊!"

"大人的意思,是不是这样?"胡雪岩揣摩着左宗棠的意思,分析道,"洋枪队确有过人之处,不可不用,但只可为辅,不可为主。一旦养虎遗患,最后反被虎噬,就太蠢了!"

"胡先生,你这'只可为辅,不可为主'8个字,算是说到我心里去了。"左宗棠终于摊牌,"胡先生,我要和你商量的大事情,就是想请你出面,去和洋枪队谈判,请他们来助我!"

"原来是这件事情!"胡雪岩这才知道左宗棠的用意,立即答应下来,"小人保证不负左公所托。"

从左宗棠处领了命令以后,胡雪岩立即动身,前往宁波。

当时,在宁波驻扎的,有两支外国人的洋枪队。一支是英国驻宁波领事馆牵头成立,招募华人,配以西式装备的"绿头勇"(因为部队中士兵均以绿布裹头)。其由科克上尉统领,下辖两队,一队名"常安军",一队名"定胜军"。另外还有一支军队是由法国驻宁波舰队司令勒伯勒东及宁波海关税务司日意格二人牵头组织的,也是西式装备、西法训练,同样以华人为主,人称"花头勇"(为了区别英国人的军队,人人以花布裹头),又叫做"常捷军"。

胡雪岩抵达宁波以后,立即托人打通关节,分别和英国人、法国人这两支军队司令见了面。

英国人傲慢无比,而法国人却急于建功,开出的价格也低,所以最后答应合作的,是法国人。

左宗棠对法国人并未轻信。正好当时左宗棠的一支部队要进攻绍兴,于是派"常捷军"打头阵。

也许是为了显示自己的力量有多么强大,"常捷军"由司令勒伯勒东亲自率领,对绍兴发起攻击。

"常捷军"先用大炮轰开了绍兴城的外墙,然后勒伯勒东亲自带领人马冲上墙头。不料,太平军将领陆顺德也是一员悍将,拼死指挥作战,竟然混乱中一队人马上来,将勒伯勒东杀死了。

接替勒伯勒东指挥的是买忒勒,"常捷军"在买忒勒的指挥下继续猛攻,然而买忒勒也被流弹击中。

最后,接替队伍的是一个叫德克碑的军官。此人面对接连两任司令殒命的现实,死战不退,最终攻克绍兴。

太平军为了保存力量,弃城而去。"常捷军"一进城,可就大开杀戒:抢掠、洗劫、放火、强奸……

这是胡雪岩第一次目睹战争的残酷,也第一次亲眼见到洋人是如何"帮助"中国人的。本来,目睹一连两位洋人司令战死,胡雪岩还有些同情之心。等见了德克碑入城以后怎样指挥众人血洗全城,胡雪岩简直惊呆了!他无论如何也想不到,洋人竟然一个个如同野兽似的,见人就杀,见店就抢,所到之处,一片哭爹喊娘之声,稍遇反抗,立即开枪射杀……

不但如此,当胡雪岩要求德克碑,立即停止"屠城",却遭到了德克碑的拒绝,并将胡雪岩驱逐出城!

胡雪岩回转见左宗棠,将情况一讲,左宗棠大为生气,立即派一将领和胡雪岩一道前往绍兴!

更令人吃惊的事情发生了:德克碑竟然拒绝胡雪岩和清军入城,提出两个要求:一,为"常捷军"募兵1000人;二,拿出11万两银子,抚恤"常捷军"在攻城之战中的阵亡将士!

这是何等无理的要求,左宗棠大怒,勉强答应胡雪岩支付11万两银子,清军入驻绍兴，然后，左宗棠立即给朝廷总理衙门上了一道折子，要求总理衙门去向法国驻华公使交涉！

法国驻华公使很快有了答复：德克碑并非法国方面任命的正式军官，将派一个叫史德隆的代替！

即将被去职的德克碑这才慌了手脚，连忙通过胡雪岩求见左宗棠。左宗棠勉强答应接见他。

一进入左宗棠的大营，德克碑就觉得左宗棠的部队和自己所见其他清军大不相同：兵容严整，军纪肃严！

见了左宗棠，德克碑还有些傲慢，只行点头礼，而不行跪叩之礼，操着生硬的汉语道："左先生，你好！"

左宗棠如果不是看在胡雪岩的面子上，本来不欲见洋人。此时一见洋人这么不懂得礼节，顿时大怒：

"尔等既为我属，见了本帅，为何不跪？"

"跪下！"

两边的将官一齐呵斥。德克碑不明白为什么，一脸的茫然。还是胡雪岩替他求了情："洋人没有跪礼，不知不罪！"

"哼！"左宗棠又怒道，"没有跪礼，那是在他们的国家，到了我们中国，就要接受我们的礼仪。还有，既然是军人，为什么要留着这么一蓬乱糟糟的大胡子？你们军队都是这样散漫吗？"

他将德克碑留着一大蓬胡子也当作了对中国人的不尊重，连胡雪岩听了，也有些哭笑不得。

"告诉他，我们中国人自己的事情，本不需要外国人插手；如果外国人要插手，必须约法三章：一、听从节制；二、不许增兵；三、不许目无尊长。"

胡雪岩将这三条规矩详细给德克碑作了介绍。德克碑一心要保留"常捷军"司令的位子，只能屈从。

第二天，德克碑又在胡雪岩的带领下来到大营，果然剃去了大胡子，并且向左宗棠行了跪叩礼。

左宗棠最终没有食言，专门上书，替德克碑求情，保留了司令一职。不过，私下里左宗棠告诉胡雪岩：

"洋人只能暂用其长，尾大不掉，终是大患！我会上书朝廷，早晚解散洋人的洋枪队，以绝后患！"

后来，在左宗棠等人的要求下，朝廷果然下令，裁掉了洋枪队，这已经是后话了。

现在，有了"常捷军"的帮助，左宗棠如虎添翼，很快一举发起对太平军的攻击，拿下富阳，进军杭州。

当清军光复杭州的这一天，胡雪岩跟随清军入城，他第一件事情，就是飞马奔向阜康钱庄！

清河坊一带早已没有了原来的热闹，取而代之的是一片萧瑟冷清。太平军在杭州这两年，着实将杭州破坏得不成样子。十室九空，曾经人头攒动、繁华喧嚣的景象，如今却变成了人烟萧瑟、荒草萋萋。连清河坊的街道上都见不到涌动的人潮，只有几个面黄肌瘦的人蹒跚而行。

胡雪岩催马一直来到阜康钱庄门口，只见大门紧闭，不知道里面是不是还有人。

下马之后，胡雪岩一个大步跨到台阶上去，用力砸门：

"开门，开门！"

"谁？"

半响，里面才响起一个声音。

"是我，你们连我的声音都听不出来了？"

他这么高声叫门，声音传到里面，老夫人金氏虽然上了年纪，耳朵却是极好："好像是顺官的声音哪！"

"快去看看，是不是老爷回来了？"

其时，钱庄里也只剩下不过三五个人，都是老弱病残。一个钱庄的老伙计颤颤巍巍去开了门。

"啊？真的是掌柜的回来了！"

从门缝里一看是胡雪岩,老伙计慌忙开了门。

"怎么了,出了什么事?夫人和老夫人呢?"

"在……在里面……"

胡雪岩最挂心的就是母亲。一进院子,立即看到母亲金氏在春姑的搀扶下从里面屋子走出来。

"娘,不孝儿回来了!"

胡雪岩扑上去,跪在母亲脚下,"咚咚咚"用力磕了三个响头,然后就放声大哭起来。

"顺官,快起来,娘不是好好的么,哭什么。"

金氏嘴上这么说,自己却也动了感情,两行浑浊的泪水从脸上滚下来。两年多来,她无时无刻不在期盼,如今终于盼了儿子归来,母子重逢。这一刻,真有种恍如梦中的感觉。

"老爷,快起来吧!"春姑早将胡雪岩搀扶起来。

胡雪岩见春姑脸上又多了几抹皱纹,不由地动情地道:

"春姑,我不在,要你照顾娘和这一家子,实在是苦了你了!"

"我苦一点不算什么,最要紧的是老爷你平安回来,一家人团聚在一起,比什么都好。"

这时候,胡雪岩的两个女儿也在母亲的带领下过来了,给父亲磕头完毕,一边一个,抱住胡雪岩的腿。

"阿弥陀佛,这一家子终于又团圆了!走,去给菩萨上香磕头去!"

在金氏的带领下,一家人来到佛堂,这里供奉着白衣观音,金氏率领众人,在菩萨面前跪下:

"救苦救难的观音菩萨,我每日里求您保佑我儿平安,保佑我们一家团圆,如今终于灵验了!"

率领众人磕头完毕,她又拉着胡雪岩的手,嘱咐道:"顺官哪,我曾经在菩萨跟前许愿,如果你能平安归来,一家团圆,我就给观音她老人家建造一座宽敞些的佛堂,重新塑造一个金身,你可要帮我还愿哪!"

"一定,一定!不但给观音菩萨塑造金身,儿子还要给全家人盖一座大大的房子,以后再不分开了!"

一家团圆,自然有说不完的话。但胡雪岩心里却已经在盘算,如何实现王有龄交代的遗命。

一夜未眠,第二天一早,胡雪岩顾不得料理阜康钱庄的事情,先步履匆匆地来到了巡抚衙门。

这里,已经换了清军在把守大门,不过左宗棠却没有入城,他已经马不停蹄地追击太平军去了!

守卫的清军一见胡雪岩,立即告诉他:"左大帅吩咐,杭州城内的一切事情,全听胡先生调遣!"

"好!"

胡雪岩知道,这是左宗棠给自己的一个机会,让自己实现对王有龄的承诺。他走进衙署,只见这里一草一木依稀还是旧日模样,浑不知城头王旗变幻,更迭了主人。

胡雪岩感慨着,命人去置办来香炉、纸钱,就在园子里设了一个祭坛,祭奠王有龄的亡魂:

"大哥,我来晚了!"

只哽咽着说了这么一句,他早已泪如雨下。他和王有龄结拜为兄弟,尽管有借助王有龄步入官场的企图,但在后来的交往中,二人的确是性情相投,肝胆相照。胡雪岩以前也曾有过结拜兄弟,如张彪,但真正在事业上给予他扶持帮助的,王有龄是第一人。是胡雪岩成就了王有龄,也是王有龄成就了胡雪岩。可是一转眼,兄弟二人就阴阳永隔,永无再聚首的一天。

"大哥,你知道吗?小弟这两年来日思夜想,想的就是杭州光复,替大哥实现遗愿啊!"

一阵风起,纸钱翻飞,胡雪岩在泪光朦胧中,似乎看到王有龄正站在跟前,目光热切地看着他。

"大哥——"

胡雪岩一瞬间，还以为王有龄没有死，但再一揉眼睛，却哪里有半个人影，不过是自己眼花罢了。

"大哥，你放心，你交代我的事情，我一定会办到。"

胡雪岩知道，王有龄一定是心里牵挂杭州的百姓，所以才会显灵给自己，嘱咐自己早日兑现诺言！

在衙署祭拜了王有龄之后，胡雪岩匆忙回到阜康钱庄，吩咐店里剩余的伙计："把金库打开！"

众人一阵手忙脚乱，将在太平军围城之时用泥土和石块堵死在地下的金库大门打开，将里面的金银搬出来。

一堆堆的金银堆在院子里，在阳光下闪闪发光。

"点一点，有多少？"

"回掌柜的，一共65000两。"

"取出5万两，火速派人去附近县城购买粮食和医药，准备放粮舍粥，施医施药，救济百姓！"

"啊？"

人人都以为胡雪岩是要准备阜康钱庄重新开业，不料他却下了这么一个命令，大家都怀疑自己听错了。

"什么？老爷要赈济百姓？"

"不错，"胡雪岩不好讲这是王有龄的遗愿，只能说成是自己的意思，"我胡某来杭州落脚，老掌柜将钱庄交给我，当时就嘱咐我，将来要做有利于百姓的事情。现在百姓有难，我不能见死不救。钱花了，可以再赚回来了；可是如果没有了父老乡亲们帮助，我们钱庄怎么开下去？"

听他这么一讲，众人也都明白了。于是立即组成几支队伍，分头去买粮买药，各自行动起来。

几天后，阜康钱庄门前，搭起了两个大大的棚子，一个是粥棚，一个是药棚。粥棚负责舍粥放粮，药棚负责行医施药。几个坐诊的医生，都是杭州城里的名医，听说胡雪岩有如此义举，都自愿帮忙。

场面蔚为壮观。河坊街也因为胡雪岩的这一盛大举动，又出现了久违的人头攒动、摩肩接踵的场面。每个领到粥粮、医药的百姓，都在嘴里念叨着"胡大善人"的名字：

"胡大善人真是活菩萨啊！"

阜康钱庄如此举动，其他商业同行都以为胡雪岩是在"打广告"，一方面懊悔自己没有想到这妙招，一方面也在叹息，自己没有这么雄厚的财力，不能出如此大手笔。只有胡雪岩心里最清楚，他其实是在替王有龄"还债"，还欠下杭州父老乡亲们的"感情债"。

"大哥，你看到了吗？杭州的父老乡亲们有救了，又有了活下去的希望。大哥，你可以安息了吧？"

胡雪岩向天喃喃而语，云端之中，他仿佛又看到了王有龄的身影，冲他挥手作别，倏然而去……

下部

红顶商人

第11章

试制轮船

如果将胡雪岩的人生和事业分为两个阶段,那么第一个阶段主要是做人,结交左宗棠之后,他才真正开始步入了第二个阶段:做事。

胡雪岩和左宗棠是纯粹的君子之交,二人都着眼于如何合作以实现"济世安民"之志。左宗棠是一个具有国际视野的俊杰,他继承了林则徐的遗志,时刻关注着中国的海防和塞防。而当时中国的情势是列强环伺,欲求自保,非学习洋务不可。因此,左宗棠收复杭州之后,交给胡雪岩的第一个任务,就是要他仿造一艘外国人的"火轮",胡雪岩本来只是一个经营钱庄的传统商人,如今却开始转向洋务,成为一个当时为数不多"睁眼看世界"的新型商人。

从此,胡雪岩的命运便和左宗棠、和整个中国的命运联系在一起了,他也真正踏上了"大利天下"的巨商之路……

胡雪岩：红顶商圣

杭州初复，满目疮痍。胡雪岩替王有龄了却遗愿后，并没有就此罢手，而是又做了三件大事：

一是举行"义葬"。因为胡雪岩亲眼目睹了攻城之战中，清军、太平军均有无数人死于城头，而城中遭到炮火误伤的百姓，死亡的也不在少数。这么多的孤魂野鬼，如果不立即加以安葬，令其长息地下，只怕将来杭州永远不得安宁。所以他又拿出了一大笔银子，举行"义葬"。

二是"招抚"。胡雪岩与太平军打交道由来已久，知道很多太平军其实不过是穷苦百姓出身。杭州初定，一些来不及逃出城去或者厌倦了战争的太平军将士，就选择了脱下戎装，回归百姓。但如果将这些人再搜查出来，一来势必又会激发起强烈的反抗，二来也搅得百姓不得安心。为此胡雪岩给左宗棠写了一封信，请示之后，采取了一个折中的办法：招抚太平军残部。很快满城贴出告示：如果有太平军余部愿意出来自首的，可以用罚款冲抵罪行。只要交纳一定额度的罚款后，既往不咎。这一招果然高明，那些太平军的散兵游勇，立即将手头上劫掠来的银子交出来，而这些钱自然又都存入了阜康钱庄。

三是"祭亡"。因为死去的人实在太多，胡雪岩再拿出一笔钱，请了僧道众人，大做法场。死难者的灵魂得到了超度，而活下来的人也从这些仪式中得到了心灵安抚，伤痛渐渐平复。

这三件事情，胡雪岩忙忙碌碌，足足做了一个多月。等他刚喘口气，便接到消息：左宗棠召见！

胡雪岩立即换上一身干净衣服，赶到衙署，左宗棠已经好整以暇，又在那里摆开棋盘等他了！

"来，雪岩，杀一盘！"

胡雪岩察言观色，不用问，也知道左宗棠在湖州战区和太平军的交战很顺利。当即答应一声，入座对弈。

这一盘棋，左宗棠依旧是当头炮，主攻；胡雪岩依旧是屏风马，主守。二人均出了全力，一攻一守，精彩之极。最后，二人谁也奈何不了谁，一番缠斗，兑子之后，弈成了平局。

"再来一盘!"

左宗棠杀得性起,邀胡雪岩再战。这一次胡雪岩却识趣地主动卖了个破绽,很快败下阵来。

"左公,今天兴致颇高呀!"

"哈哈,雪岩,我是为你高兴,"左宗棠赞赏地看着他,"我进得城来,可是到处都听到人们在议论你这个'胡大善人'哪!"

"我其实也没做什么大不了的事情,若无左公收复杭州,驱逐长毛,我想做善事,也不能够啊!"

"话虽如此,但你以一人之力,做了这么多事情,也毕竟难得。"

二人对坐品茗,闲话片刻,左宗棠忽然问道:"不过,我也听说,你昔日和长毛有交往,这番又主动提出招抚,收了长毛不少银子哪!"

"小人冤枉,请左公明察!"胡雪岩惶惧不已,连忙起身。

"哈哈,你不必紧张,坐下。"左宗棠安慰他道,"如果我真听信那些风言风语,也太不了解你了!"

"谢左公。"

胡雪岩重新坐定,心里还有些惴惴不安,于是不等左宗棠动问,主动道:"自招抚以来,长毛所缴逆款,已经有20万之数,俱已造册,账目一笔不差。不知道左公要不要过目?"

"不用,我信得过你。"左宗棠挥了挥手,表示完全信任胡雪岩。"不过,这笔款项,我倒正好有一个用处。"

"哦?请大人吩咐!"

"你跟我来!"

于是,二人起身,胡雪岩跟在左宗棠后面,来到书房。只见在厚重的紫檀木圆桌上,摆放着一艘轮船模型。

"雪岩,你可认得这是什么?"

"洋人的轮船?"胡雪岩一愣,他只知道左宗棠对洋人非常厌恶,一切与洋人有关的事情,都不敢在他面前轻易提起。却不料他在军务倥偬之际,居然还有心思研究洋人的玩意儿。

"不错,"左宗棠点了点头,"你一定觉得奇怪,我这里为什么会有洋人的玩意儿。"

"是。"

"你可知道,这玩意儿是谁送给我的?"

"小人不知。"

"是林宫保。"

"林宫保?"

"就是林文忠公。"

胡雪岩并不知道他所说的是什么人,但经过左宗棠一提醒,他才想起来一个大名鼎鼎的人物——林则徐。

林则徐谥号文忠,但左宗棠却总喜欢用"林宫保"(林则徐被封过太子少保)来称呼,以示与林则徐交情不同。

"那是13年前的事情了,是我和林宫保唯一的一次见面。"

左宗棠最喜欢和人谈论他和林则徐的这次见面。因为当时他只是一个举人,尚未出山,能够被一代重臣林则徐闻知,而且林则徐到了长沙什么人都不见,只单独召请左宗棠,这番礼遇,可谓空前。左宗棠的心情激动到什么程度,可想而知。当他走上林则徐的小船踏板,竟然一脚踏空,跌落水中。一身的淋漓狼狈,就以这么一副面目和林则徐见了面,传为佳话。

林则徐将自己的一套便服送给左宗棠换上,然后二人就在小舟之上进行了一番长夜之谈。

"林宫保当时问我,听说你对中国的问题很有研究,我来考考你,现在国家面临的最大问题是什么?

"我刚要回答,林宫保却拦住我,说:'不忙。咱们各自写在手掌之中,看看所见可否略同。'

"他这是在考验我,我岂有不知?因此,我在掌心之中,左边写了一个'海'字,右边写了一个'塞'字。等林宫保也写好后,我们各自伸出手去,摊开手掌，两人的答案一模一样。"

"一个'海'字，一个'塞'字？"胡雪岩疑惑地道，"小人不懂国事，请左公解释一二。"

"'海'，即海防；'塞'，即塞防。"

左宗棠给胡雪岩耐心解释道。

原来，当时的中国朝廷，朝中官员一直在争执海防与塞防的问题。海，即指东南沿海。清朝以马上取天下，对于领海的控制却在很长一段时间束手无策。明末郑芝龙、郑成功、郑经祖孙三人盘踞海上数十年，清朝政府始终拿他们没有办法，后来到了康熙盛世，总算招降郑氏旧部，在大将军施琅的率领下，平定了海上。然而，内患方平，外忧又来。这一次从海上长驱直入的是英国人，他们以坚船利炮，强迫中国开放港口，和他们做生意。而他们向中国倾销的却是祸国殃民的鸦片，结果林则徐在广州虎门坚决销烟，从而引发了鸦片战争。关于如何在广州沿海防御以英国人为代表的列强，成为朝中一大争论焦点。

塞，指的是新疆。对整个清朝而言，新疆都是一个大问题。康熙、乾隆两个雄才大略的皇帝，都将新疆问题当做关系国家生死存亡的战略问题来对待，一再用兵。而对新疆虎视眈眈的俄国人，亦是中国近100多年来所面对的一个最凶恶、强悍的敌人。因为和英国、法国等列强不同，英、法入侵中国，所主张的是和中国进行贸易，以掠取中国的白银资源。他们以工商立国，需要的是打开中国这个庞大的东方国家的市场，而不是占领中国的广袤土地。但是，俄国打中国的主意，却是将目光瞄准中国的土地，因为他们和中国一样，是农业国家，他们所垂涎中国的，是中国广袤而肥沃的土地，他们的扩张对中国来说是更致命的威胁。

然而当时，因为英国等列强在广州发动鸦片战争的震撼，清朝大员将更多的目光盯着海防，而不是塞防，甚至有人主张放弃塞防，集中全部人力物力，加强海防。

和京城之中肥头大耳、空谈误国的众多官员相比，林则徐是真正了解新疆的实际情形的。他因为鸦片战争的失利而被迫承担责任，谪戍伊犁。在伊犁任上，林则徐并没有自怨自艾，而是将这当做了解新疆地理形势的大好机会，行程三万多里，走遍了天山南北。兴修水利，造图画册，将新疆的每一处地方都作了详细的了解和记录。可以说，正是这段经历使林则徐认识到，真正对中国构成威胁的是俄国，塞防的重要性远大于海防。俄国人的狼子野心，是要将新疆乃至蒙古等整片整片的土地从中国夺过去，和英法等人单纯的攫取经济利益截然不同。

因此，林则徐从伊犁回来后，一直在暗中寻找、物色一个能接替他完成塞防的艰巨任务的人。

这也是为什么林则徐到了长沙，什么人都不见，一定要见左宗棠的原因。左宗棠不是空谈误国的书呆子，而是苦心钻研经世致用的"实学"，他不仅关注国家之本的农业，亲自耕种，更抄录了十数册的《畿辅通志》、《西域图志》及各省通志，精通地理学、军事学，人称"楚材第一"。

对于这么一个不随波逐流、一心以匡扶江山社稷为追求的奇才，林则徐自然要见上一见了。

一夜长谈，最终，林则徐与左宗棠二人一见如故，林则徐对左宗棠"一见倾倒，诧为绝世奇才"，"谈论竟夕，称为不凡之材"。左宗棠对林则徐关于海防与塞防的系统思想更是钦佩不已。尤其林则徐那种"苟利国家生死以，岂因祸福趋避之"的家国情怀，令左宗棠大为折服。

经过会谈之后，林则徐对左宗棠的才华学识、胸襟抱负、品格志向有了一个全面的了解，确定左宗棠就是自己一直在寻找的传承之人，于是将自己珍藏身畔的关于新疆的珍贵军事、地理资料一股脑儿地拿出来，郑重其事地交付给左宗棠，说："我老了，空有御俄之志，终无成就之时。我的这番心血，就全托付给你了。希望你能够好好研究这些书籍、舆图，将来一定会有用得上的时候。当今之世，人才凋零。如果将来有一天，东南沿海有事，或许还会有人去和洋夷作战，进行抵御；一旦西北有事，新疆生变，将来能够抵御俄国人的，就只有足下了。我数年心血，能够得到足下这么一个值得托付之人，我死也瞑目了！"

于是，将大事托付完毕之后，林则徐又当场洋洋洒洒，写了一副对联，以记今日之会，赠予左宗棠：

此地有崇山峻岭，茂林修竹；

> 是能读三坟五典，八索九丘。

上一联讲的是环境优美，幽静，二人在这么诗意荡漾的地方会面，的确称得上是一次"雅会"。下一联则寄托了林则徐对左宗棠的肯定和期许。三坟、五典、八索、九丘，都是中国最古老的文化，据说早已失传。林则徐以此来激励左宗棠要传承华夏绝学，力保华夏正宗。

这是二人第一次见面，也是最后一次见面。10个月之后，林则徐担任钦差大臣，去广西平乱，中途不幸病逝。左宗棠得到噩耗，惊哭倒地，几次昏死，醒来后含泪写下一副挽联：

> 附公者不皆君子，间公者必定小人，忧国如家，二百余年遗直在；
>
> 庙堂倚之为长城，草野望之若时雨，出师未捷，八千里路大星颓。

左宗棠被林则徐推许为"国士"，自然也以"国老"的尊重来描述林则徐，将其直比诸葛亮。

"雪岩，你知道吗？这艘轮船模型，就是那个时候，林宫保连同其他东西一起交给我的。"

"原来如此！"

"林宫保在广州的时候，就曾想过仿制外国人的轮船，以为己用。他是希望我将来有一天可以替他实现遗愿啊！"

"林文忠公在那个时候，就有如此远见卓识，实在了不起！"

"所以，雪岩，我找你来商量，就是希望你可以帮我，也算帮助林宫保实现平生夙愿。你能答应吗？"

"左公严重了！"胡雪岩连忙起身，跪在左宗棠面前，"小人能和左公一道，共同替林文忠公完成遗愿，这是小人的荣幸！只要左公信得过，就请把造船的事情尽管交给小人便是！"

"很好，很好，我就知道你敢担当，能做大事情。林宫保当年没看错我，我相信也不会看错你。"

左宗棠把自己赏识胡雪岩，比作当年林则徐赏识他，那是把胡雪岩也视为"国士"了。

他对胡雪岩如此肯定,对他寄予的希望如此之高,期许如此之隆,胡雪岩自步入生意场以来,真正把他当做一个慷慨任侠之士看待的,除了王有龄,左宗棠就算是最了解他的人了。

而能够得到左宗棠这样位高权重、才华卓著的人的肯定,对胡雪岩来说,还有什么不肯去效劳的呢?

自从接过来试制轮船的重要任务,将林则徐赠送给左宗棠的那艘轮船捧回家里以后,胡雪岩足不出户,每日对着那轮船仔细观察、揣摩,足足看了3天3夜,最后心里盘算定一个主意。

要造外国人的轮船,这实际上已经等于涉足洋务,而搞洋务在当时朝野上下都是新鲜事。

不过,胡雪岩自有办法。他并不需要亲自介入太深,只需要找一个精通这方面专业知识的人才即可。

这个人,胡雪岩选择的是那个法国人德克碑。胡雪岩专程到了宁波,将德克碑请出来一起吃饭。

"胡先生,上次多亏你求情,左大人才没有免去我的统带职务。我还没有机会当面谢你呢!"

德克碑本来也是个傲慢无比的人,然而自从上次被左宗棠"修理"了一顿,对于中国人的认识,也就深了一层。知道外国人在中国这片土地上毕竟是客,所谓"强龙不压地头蛇",他们背井离乡,来到中国这片异国他乡的土地上,是来做生意的,而不是来和中国人为敌的。

因此,德克碑一见到胡雪岩,知道他是左宗棠跟前第一红人,对胡雪岩的态度,也就分外亲切。

"德克碑先生,我是把你当做朋友,才来告诉你一件事情。"

"哦?什么事情?"

"左公对于'借师助剿'这件事情,终究不以为然,以为不是长久之计。他已经连续给朝中写了奏本,据可靠消息说,朝廷已经准了左公的奏本,很快就要下正式命令,解散'洋枪队'了!"

胡雪岩说的倒的确是实情。"洋枪队"虽然好用，但所带来的问题也不少。例如最早使用"洋枪队"的李鸿章，就和"洋枪队"发生了冲突。当时，在进攻苏州的时候，李鸿章请"洋枪队"的戈登去和城里的太平军将领谈判，答应如果肯做"内鬼"，则破城之后，可以饶其不杀。但事实上，李鸿章一进城之后，不分青红皂白，对所有太平军将领一律处死，以人头邀功。这就激怒了戈登，认为李鸿章不讲诚信，于是闹出了李鸿章和"洋枪队"分道扬镳的故事。

左宗棠再度上书提议解散"洋枪队"，正好在这件事情之后，朝廷上下一致认为"洋枪队"必须解散！

胡雪岩把这个消息告诉了德克碑，德克碑其实也不愿意率领"洋枪队"再去和太平军作战。他的两位前任在绍兴城下的惨死，把他吓破了胆。他早就想丢掉这里的一切回法国去了。

"德克碑先生，你是个生意人，我也是个生意人。我今天来，是想和你谈一桩生意。"

"哦？"

"你不是很快要辞去军职回法国吗？我要你回国之后，替我搜寻一份制造轮船的详细图式。"

"那还不容易？"德克碑果然敏锐地嗅到了金钱的味道，"怎么，左大人准备自己造船？"

"只是试制，还没有太具体的想法。如果成功，也许左大人会上奏朝廷，兴办船厂，自己造船。"

"那好。我这就递交辞职报告，立即动身回国去弄图式。不过，事成之后，我要参与船厂造船。"

"那是自然，有钱大家赚嘛。我胡某人做事情，一向不会亏待了朋友，这件事就这么说定了。反正这么大的事情，我们中国人自己也做不来，需要德克碑先生出力的地方还很多。"

两人商谈定了以后，德克碑急不可耐，很快递交了辞职报告，卸掉了军中职务，动身返回法国。

回国之后，要找一份造船图式真是易如反掌。德克碑一心要放长线钓大鱼，不但找了图式，连船厂图册、购买轮机、招募洋匠等一系列的事情，也全都做妥了，满载而回中国。

在杭州再次见面，德克碑已经是一个标准的生意人了。他不但给胡雪岩带来了图式，而且从上海运来一台轮机，还随身带来了一名洋匠。胡雪岩一见大喜，付清钱款，立即投入试制。

3个月后的一天，胡雪岩来向左宗棠报告："左公，轮船已经制成了，您看定在何日试航？"

"这么快？"

左宗棠没想到胡雪岩雷厉风行，这么快就将轮船给造出来了，连忙翻看黄历，掐指推算。

"3天之后，是个黄道吉日，就定在那一天吧！"

"是！"

3天后的这个早上，胡雪岩早早动身，来到西湖边上。在风光旖旎、波光粼粼的西湖水面之上，一艘和当年林则徐给左宗棠的轮船模型一模一样的小轮船正停在那里，引得不少人指手画脚，议论纷纷。

9点整，左宗棠和特别邀请的税务司总长日意格，在一众大小官员的陪同下来到西湖边上，胡雪岩和德克碑早等在这里。

"左公，今天天气不错，正是个试航的好日子啊！"胡雪岩今天衣着光鲜，简直如同一个新郎官。

"哈哈，我做事一向有老天爷保佑，何况今日试航，连林宫保在天之灵也会护佑，必定成功！"

左宗棠自信满满，一眼瞥见一身笔挺的西装、皮鞋锃亮、领带笔挺的德克碑，不由笑了：

"德克碑先生，别看你做个军人不太像样子，做个生意人，倒是派头十足嘛！以后，你可要和雪岩多合作哟！"

"是！"

德克碑自从被左宗棠"修理",最害怕的就是这个左大人,在他面前如同老鼠见了猫一样。因此,尽管如今已经不是军人,不再是左宗棠的下属,却依然恭恭敬敬,大气都不敢出一声。

在众人的簇拥之下,左宗棠上了轮船。德克碑在旁边仔细介绍,大至桅舵、烟筒、煤舱、舢板,小至明窗、水管、绳缆、栏梯,精至舵表、气表、远镜、号气钟,粗至帆旗……每一样配件、配物,都仔细讲解其功能、构造。左宗棠也边听边看,偶尔提出几个小问题。当然了,最引起左宗棠注意的,还是为轮船提供动力的轮机。小轮船采用的是以火烧水,利用蒸汽提供动力。

"这个家伙,抵得上多大马力?"

"30匹马力。"

"真正用于在海上航行的轮船多大马力?"

"约150匹马力。"

"那还差得远哪!"

"是。不过我们这艘船不去海上,在这样的水面上,已经是绰绰有余了。"

"好,起航!"

左宗棠勘察过一遍后,站立船头,一声令下,小火轮发动起来,船身一阵颤抖,蒸汽大作,众人犹如置身朦胧的仙境之中。

小火轮缓慢启动了,水面因为底下的螺旋桨剧烈转动产生出巨大的涟漪,如同什么怪兽要从水下冒上来一样。左宗棠和胡雪岩都是第一次坐轮船,不由得一阵紧张,抓住了扶手。

小轮船在水面上逐渐加速,很快马力加到了最大。船头劈开水面,水花飞溅,向众人迎面扑来。众人只觉得耳边呼呼生风,那种腾云驾雾的感觉,和在陆地上纵马飞奔感觉差不多。

一圈下来,竟然只用了不到20分钟。左宗棠和胡雪岩待船停稳后下来,上了岸,还觉得站立不稳。

"了不起,了不起!"

左宗棠以前只是听说过洋轮厉害,在图纸上看到的洋轮,也不过是样式和我们的传统木船不同而已。等真正体验了这洋轮的厉害,才知道和我们的木船有天地迥异的差别:我们的船是靠人力前进,利用人工划桨,而洋人的船靠的是机器的动力,即使在没有风的晴朗天气里,一样可以高速前进。在江河湖泊之中,或许差别不那么分明,一到了波涛汹涌的大海上,孰优孰劣,实在是一目了然。难怪虎门之战中,林则徐会亲身感受到洋轮的威力,从而萌发出一定要仿制洋轮、建立我们自己的海防水师的构想。不如此,则我们根本无法与洋人轮船的巨大威力相比,等于将海上的大门打开,让洋人长驱直入,直捣黄龙。

试航结束以后,左宗棠和日意格、胡雪岩、德克碑等一行人来到西湖边上的楼外楼酒家,在二楼的开阔露台上,早已摆好了一大桌丰盛的宴席,是特地为了这次试航成功祝贺的。

"雪岩哪,干得漂亮,你这次可又是大大地立了一功哪!"

一入座,左宗棠立即端起一杯酒:"来,雪岩,我敬你一杯!"

"不敢!"胡雪岩岂能将试制轮船的头功记在自己头上,连忙道,"我不过是奉命办事,真正位居首功的,还是左公您!如果不是您还记着和林文忠公多年之前的那一番谈话,岂有今日之事?"

"对了,这第一功应该首推林宫保!"

左宗棠经他这么一提醒,立即提议道:"诸位,这第一杯酒,就让我们一起来敬林宫保的在天之灵!"

于是,众人一齐起身,在左宗棠的带领下,对天祭拜,然后来到露台的边上,将第一杯酒泼入湖中。

重新入座之后,左宗棠又端起了酒杯:"雪岩,现在轮到敬你了!"

"不,应该是我们一起来敬左公!"胡雪岩坚持不肯居功,"试航成功,不过是一个开始。真正要造轮船,办船政,实现当年林文忠公的大志,非有左公您这样的杰出之士不可。我等不过是得到左公您提供的这么一个机会,适逢其会而已。我们出点力气,真正扛鼎的还是左公您哪!"

胡雪岩说的这一番话,倒也是实情。如果不是左宗棠一再坚持,要实现林则徐的遗愿,要仿制洋轮,那么,这样的事情,对胡雪岩这样的生意人来说,是万万不会想到去做的。

"好，那这杯酒我们大家一起喝！"

左宗棠其实也知道，要办船政，绝不是一件轻而易举的事情。林则徐在广州的时候，就有心办船政。然而从那时候到现在，却始终未曾有过一点船政的影子。至于曾国藩，据说倒是搞了一个安庆内军械所，聘请了洋匠，准备仿制洋轮，但离船政还差一大截子呢！

"诸位——"左宗棠又端起酒杯来，诚恳地说道，"海防之大，全在船政，此事无论如何，也要办成。我左某人只要下定决心去做一件事情，就一定要做成。船政之事，中国尚未有人真正去办理，如果有，就从我左某开始！只是我军务倥偬，不得抽身，日意格先生、雪岩、德克碑先生，这件大事情，就要拜托你们了！他日船政办成，中国海防之患，得以解除，青史之上，诸公必将镌名！"

"我等不为名，不为利，只愿意追随左公，一起做一番有利天下苍生的大事情！"

这是胡雪岩的肺腑之言，虽然日意格、德克碑等人纯粹是为了生意人眼中的利润来做这件事情，但左宗棠和胡雪岩都这么说，他们二人少不得也表白一番，吹嘘是为了帮助中国人云云。

试制轮船成功以后，胡雪岩按照左宗棠的指示，立即和日意格、德克碑筹办船政的一切事宜。

这件轰轰烈烈的大事情，却很快因为太平军李世贤等人大举进攻并占领了福建的漳州而中断。因为漳州失陷直接威胁的就是福州，于是左宗棠立即调集兵马，星夜赶往福建。

而胡雪岩也没有让辛辛苦苦制造出来的轮船闲着，他干脆就给轮船挂起了一面"阜康"的旗子，开出高额的乘坐费用，让人们游览西湖之用。这样一来，既打出了"阜康"的招牌，又可以赚取足够的费用贴补轮船的养护。于是西湖之上很快又多了一道"洋风景"。

第12章
巧开当铺

在 胡雪岩初到杭州之时,阜康钱庄的于掌柜曾经说过一句话,令他印象深刻:"人在生意场好修行。"

以前的人常说"人在官场好修行",指的是你利用自己的职权,可以帮助更多的人,做更多的善事。而在生意场上如何修行呢?其实很简单,就是不要目光短浅、始终只盯着钱,要将一颗心多放在如何帮助别人,尤其帮助那些处于社会下层的普通人身上。有时候,宁可不赚钱,甚至少赔一点儿,将利润让给这些普通人。这种修行,比什么求佛念经都来得实在。

胡雪岩开当铺,就是一种修行。当铺基本是为穷人开的,所以当铺的服务态度至关重要。穷人也是人,也有尊严,胡雪岩就是要维护穷人的这种尊严,因为他深知,经营商业,就是经营人心。

左宗棠走后，胡雪岩的事业重心立即又回到自己的老本行上来，动手处理阜康钱庄堆积的事情。

这天早上，胡雪岩像往常一样早早起身，从家里出来，沿着河边溜达。一天的喧嚣还没有开始，几个早起的人们正在用清水冲洗街道，一个个的早点铺子上热气腾腾，却并没有几个吃的人。

不过，胡雪岩发现，在一家店铺的门口，却聚集了一群人。这些人一看就是穷苦百姓，一个个衣衫褴褛，面色蜡黄。他们手上大都捧着东西，或是一个瓷瓶，或是一件家具，或者有的干脆就是几件破衣服。这么多人聚集的所在，原来是一家当铺。这些人都是来当物换钱，以解决一家人的生计之需的。

胡雪岩目睹此景，不由心里一酸。杭州刚刚光复，一座素称肥腴的安乐之城，如今却百业凋敝，民不聊生。普通人家本来就没有什么积蓄，经历了太平军两年之久的盘踞，纳粮纳捐，早已到了不堪欺压的地步。难怪杭州一光复，城里的百姓弹冠相庆，很多人买了鞭炮去街上放，一吐恶气。

这么想着，胡雪岩不觉上前几步，正要和人群中的几个上了年纪的父老闲谈，这时候当铺的门开了。

"排队，都排好队！"

当铺的伙计显然每天都要应对这种局面，已经被搞得焦头烂额。大早晨起来，刚开门营业，就没有什么好气。

"都把自己手里的东西看仔细了，什么破烂家具、烂衣烂裤之类的，就不要在这里捣乱了！"

一边将人群如同赶牛赶羊一样赶成了一长队，一边将那些手里只有破旧家具、寒酸衣服的穷苦人家给哄散，饶是如此，排队的人还是有几十个，一个个可怜巴巴地进去，出来只能换一点糊口钱。

一个老人家，手上捧着一件破得露出棉絮的旧棉袄，挣扎着从人群中挤上去，口中哀求道：

"可怜可怜，我今年80岁了，家里没了儿女，只剩下我和一个瘫痪不起的病老伴，实在无米下锅，可怜可怜，给换一点米钱吧！"

"呸！您老人家以为我们这里是什么地方？谁会收您这件破烂宝贝？碰一碰都怕给您碰坏了！"

伙计对老人一点都不客气，将老人推搡出门来。老人显然别无生计，抱着老棉袄，蹲在地上痛哭起来：

"老天爷啊，你还给不给人活路？你还开不开眼哪？你这么狠心，夺去了我的儿女性命，还留着我们两个老东西做什么？"

他这么一哭，人人无不为之叹息。然而当铺的掌柜刘半城却踱步出来，不耐烦地冲这边斥责着：

"大清早的，什么人在这儿哭丧？一边去，滚得越远越好！"

当即，两个伙计上来搀起老人就要往外架。胡雪岩在边上，实在看不下去了，上前出声阻止：

"且慢——"

河坊街一带，谁不认识这位阜康钱庄的掌柜？老百姓谁不知道这是大名鼎鼎的胡大善人？因此，一见是胡雪岩，那两个伙计立即停住脚步，放开老人也不是，扶着也不是。

"胡大善人来了，老人家有救了！"

人群中，人们小声议论着。他们相信，胡雪岩一定不会袖手旁观，不会任凭这个风烛残年的老人徒然等死。

"哟，这不是胡大掌柜吗？"

当铺的刘半城，为人歹毒刻薄，阴险狡诈，是个谁都不愿意和他交往的主儿。他和胡雪岩不是一路的人，因此二人只有点头之交，并没有正式打过交道。他对胡雪岩，也不像别人那么尊敬。

"怎么，胡大掌柜，各人自扫门前雪，休管他人瓦上霜。您阜康的生意还忙不过来，怎么管到我这里来了？"

"我不是要来抢生意，而是不能看你们这么欺负人！"胡雪岩平日在生意场上讲究的是一团和气，并不愿意得罪任何同行。但今天的事情，他实在看不下去了，"刘掌柜，生意场上好修行，你一天日进斗金，总不会差这么一文半文的吧？就算施舍给这位老人家，又能如何？"

"啊哈，胡大掌柜，您是做钱庄的，是大生意，专门和有钱人打交道，财大气粗，给杭州全城的百姓施舍，您也不当一回事；可是我们做当铺的，是小生意，专门和穷人打交道，一文一厘，都得看得比金山银山重，否则我这生意还怎么做下去？我要是每个人都可怜，现在这杭州城里成千上万的穷人，还不把我这门槛给踏破了？我实在是心有余而力不足啊！"

他这番话，倒说得在理。因为钱庄是人人都去存钱的，最起码有钱存的人都是些过得去的。至于当铺，则是人人从这里取钱用，凡是被逼迫到当铺来的人，一定是连日子都过不下去了。

可胡雪岩也清楚，刘半城多半是在扯谎。即使是当铺，也没有如他这般盛气凌人，这么冷酷无情的！

"刘掌柜，生意场上的事情，隔行如隔山。也许你说得对，我也知道谁都有谁的难处。可是，这位老人家，你看他都80岁了，家里还有瘫痪在床的老伴，你就不能接济他一口粮食？"

"不能！"

刘半城也真拉得下脸来："我这里是做生意，不是行善事。胡大掌柜愿意济世救人，普度众生，那是你的事情。再说了，如果你真的那么可怜这些穷乡亲，干脆自己也开一家当铺算了！"

他这句话，明显是激将。但胡雪岩当着众人的面，岂能不接他的招？因此当即道："不错，胡某人正有此想法！"

他做事情，向来就是雷厉风行。当下，他就对众人大声说道："诸位父老乡亲，我胡某不才，虽然没有万贯家产，但却有一颗行善乐施的心。我向你们保证，3天之后，我胡某人的当铺，就会开业！到时候，不管什么人，来店里当什么东西，我胡某人一律接受，断无拒绝之理！"

"好！"

"好呀！胡大善人要开当铺啦！"

"那以后咱们穷哥们可有活路了！"

众人听了，无不纷纷喝彩，高声称赞胡雪岩的义举。而胡雪岩这么做，摆明了是在和刘半城唱对台戏，气得刘半城身子一阵哆嗦，哼道："好，你开当铺，你来者不拒，我看你怎么撑下去！"

胡雪岩说干就干，回去之后，当天就盘下了距离阜康钱庄不远的一家典当行，经过简单改换牌匾，调整工作人员，到了第四天，一阵震耳欲聋的鞭炮声中，胡记典当行果然开业了！

这天一早，胡雪岩就身着新衣，满脸堆笑，站在典当行门口，接受亲朋好友的祝贺。他是大名鼎鼎的阜康钱庄的老板，是胡大善人，又是闽浙总督左宗棠跟前第一得意之人，还有一个不为众人所知的秘密身份：青帮的门外小爷。这么盘根错节的复杂关系，三教九流，无所不交，因此，尽管是一家小小的典当行，来装饰门面、祝贺道喜的人着实不少。整个河坊街为之轰动。

整整热闹了一天，第二天开始，胡记典当行正式营业。那些原来在刘半城的典当行门口排队的穷苦百姓，果然都来到了胡记典当行。而胡雪岩也兑现自己的诺言：只要来的，一律笑脸相迎！

这一切，都被刘半城看在眼里，气在心里。但他又知道，胡雪岩财大气粗，又有左宗棠撑腰，不是自己一个小小的典当行老板所能斗的！明的不行，就只能给胡雪岩玩"阴"的了。

这不，这天早上，胡记典当行刚一开门，就有一个人抱着一个包袱进了店，将手往柜台上一拍：

"给爷们当一件稀世珍宝！"

"哟，这位爷请坐。"店里主事的是一个30来岁的汉子，本是阜康钱庄的伙计，为人头脑不怎么精明，然而忠实可靠。胡雪岩将他从钱庄调到这里，就是看上了他生性淳厚，不会害人。

那人一脸横肉，大马金刀往椅子上一坐，将包袱打开来："看好了，这可是宫里流出来的绝世珍宝，从西洋进贡给皇上的'美人瓶'。是我祖上从宫里偷出来的，怎么样，你们敢不敢接？"

"接。"

主事得到过胡雪岩的吩咐：不管什么人来当什么东西，一律接着，而且不管对方开什么价钱，绝不含糊。

"好，我听说你们胡大老板腰缠万贯，定下的店规是'来者不拒'，我是冲着这一点才来的。大爷现在手头紧，就当1000两银子，当1个月，1个月之后，大爷我准定来赎回去，怎么样？"

"1000两银子？"

主事尽管思想上有所准备，这么大的一单生意，还是把他吓了一跳。他可不敢做这样的主。

"这位爷您稍坐，这么大的生意，小人不敢做主，要去请教胡大老板。"

"哈，区区1000两银子而已，还用去劳胡大老板的大驾？"那汉子轻蔑地道，"我急等银子用，马上就要走！"

"这……"

主事一下子犯了难。明知道对方是来找茬的，却无法一口回绝对方。因为只要拒绝了，这胡大老板定下的"来者不拒"4个字的店规，就算是坏在自己手上了。这个人回去一传，以后生意怎么做？

一瞬间，主事下了狠心：即使对方设计了圈套要让自己钻，自己也只能先把脖子伸进去再说了。

"那好，这位爷既然是慕我们胡记的'来者不拒'声名而来，我们就绝不能让您失望！这就给您取银子！"

结果，1000两银子立即奉送出来，那汉子将他口中的价值连城的"美人瓶"留下，将银子搬去了外面等候的车子上，一溜烟没有了踪影。

等那汉子一走，主事立即亲自将瓶子抱上，来见胡雪岩。胡雪岩一听就知道：十有八九是上当了！

"让我看看！"

胡雪岩将那个瓶子仔细看了看。他虽非古董鉴定的专家，但这些年来出入豪奢场所，见了不少珍稀之物，基本的鉴别能力还是有的。一看这个瓶子，色彩虽然艳丽，线条却有些歪歪扭扭；瓶子上的美人，面目模糊，这样粗糙之物，哪里是什么价值连城的稀世珍宝!

"就这要1000两银子?"胡雪岩苦笑了一声,摇了摇头,"连10两银子都不值,十足的蹩脚货!"

"胡老板,我该死!"

主事的心里其实也一直在怀疑,在边上惴惴不安地等候胡雪岩的"审判"。一听胡雪岩说连10两银子都不值,主事双腿一软,跪在胡雪岩跟前:"都是小人愚笨,那人口口声声要看咱们能不能做到'来者不拒',小人一时被他激不过,就稀里糊涂收了这瓶子。我对不起胡老板!"

"起来,起来!"

胡雪岩却未将这件事情放在心上:"这件事情不怪你,人家要来砸咱们的招牌,你原本不是对手。"

"哦?这么说他是故意的?"

"不错,"胡雪岩点了点头,"他不过是个小喽啰,身后一定有人指使。你放心,不出3天,我就让他自己把1000两银子送回来!"

"当真?"

"那还有假?你只需要按照我所说的去做,如此如此……"胡雪岩让他附耳过来,口授了一条妙计。

第二天,关于胡记典当行得了一件从宫中流失出来的西洋"美人瓶"的消息不胫而走。据说,胡雪岩为了庆祝得到这么一件难得之物,要在河坊街最大的酒楼"江南春"设宴,当众展示这件珍宝。

消息传出,人人争相来到江南春,都要开开眼界,一睹胡雪岩得了一件什么样的珍宝。

正午时分,江南春一楼的大厅里人头攒动,一部分是胡雪岩邀请来的好朋友,但更多是来瞧热闹的。

"胡大老板,将宝物拿出来,让大伙上眼吧!"

"是啊,别吊大伙儿胃口了!"

眼看一众父老乡亲差不多都到齐了,胡雪岩得意洋洋,高声道:"诸位,我胡某开典当铺子，本来只为了给穷哥们提供个方便，为大家提供一个资金周转、旧物流通的场所，本无意借此发财。不料，财从天降，刚开业就得了这么一件宝物。胡某不敢专美，特地请大伙一同欣赏。"

这么一番客套过后，他冲着楼上一声高喝："来呀，请宝贝！"

"是！"

典当行的主事，早在楼上待命。听到胡雪岩的命令，立即抱着用红绸包裹的盒子从楼上下来。

然而，不知道是因为太过激动，还是因为其他什么原因，他刚从楼梯下到一半，忽然脚下一个失足，竟然连人带那盒子从楼梯上滚了下来。

"啊呀！"

"糟糕！"

人群中一阵惊呼，众人都将目光盯在主事怀里的盒子上。盒子滚到一边，散开来，里面洒落一地碎瓷片。

"小人该死，该死！"

一件价值连城的宝物，就这么砸得粉碎，主事跪在那里，一个劲儿磕头求饶。胡雪岩满脸盛怒，上去给了他几个耳光，又狠狠地踹了几脚。

"笨手笨脚的家伙，如此稀世之宝，竟然被你糟蹋了！给我滚，这一辈子都不要让我见到你！"

被胡雪岩一顿斥骂后，主事满脸通红，又默默地给胡雪岩磕了几个头，然后起身灰溜溜地出了大门。

这边，胡雪岩毕竟财大气粗，损失了这么一件宝物，也只在顷刻之间脸色又恢复了平静。

"对不起诸位，本来要大家一起鉴赏宝物的，却不料被这小厮扫了兴。今天对不住诸位了，他日我胡某再觅到什么珍稀之物，一定再邀请大伙儿一起来观赏。今天不看宝了，喝酒，喝酒！"

"对，喝酒！"

人们叹惋一阵，也就不怎么再去关心宝物。美酒佳肴当前，人人都大吃大喝起来，哪有心思多想。

没有人注意到，那个昨天在胡记典当行骗走了1000两银子的汉子，也戴了一顶宽帽，一副眼镜，混迹在人群中。他亲眼目睹了"宝物"被摔得稀里哗啦，心里简直乐开了花！

"胡雪岩啊胡雪岩，人人都说你精明过人，我看也不过是徒有虚名。哼，就算你有金山银山，我也要搬掉一个角！"

果然，这天过后，翌日一早，这个汉子又来到胡记典当行，一进门就大声嚷嚷："老子来赎当了！"

"啊？这不是那位……那位爷？"

主事的从里面出来，一见是他，立即摆出一副战战兢兢的样子："您不是说1个月后来赎当吗？"

"哼，老子运气好，手气旺，刚赢了一大笔银子，现在不缺钱花了。喏，1000两银子我都带来了！"

他向门外一指，立即有两条汉子将1000两白花花的银子从车子上卸下来，进门堆在柜台上。

"这位爷，您当真要赎当？"

"银子都摆在这里了，那还有假？"

"可是您那宝物太过贵重，并不在我们这里，而是在胡大掌柜处亲自保管。请您稍微等一下如何？"

"宝物在胡大掌柜处？"那人愣了一下，旋即鼻子里哼了一声，"老子可不管在什么人那里，总之我要赎当。"

"好，您稍等！"

主事吩咐给端上茶水，招待客人，然后派人去胡雪岩那里送信，说是"美人瓶"的主人来赎当了。

胡雪岩早已料到会是如此结果，闻言立即赶到当铺。那人本来大马金刀地坐着，一见胡雪岩进来，顿时紧张地站了起来。

"这位是我们胡大掌柜。大掌柜，这位客人就是'美人瓶'的主人。他今天是来赎当的,银子都带来了!"

"哦?就是他?"

胡雪岩冷冷地看了那人一眼。只这一眼,那人就受不了,顿时头上渗出一层细密的汗珠来。

"胡大掌柜,我那西洋'美人瓶',可是我祖上从宫里偷出来的,传了几代才传到我手上。我前天实在缺钱花,在您这里当了1000两银子。现在赢了钱,第一件事就是来赎回宝物。您柜上的先生说,宝物不在这里,而在您那里保管。怎么样,现在请您交出来,让我带回去吧!"

"你说你祖上是从宫里偷出来的?"

"是。"

"你祖上在宫里做事,那是太监了?"

"这……"

那人一时语塞,他只顾强调这宝物来自宫廷,却忘记了只有太监才能在宫里做事情,而太监是不可能有子孙后代的。

"这是我们家的私事,不便与外人道。我只请胡大掌柜尽快归还宝物,如果拿不出,按照规矩,加倍赔偿!"

"你怎么知道我拿不出?"胡雪岩冷冷一笑,"莫非昨日你也在江南春,亲眼看到宝物跌碎了?"

"不错!"那人一咬牙,"我实在舍不得祖传之物,本想赶去看最后一眼,却不料碰巧看到那一幕。"

"碰巧?"胡雪岩目光炯炯地盯着他,"只怕碰巧在那里的,还不止你一个人吧?"

"胡大掌柜什么意思?"

"我的意思是,你背后是不是有人指使?拿着10两银子买来的烂货,到我这里充当宝物,来'诈当'?"

"胡大掌柜的意思,我不明白。不过我知道,损坏了别人的东西,要加倍赔偿,这是行业规矩。"

"你对这个行业倒很清楚啊,以前是不是在这个行业干过?在哪一家店?你的老板是谁?"

"胡大掌柜,别费心了,我是不会说什么的。总之,你赔出来2000两银子就是了。这点区区小钱,您不会放在心上的。"

"我当然不会放在心上,不过,你用这种下三滥的勾当,来挑中了我胡某人的胡记行诈,却是瞎了眼!"

胡雪岩不屑地将目光从他脸上移开,冲外面一声高喝:"来呀,拿进来!"

"是!"

果然,就有一个伙计捧着一个盒子进来。盒子与昨天在江南春酒楼那个一模一样,连绸缎颜色都一样。

"打开来!"

胡雪岩吩咐一声,伙计将盒子打开,那个客人当即傻了眼。这不正是自己用来"诈当"的宝物吗?

"这……"

他简直不敢相信眼前这一幕。要知道,昨天宝物被摔得粉碎,他是在现场亲眼目睹的,绝不会有假!

唯一有假的,就是现场是在演戏!所摔的那个"美人瓶",根本就是一个赝品,是演戏的道具!

"这位先生,瞪大眼睛看看,这可是你祖上从宫里偷出来那件宝物?"胡雪岩冷冷地望着他。

"正……正是……"

那人一见情势不对,知道自己被胡雪岩设计了,引入了一个更大的圈套,连忙抱起瓶子要走。

"我还有事情,先告辞了!"

"慢着——"

胡雪岩却忽然变色,厉喝一声:"这位先生,既然你知道这是从大内流失出来的皇家珍品,那么你当知道,私藏皇家之物,该当何罪?"

"我……"

便在这时,只听胡雪岩咳嗽一声,早已等候在门外的浙江巡抚衙门的几个公差走了进来,手拿锁链,明晃晃的甚为唬人。

"胡大老板,我等几个兄弟在这里巡街,听说有人把皇家珍藏之物拿出来私下买卖,可是此人?"

"等一等,冤枉——"那人一看,如果自己再不招供,就有蹲班房的危险了,连忙如实承认,"胡大掌柜,小人是骗您的。其实这……根本不是什么大内之物,而是……而是小人10两银子买来的……"

"说,谁指使你来的?"

"是刘半城。他给了小人50两银子,要小人来寻您的晦气。小人一时财迷心窍,才做出这等事来!"

他上前一步,跪在胡雪岩的跟前,紧紧抱住胡雪岩的双腿:"胡大掌柜,您大人有大量,饶了我吧!"

"哼,你早说实话,不就完了?这件事情,从头到尾,都是刘半城和我之间的事情,与你何干?"

胡雪岩却根本就没有追究他的意思,先掏出一张银票,给了衙门的几个兄弟:"这里没事了,你们去吃酒吧!"

等衙役走后,他又将一张银票掏出来,放在那人面前:"这里是100两银子,是给你的!"

"小人不敢要……"

"拿着!"胡雪岩吩咐道,"你先收了,我有话对你讲!"

"是!"

那人将银票揣进兜里,疑惑地看着胡雪岩。胡雪岩诚恳地对他说道:"首先,我要重申我刚才的话。这件事情,是因为我和刘半城之间的竞争而起。刘半城不想我开当铺,抢了他的生意,所以出此下策。生意场上的事情,原本就是虚虚实实,真真假假,所以,我不怪他,更不怪你。"

"真的?"

"其次，我知道你干这种事情并非出自本愿，而是一定被生活所迫。我给你这笔钱，就是让你去把自己的生活安排好。我这里新店开张，正是用人之际。如果你还想在这个行业重新立足，并且干出一番成就，就到我这里来。我要看你有没有真本领，正经八百击败刘半城。"

"啊呀，胡大掌柜，人人都说您菩萨心肠，我以前不信，今日才真正服了您。"那人当即给胡雪岩"咚咚"磕头，"小人从今以后，洗心革面，誓死要在胡大掌柜您的教诲下，做出一番事情来！"

"好，快起来吧！"胡雪岩亲自将他搀扶起来，"知错能改，善莫大焉，我以后就看你的行动了！"

"一定，一定！"

一番风波，消弭于无形，而且胡雪岩还为当铺招了一个顶呱呱的人才。胡雪岩的眼光没有错，此人在他感召下，走上正路以后，果然成为业务上的一把好手，有了他的加盟，胡记典当铺很快发展起来，胡雪岩的信誉加上伙计们的精心经营，胡记典当铺最终压倒刘办城，成为杭州的第一家响当当的典当招牌。而刘半城呢，又气又怒，竟然一病不起，不久一命呜呼。

第13章

船政风波

左宗棠筹办福建船政局，这在中国近代史上是一件开天辟地的大事，其影响深远，绵延至今。

胡雪岩跟随左宗棠来到福州，用今天的眼光看，就是"跟对人，出头天"。当时全国各地有雄厚财力的大商人俯拾皆是，但能够参与福建船政、参与开启中国近代化的旅程，这样的大事情、大机会的，却只有胡雪岩一人。后来盛宣怀襄助李鸿章，也做了些事情，但已经晚了许多。

参与福建船政，胡雪岩不但得到保荐官职，而且声名第一次上达朝廷，传到了皇帝耳朵中。对一个普通的布衣商人来说，还有什么比这更大的荣耀呢？胡雪岩并不想做官，一再对左宗棠道："我只会做事，不会做官。"所以说胡雪岩成为"红顶商人"并非有意为之，而是时势使然，顺理成章。

左宗棠自从进入福建以后，经过1年多的苦战，由福建至广东，最终在嘉应（今梅州）大败太平军余部。太平军苦守州城10天，最后不敌而去，太平天国的熊熊之火至此宣告熄灭。

结束了戎马倥偬的军旅岁月后，左宗棠凯旋回到福州的闽浙总督衙署。福建是林则徐的故乡，左宗棠一回到这里，又想起林则徐的仿制洋轮的遗愿，因此顾不得休息，立即写了一道奏折：《拟购机器雇洋匠试造轮船先陈大概情形折》，指出：

"东南大利，在水而不在陆。自广东、福建而浙江、江南、山东、直隶、盛京，以迄东北，大海环其三面，江河以外，万水朝宗。"

无事之时，可以有漕运之利，可以得鱼盐之实。而一旦有事，这里更是海上用兵的必争之地。列强所以从这里直捣京、津、沽，就是因为门户大开，无防可设。故而左宗棠认为：

"欲防海之害而收其利，非整理水师不可；欲整理水师，非设局监造轮船不可。"

"西洋各国与俄罗斯、米利坚，数十年来讲求轮船之制，互相师法，制作日精。东洋日本始购轮船，拆视仿造未成，近乃遣人赴英吉利学其文字，究其象数，为仿制轮船张本，不数年后，东洋轮船亦必有成。独中国因频年军务繁兴，未暇议及。……

"彼此同以大海为利，彼有所挟，我独无之。譬犹渡河，人操舟而我结筏；譬犹使马，人跨骏而我骑驴，可乎？"

奏折的前半部分，主要讲世界大势、制造轮船的重要性，以及此前屡有提议却无人将其付诸实施的原因。奏折后半部分则详细讲了自己如何研究海事，以及在杭州试制轮船的经过。

这道奏折递上去之后，朝廷对左宗棠的这种不甘人后的自强精神给予肯定，"上谕"中说：

"中国自强之道，全在振奋精神、破除耳目近习，讲求利用实际。该督现拟于闽省择地设厂，购买机器，募雇洋匠，试造火轮船只，实系当今应办急务。"

这道"上谕"等于赐给了左宗棠一道尚方宝剑,他着手筹建船厂,第一个想到的就是胡雪岩。

接到左宗棠的召唤书信,胡雪岩不敢怠慢,立即放下手头的一切事务,星夜赶到了福州。

"左公,恭喜!"

胡雪岩在左宗棠的信中,已经得知筹办船厂、仿制轮船的事情获得了朝廷的允准,因此一见面立即道贺:"林文忠公的遗愿,终于要在左公的手上实现了。实在是件大喜事啊!"

"是啊,所以我才要第一个写信给你,将你叫到这里来。"左宗棠道,"怎么样,不耽误你生意吧?"

"左公何出此言?"胡雪岩立即表白道,"小人能有一个为国效力的机会,是左公对小人的提携。"

"哈哈,那就好,我还怕你生意上事情太忙,抽不出时间来呢!"左宗棠兴奋地搓着手道,"另外,我给德克碑和日意格也都写了信。请他们尽快抵达福州。这件事情,必须从速着手。"

"太好了!"胡雪岩自从试制完轮船,一直就在等待梦想成真的这一天,"终于要开工了!"

接下来的日子,胡雪岩就和左宗棠详细商量,从选择厂址到后面的经费筹措,每个环节都作了详细推敲。

半个月后,日意格首先到达福州。他一到来,立即和左宗棠、胡雪岩一道来到马尾港口察地择址。

马尾港是一个天然的优良港口。"水清土实,深可十二丈,潮上倍之"。位于马江北岸,距离闽江出海口不过百余里。沿江小岛遍布,山峰夹江而上。"数十年来,外国轮船夹板船,常泊海口,非土人及久住口岸之洋人引港,不能自达省城。……"

这天,左宗棠等人来到港口,正是一个晴朗无云的天气,码头上的人们仍和往常一样,一成不变地继续着自己的生活:有人在忙碌地装卸进港或者准备出港的货物，有人在叫卖从海上打来的鱼鲜，有人在引着进港上岸的洋人安顿下来。

总之，没有人会注意到，左宗棠和胡雪岩以及金发碧眼的日意格，会给这里带来怎样翻天覆地的命运变化。

当地负责接待的官员详细向左宗棠介绍了港口的情形，视察完港口后，又将众人带到了中歧山上。

在不算高的山头上，左宗棠手搭凉棚，极目远眺。尽管不能看到出海口，不过江水浩荡，沿江的小岛星星点点，尽收眼底。精于军事、地理的左宗棠仿佛已经看到：在这些小岛上架设炮台，足以防御一切来犯之敌；而凭借两山夹峙的险要地形，只需在江面上埋伏水雷，就可以自保无忧。

"不错，好地方，真是个好地方！"左宗棠对马尾港的地理形势一百二十个满意，称赞不已。

"日意格先生，你看这个地方如何？"

"此地设船槽、铁厂、船厂及安置工匠，足够宽大，交通也方便，实在是不可多得的地方。"日意格指着山下濒临江滨的一大片民田，似乎在他脑子里已经勾勒出船厂的大致情形。

"雪岩，你看呢？"

"其他的我不懂，我只是担心，这里这么多的百姓，如何说服他们自愿搬离，只怕是个难题。"

胡雪岩提出这个问题，倒是左宗棠没有想到的。"百姓嘛，只要晓之以理，言明建造船厂的重要意义，再给予他们一笔迁移补偿款，我相信大伙儿都会理解、支持，应该不会有问题的。"

左宗棠一心想着自己的洋务大计，对于胡雪岩提出的问题，也就不怎么放在心上，众人说笑着下了山。

一回到福州衙署，左宗棠立即给胡雪岩和日意格分别布置了任务：由胡雪岩去马尾港负责征地；日意格带着和左宗棠草拟的合同去上海，面见法国总领事白来尼，请他画押担保。二人分头行事。

为了使胡雪岩办事方便，左宗棠又特地为他保荐了一个官职：福建候补道。

这天,胡雪岩以地方官员的身份,带着一批差吏来到马尾港。濒临江边的中歧,是一个不大不小的镇子。胡雪岩和当地负责接待的官员一进镇子,立即邀请当地的乡绅,商量征地补偿问题。

起初,双方的分歧并不大,主要是在征地补偿的价格方面。第一天初步谈了谈,双方都摸清了对方的底线。

晚上,当地地方官员照例要招待胡雪岩等人,在小镇上最大的"临江仙"摆设了一桌盛大的宴席,美酒佳肴,地方特产,琳琅满目。

"大人,请!"

"请!"

胡雪岩过惯了豪奢的生活,自然看不上这桌酒席。不过,他随身带来的差吏,平日里都是在清水衙门里待惯的,难得有机会下来大吃大喝,因此推杯换盏,一个个很快吆五喝六起来。

胡雪岩知道自己在场只会令众人拘束,所以,借口外出更衣,一个人悄悄离开了酒家,来到街道上。

已是入夜时分,小镇上却依旧人来人往,那些从港口上岸的外国商人和中国船员,第一件事情就是来到小镇上寻欢作乐,因此一些灯红酒绿的场所格外热闹。不过胡雪岩在上海、杭州待惯了,见过了太多这类的风月之地,因此并没有兴趣。他只是想一个人静静地走一走。

小镇并不算大,胡雪岩溜溜达达,很快围绕镇子转了一圈。他发现,在这个上百年的镇子上,尽管不少的房屋都是临街搭建,随便居住,但也的确有精美而雄伟的豪门大宅。乡土难离,要造船设厂,就必须将整个小镇的数百亩土地全部征用,也就是说,所有人,不管是穷苦百姓,还是有钱有势的人家,都将被迫离开小镇,背井离乡。他们会愿意吗?

正这么想着的工夫,忽然,从前面的一个小酒店里传来一阵喧嚣之声,引起了胡雪岩的注意。

"救命——"

听那呼救的声音,竟然是一个年轻女子。胡雪岩素来怜香惜玉,不假思索便推门进去。

  只见这是一座不大的酒馆，里面大概有五六张桌子，可以容纳十几个人。今天客人不多，只有几个醉醺醺的外国人，在围着一个年轻漂亮的女子动手动脚，口中满是污言秽语。呼救声正是那女子所发。

  "住手！"

  胡雪岩只一搭眼，就可以判断出发生了什么事情。一定是这些个外国人喝多了酒，调戏起人家姑娘来。

  他一声大喝，震住众人。那几个醉鬼都住了手，歪过头来，醉眼蒙眬地看着胡雪岩。

  其中一个外国人嘴里叽里咕噜说了句什么。他说的是洋话，不过胡雪岩在上海混迹已久，和外国人打交道的时间也长，也学了几句洋话，因此不但听懂了，而且用洋话和对方对话。

  "你们几个家伙，是从哪儿来的？"

  "猪猡，少管闲事。"

  "是英吉利人吗？我可认识你们英国驻中国的总领事赫德先生，你们不想我去对他提到你们的名字吧？"

  "你？"

  一听胡雪岩提到"赫德"，几个英国佬的酒一下子醒了一半。他们再仔细打量胡雪岩，见他衣着不凡，知道一定是有来历的，因此，一个个顿时收敛起狂浪之色，灰溜溜出了门。

  "这位先生，谢谢你。"

  那个姑娘趁机将自己凌乱的衣衫整理好，红着脸向胡雪岩道谢。她的声音如同风中铜铃，悦耳之极。

  "没什么。"

  胡雪岩这时候才看清楚姑娘的容貌。只见她不过十六七岁，正当妙龄，一张瓜子脸粉里透红，俏不可言。

  胡雪岩没想到，小小的镇子上，竟然会有如此佳丽，一时有些惊诧。难怪那些外国家伙会如此失态!

"姑娘,这里只有你一个人吗?"

"是。"

"我看这个地方,人来人往,良莠不齐。姑娘一个人要面对那么多虎狼之徒,只怕有些危险。"

"本来……这个酒店是我阿爹在打理,可是他喜欢赌钱,一到这个时候,就不知道哪里去了,所以我只能替他照看……"

从姑娘口中得知,她和父亲相依为命,开了这家小酒馆为生。可是姑娘的父亲是个赌鬼,一天不赌,全身发痒。结果赌瘾一发作起来,连自己的女儿都不顾了。胡雪岩连连摇头。

"对了,还没有请教姑娘芳名?"

"我叫香云。"

"香云,照我说,反正这里不久也要搬迁了,你干脆和你爹商量,将这酒馆早些关了,省得麻烦。"

"啊?这里要搬迁了吗?我怎么不知道?"

"是刚刚定下来的,这里要建一个大船厂,所有的土地都要被征用,我就是为了这件事情来的。"

"真的?"不料,香云姑娘一听,脸色却骤然暗淡下来,"胡先生,我有个请求,我可以不搬走吗?"

"为什么?"

"因为这个酒馆是我阿妈留下来的……"香云一提到早故的母亲,顿时眼中蕴满了泪水,"阿妈去世的时候,我还小,连她的模样都还不记得……这酒馆,是她给我留下的唯一纪念。这里的一桌一椅,一杯一盏,都还留有她的气息……我阿爹多次要卖掉这酒馆,我都不依!"

"香云姑娘,你对你阿妈的这份孝敬与思念,我很感动。但兴建船厂是关系到国家命运、关系到社稷江山安宁、关系到海疆安危的大事。一旦海疆不宁,到时候,受到牵扯的就是成千上万个你我这样的小家庭。香云,你要懂得,有时候,我们个人的感情,要服从大局。"

"我……"

香云正要说什么,还没有说出口,就听得酒馆的门"砰"的一声被重重地撞开了。一个人跌跌撞撞走了进来。

"爹,你回来了?"

香云似乎已经习惯了父亲每天这样东倒西歪地回来,连忙上去将他搀扶住。她父亲个头不高,不过却很肥胖,一个硕大的身子,全部重量都压在香云瘦小的肩膀上,简直要压塌下去。

"死丫头,还不快拿酒来?"香云的父亲失魂落魄,一进门来就向女儿要酒喝,显然是赌输了钱,要靠酒精来麻醉自己。

"爹,我这里还要招呼客人呢,要喝酒自己去拿!"香云不满地白了父亲一眼,没有好气地道。

"客人?这么晚了还有客人?"香云的父亲这才看到胡雪岩,斜着眼睛,将他上下打量了几眼。

"喂,你是来这里喝酒的,还是打我女儿的主意的?"他一开口,更加说的不是人话,"我看你八成不是来喝酒,而是看上了我女儿。喂,你有钱没钱?有钱就把我女儿娶了,做大做小无所谓。"

"爹,你胡说八道什么?"

"阿云,爹说的可是真心话。实话告诉你吧,爹今天输了大钱,没办法,将你都输给别人了!"

"啊?!"

香云一愣,不相信父亲会糊涂到这种地步。

"喂,这位先生,一看你就是个有钱人。怎么样,行行好,娶了我女儿吧?只要500两银子就成。500两,不,300两就行!"

"爹——"香云再也忍不住,"哇"的一声大哭起来,"爹,你再胡说,我就一头撞死在你跟前!"

"死吧,死了干净,去地下找你娘吧!我知道你这些年跟我受了太多苦,去和你娘诉苦吧!"

眼见这一幕无法收拾,胡雪岩知道,自己再不出面阻止,弄不好香云真会寻死觅活,就不好办了。

他知道在这种时候,最有效、最简单的办法就是从根本上解决问题,因此他从怀里掏出来一张银票,一下子拍在桌子上:

"这是1000两银子,够吗?"

他这一招,真个是立竿见影。香云的父亲一下子张大了嘴,难以置信地看着桌子上的银票。而香云也没有想到,胡雪岩会这么阔绰,更想不出他如此大手笔的举动有什么意图,顿时愣住了。

"这位客人,你……真的要娶我女儿?"

"不,我要买下这个酒馆。"

"买酒馆?"

"是的。"

"可是胡先生你自己说的,这里马上就要拆了呀。"香云忍不住插话道。

"拆?什么意思?"香云的父亲问道。

"这里马上要建造一座大船厂,我是专门为这件事情来的。"胡雪岩简单介绍了自己的身份,"不过,在这之前,我要把这酒馆买下来,送给香云姑娘。"

"送给我?"香云简直吓了一大跳,无论如何想不到,世间会有这样的事情,"为……为什么?"

"就为了你对你阿妈的那份真挚的思念,还有你为了维持这家小酒馆所做的努力。凭这些就值1000两。"

"可这都是我应该做的呀?"

"不,你本来可以不这么做,可以随便找个什么人嫁了,而不必在这里抛头露面,受人欺侮,"胡雪岩虽然初次见到香云,却仿佛一下子看透了她的内心,"你所以这么做,固然是为了赚取一点微薄的收入,以维持你和你阿爹的开销用度,但你更是为了永远保留对你阿妈的思念。"

胡雪岩越说越激动,不知道怎么,第一眼看到这个香云姑娘,他就觉得自己必须为她做点什么。他有一种本能的冲动,要去保护她,要为她排忧解难,要用自己的宽阔肩膀为她遮风挡雨。

"喂,你们两个,到底在说什么?"

香云的父亲却等得不耐烦了,一把将桌子上的银票抓在手中:"阜康钱庄?这玩意儿真能兑出1000两银子来?"

"哈,我就是阜康钱庄的老板,我亲手拿出来的银票,难道还有假?"胡雪岩干脆自报家门道。

"好,我就信了你了!"香云的父亲欢天喜地道,"酒馆归你,我女儿也归你,这里都归你了!"

说完,他竟然抓起银票就往外走,看样子又要去赌博,急得香云从身后急忙追上去:"爹,你还要去赌?"

"别管我,你现在有了人家,爹也放心了,以后你走你的阳关道,爹走爹的独木桥,谁也别管谁!"

这也真是个狠心的父亲,竟然真的丢下女儿,径直消失在了外面的黑漆夜色中。

"呜……"

身后,香云一下子瘫坐在地上。她没有想到父亲会做出这么荒唐的举动来,又是难过,又是愤懑,气自己的命运不济,又不知道未来的人生该怎么过,诸般复杂的思绪在胸中翻滚,实在是忍不住了,"哇"的一声,放声大哭起来,真个是肝肠寸断,泪如决堤。

胡雪岩一时也不知道如何安慰她。是啊,人各有命,有的人生来富贵,有的人生来贫穷。有的人生下来就在父母营造的安逸环境中,也有人生下来父母就是那种不负责任之人。香云的爹就是这样,他显然从来都把香云看做一个累赘,一个负担,而没有当做女儿。

"好了,香云姑娘,人各有命。你也不必太难过,如果这就是你的命运,那就试着去接受吧!"

"呜,我的命为什么这么苦?为什么我为这个家付出了这么多,却换来这么一种苦命的结局？"

"作为一个女儿，你已经做得够好了。香云姑娘，你已经尽力了，不要再责怪自己了。虽然说天下没有不是的父母，可是你阿爹这个样子，也的确不配做你的阿爹。算了，由他自去吧！"

"胡先生，你哪里知道，他拿去1000两银子，不用几天就会输个精光，又会回来的。到时候，如果这里真的被拆掉了，我和爹靠什么来维生？我们以后的日子可怎么过呢？"

"如果你还想开酒馆，可以搬到杭州去，我在那里给你再开一家新的酒馆，足够养活你父女了。"

"真的？"香云的脸上掠过一阵欣喜之色，但随即又摇了摇头，"胡先生，谢谢你的好意，可是我不能接受。"

"哦？为什么？"

"因为我没有什么可以回报你的。胡先生，我真的不知道，你这么帮助我，究竟图什么呢？"

"什么也不图，"胡雪岩斩钉截铁地道，"香云姑娘，你不要多想。我这个人就是这样，最见不得别人有难。一见到有什么人遇到什么困难，过得不如意，我就忍不住想要伸手拉一把。"

"可是，天下有那么多的人过得不如意，有那么多的人都需要有人去帮助，你帮得过来吗？"

"帮不过来。一个人的力量毕竟有限，所以我才要做大事情，就像这次襄助左宗棠左大人筹建船厂，将来我们造出中国人自己的轮船，就可以在海上建立起坚固屏障，不再受人家侮辱。没有了洋人的枪炮轮船威胁，大家都可以安安稳稳地过日子，我心里也会跟着快乐。"

"胡先生，你人真好，而且我看得出来，你是个做大事情的人。"香云沉吟了一下，忽然一咬嘴唇，下了什么决心似的，"胡先生，有一件事情，我想……求你……"

"什么事情？尽管说！"

"我想求你……让我跟在你的身边侍奉你……"

"啊？"

"你刚才也听到了，我爹为了银子，将我和这个酒馆都卖了。我娘去世得早，我爹又不要我了。我一个人孤苦无依，在这个世界上举目无亲，活着还有什么意思呢？如果胡先生肯收留我，那么我做牛做马，也愿意报答先生；如果先生不肯收留我，那么我就只有一死了之了。"

她越说越是伤心，眼泪又不争气地奔涌而出。胡雪岩本来就对她有些意思，见状连忙答应：

"好，好，只要香云姑娘不怕委屈，那就暂且留在我身边。你放心，等这边的事情忙完了，你就跟我回杭州去，到时候，我一定好好地给你物色一个好人家，总之不能太亏了你。"

胡雪岩和香云刚刚说定，这时候外面一阵喧哗，原来是大家见他久久不归，都出来找他了。

接下来几天，胡雪岩一直忙着和众人谈论价格、丈量土地，简直忙得焦头烂额。

然而，正当左宗棠和胡雪岩信心满满，刚刚勾勒出一幅关于造船厂的蓝图时，却忽然一道圣旨下来：

"着左宗棠立即调任陕甘总督，不得有误！"

这真是一道晴天霹雳，没有任何的预兆。左宗棠自从上书朝廷，建议设立船政局以来，一直将全部的心思都投入在轮船局的创建上，他做的是长远打算，计划用3到5年，甚至更长的时间，从福州船政局为中国制造出第一批轮船，训练出中国的第一批造船工人和海上军队。

一切都尚未理出头绪，庞大的计划只不过刚刚着手实施，顷刻之间，朝廷竟然要调左宗棠去做陕甘总督了！

当然，这件事情也可以这么理解：前面说过，中国的问题无非海防和塞防。在东南沿海建造船厂，这样的事情尽管艰难，却还是可以有人去做；而在西北边疆，镇守一方，这样的重任非左宗棠莫属。朝廷对左宗棠如此任用，也可以说是

"知人"了。

但也有消息说,这是李鸿章为了和左宗棠竞争,而想出来的一条釜底抽薪之计。当时,左宗棠在福建搞船政局,李鸿章在金陵搞机器局,这两个人在洋务上一争长短、水火不容的势头已经十分明显。李鸿章要将左宗棠调离福建,那么造船之事,也就不了了之。

不管真实的情况如何,总之客观现实是摆在面前的:圣命不可违,左宗棠必须去担任陕甘总督!

就在左宗棠接到圣旨的第二天,在马尾中歧负责征地的胡雪岩也遇到了麻烦。

本来,征地的事情已经谈妥了十之八九,征地补偿的价格比原来预期高出不少,不过还可以承受。

胡雪岩这天正在等当地的乡绅来签订合同,却不料从早晨一直等到中午,竟没有一个人来。

这可是从未有过的事情。毕竟胡雪岩也是福建候补道,大小是个官,当地乡绅不敢不买他的账。

可是这天偏偏空等一个上午,没有一个人来。胡雪岩正等得不耐烦,忽然一个兵丁从外面跑进来:

"大人,情形不妙……"

"怎么回事?"

"外面来了一两百人,将这里团团围住了。每个人手里都拿着棍棒、菜刀什么的,只怕要闹事!"

"闹事?闹什么事?"

胡雪岩丈二和尚摸不着头脑,他立即从屋子里出来,到门口一看,果然门前聚集了上百人,正在和胡雪岩带来的差吏们推推搡搡,乱作一团。

"住手!"

胡雪岩一声大喝,喝住了众人:"出了什么事情?"

"回大人,"一个差吏上来报告,"这些人来嚷着说,他们不能把祖宗留下的土地卖给外国人！"

"什么，卖给外国人？分明是朝廷下的正式公文，批准建造船厂，有闽浙总督左大人的印鉴在此，还能有假？"

"大伙都说，左大人和洋人勾结，要卖地牟利，已经被朝廷革职了。"

"一派胡言！"

"大人，现在怎么办？"

胡雪岩强抑心中的怒火，站在门前的台阶上，大声对众人道："各位父老乡亲，我胡某人天地良心，用这条命来担保，朝廷征集这片土地，的确是要在这里建造船厂，以制造轮船，巩固海防，抵御外侮。左大人请来洋人，是要洋人做我们的监督，传授他们的技术。这也是经过朝廷批准的。至于朝廷将左大人的闽浙总督职务免去，是要他接任陕甘总督，另有重用。"

"我们不信，左大人拿了洋人的好处，拍拍屁股走了，留下我们被洋人欺负，我们不干！"

众人又骚动起来，而且不由分说，就有人投掷石块，场面顿时一片混乱。胡雪岩慌忙退到里面，喝令门窗紧闭，心里却在暗暗着急。这里面一定是有人在挑唆，却苦于不知道背后谁在主使。

正无可奈何，忽然从窗户缝隙里望出去，发现一个人上蹿下跳，竟然是香云的无赖父亲！

胡雪岩心中一动，有了主意。他叫来一个亲兵，让他立即从后面跳窗户出去，悄悄去酒馆找香云。

一会儿，香云果然赶来了，在人群中拽住了父亲，好说歹说，将他给劝走了。

不到半个时辰，香云将消息给胡雪岩送来：是英国领事馆的人出了重金，收买了中歧的乡绅，乡绅们又聚集了一帮无赖之徒，煽动不明真相的村民，想要强行用武力威胁胡雪岩等离开。

"原来如此！"

胡雪岩早知道英国人不忿福建船政这样的大事情被法国一家独享，暗中垂涎已久，这次正好利用左宗棠调任陕甘总督即将离任这件事情做起文章来，要将船政这块肥肉吃到嘴。

　　胡雪岩立即派人飞速去给左宗棠报信，左宗棠已经交了闽浙总督的印信，等于交出了兵权。没有兵权就不能调动军队，没有军队如何去平息民变？英国人这一招果然是有备而来。

　　也幸亏是左宗棠，情急之下，忽然想起来一个人。自己的一个生死之交，林则徐的女婿沈葆桢。

　　沈葆桢和左宗棠的交情非止一日。尤其沈葆桢在江西帮助左宗棠解围，使左宗棠免被太平军抄断粮道。左宗棠为此对沈葆桢感激涕零。再加上沈葆桢一心以继承林则徐的遗志为己任，和左宗棠性情相投，志趣一致，二人更成为了莫逆之交。在官场上，沈葆桢、左宗棠都是不善于钻营的人，也不愿意去结交权贵，二人一样的恃才傲物，狂放不羁，反而成了知音。

　　沈葆桢在江西大胜太平军有功，被封了江西巡抚。他却无意仕途，一再提出要回家奉养老母。去年好不容易得到朝廷批准，回家探望母亲，不料还是回去晚了，母亲已经去世数日。于是，沈葆桢上奏改请丁忧守制，从去年到现在，一直在家里赋闲。朝廷只能令他"署理"江西。

　　左宗棠来到福建之后，一直想着要抽出时间去拜访沈葆桢。只可惜先是与太平军作战，然后又忙着筹办船政，始终未得闲暇。如今情势危急，他才想起来：能帮助自己解围的只有沈葆桢一人！

　　于是，左宗棠立即修书一封，派人快马加鞭，出了福州，直奔侯官县去送到沈葆桢的手上。

　　沈葆桢一接到书信大惊，本来以为左宗棠以闽浙总督的身份兴办船政，老岳父林则徐的心愿很快就会在左宗棠的手上实现，却不料左宗棠改授陕甘总督，英国人趁此机会出来捣乱了！

　　沈葆桢和左宗棠一样，对于兴办船政一事，看得极重，自然不能容忍有人从中横加破坏！

　　于是，沈葆桢立即动身，以署理江西巡抚的身份，用印信调动了300精兵，直奔马尾！

等这支队伍来到中歧镇上，已经是第二天的黄昏时分，天又下起了雨，一众村民不明真相，一见有朝廷的军队来驱散他们，更觉得自己受了委屈，竟然纷纷投掷石块，和官兵冲突起来。

慌乱之中，一块石块落下来，正砸在沈葆桢的脚面上，疼得沈葆桢直吸冷气，连忙传令：

"收兵，快收兵！"

第二天一早，起了大雾。等大雾散去，中歧镇上的人们才发现，江面之上，罗星塔之下，已经一字摆开3艘炮艇！

沈葆桢亲自上前，对中歧镇的村民讲话："朝廷在此征地建造船厂，是为了海防大计，此乃关系江山社稷的大事，非尔等升斗小民所能明白。尔等所索征地补偿款项，朝廷已经全额拨下。我命令你们：立即交出为首闹事者，然后散开，我保证只惩首恶，胁从不究。否则，嘿嘿……"

他用手一指江面上的3艘炮艇，众人心里清楚：只要一开炮，任你人数再多，也不过是肉酱泥饼！

"大人饶命，饶命！"

对峙片刻，人群中终于走出为首的乡绅二人："实是我等受了英吉利人蛊惑，才做出如此错事来！"

他二人来到沈葆桢面前跪下，后面又走出来16名乡绅，在沈葆桢面前一齐跪下："此事错在我等，与父老乡亲无关！"

"来人哪，将这18名刁民给我拿下！"

沈葆桢一声令下，18个带头闹事的人立即被五花大绑起来。沈葆桢当场宣布了判决：

"首恶处死，以儆效尤！其他从犯，处以贯耳之刑！再敢寻衅滋事，罪加一等，一律处斩！"

毕竟是在江西战场上与太平军血战数场，杀得人头滚滚，血流成河的将领。沈葆桢的霹雳手段，真个惊人！

他命令一出，所有在场的人们都被惊呆了。没有谁敢出一口大气，每个人的脖子都仿佛被扼住了一样。

眼睁睁地，两名受了英国人指派的乡绅被处以极刑。其他16个人，也都被贯穿双耳，鲜血淋漓。

一场民乱，就此平定。众人慑于沈葆桢的雷霆之威，纷纷偃旗息鼓，自行散去。胡雪岩这才出来参见沈葆桢：

"福建候补道胡光墉，参见大人！"

"免礼，免礼！"沈葆桢早听说左宗棠身边有一个做生意出身的胡雪岩，是左宗棠的"钱袋子"。

二人一道回了福州，来见左宗棠。左宗棠首先向沈葆桢道了谢，又亲自摆设酒宴，和沈葆桢、胡雪岩三人边吃边说起当前的情势。左宗棠的意思，是请沈葆桢出面，接手船政一事。

"造船一事，乃左兄首倡，此等丰功伟业，不在左兄的手上完成，又有谁能接手？此事万万不可。"

"唉，贤弟哪，我也知道，此事千难万难，要别人接手实在是难为之极。可是朝廷调令已下，要我去陕甘做事。圣命难违，我也是实在没有办法，才恳请沈贤弟你来帮忙接手此事啊！"

"不然，我倒有一个主意，"沈葆桢灵机一动，道，"不如以我的名义，联合绅民，给朝廷上一道折子，就说造船之事，千头万绪，又是你左大人一手经办，此事仓促之间，绝难假手他人。请朝廷格外开恩，允许左大人暂缓西行。这么先拖上一个半个月，再图谋对策不迟。"

"那就有劳贤弟了！"

左宗棠其实也不愿意离开福建，谁会在自己倾注巨大心血的事业刚有眉目之时就离开呢？

果然，沈葆桢回去后，立即联合了当地绅民100余人，联名给朝廷上了一道折子，声称：

"创造轮船一事，关系甚巨，非常之功，非他人任。……事成则万世享其利，事废则为四裔所笑，天下寒心。诚使督臣左宗棠驻闽中，豫将赴甘之师先行部署,俟外国工匠毕集,创造一有头绪,即移节西征。"

与此同时,左宗棠也给朝廷上了一道奏折,委婉地请朝廷宽限自己数旬,以寻找接班人:

"轮船一事,势在必行,岂可以去闽在迩,忽为搁置?且设局制造,一切繁难事宜,均臣与洋员议定,若不趁臣在闽定局,不但头绪纷繁,接办之人无从谘访,且恐要约不明,后多异议,臣尤无可诿咎。臣之不能不稍留两三旬,以待此局之定者此也。唯此事固须择接办之人,尤必接办之人能久于其事,然后一气贯注,众志定而成功可期,亦研求深而事理愈熟。"

接连接到沈葆桢和左宗棠的奏折,朝廷也知道仓促之间调左宗棠离开福建,实在于情于理不合,于是批复下来,恩准左宗棠宽限数旬赴陕甘,令其抓紧时间,落实一切造船事宜。

诸般事宜中,第一件事情还是要为自己去后选择一个接班人。这个接班人自然非沈葆桢莫属。

为了请沈葆桢出山,左宗棠三次固请,而沈葆桢三次固辞。最后左宗棠径直给朝廷上了一道《请简派重臣接管船务折》:

"再四思维,惟丁忧在籍前江西抚臣沈葆桢,在官在籍,久负清望,为中外所仰,其虑事详审精密,早在圣明洞鉴之中。现在里居侍养,爱日方长,非若宦辙靡常,时有量移更替之事,又乡评素重,更可坚乐事赴功之心,若令主持此事,必能就绪。商之英桂、徐宗幹,亦以为然。臣曾三次造庐商请,沈葆桢始终逊谢不遑。可否仰恳皇上天恩,俯念事关至要,局在垂成,温谕沈葆桢勉以大义,特命总理船政,由部颁发关防,凡事涉船政,由其专奏请旨,以防牵制"。

奏折呈送朝廷后,左宗棠又将奏折抄了一份给沈葆桢,来了个"先斩后奏",这一次沈葆桢无话可说了,只能答应第二年六月丁忧期满后"始敢任事"。

左宗棠哪里能等到他第二年才真正任事,于是又请旨敕下沈葆桢于"未任事之先,所有船局事宜,仍一力主持,以系众望而重要工"。朝廷准奏,于是沈葆桢总理船政之事成为定局。

选定了接班人之后,左宗棠长出一口气,接下来就是和洋人签约。经过上海总领事馆白来尼印押担保的合同，一共分为《保约》、《条议》、《清折》以及《合同规约》四份。《保约》实际上是一个担保合同书。该《保约》中称："所有奉委采买外国家伙物料、募雇员匠教造轮船并造船家伙，及开设学堂教习英法两国语言文字、教导监造驾驶诸事务，理合出具保约。除拟呈详细条议附开款目清折并拟定合同规约与外国员匠要约外，合具保约是实。"《条议》共18条，其主要内容为日意格等遵奉左宗棠"宪谕饬查募雇外国员匠制造轮船暨采办外国傢伙、物料一切价目，并开设学堂教习英法两国语言文字、造船、算法及一切船主之学，教成中国员匠能自监造驾驶各事宜款目"，"开具条议"。《清折》则为"遵议采买制造轮船各厂傢伙及轮机物料先领银两，分别全半数目，开具清折"。《合同规约》为船政局正、副监督日意格、德克碑承左宗棠令，与所雇外国"谙练员匠三十七名"所订立的规约共14条。其中规定："五年限内，该正副监工及工匠等务各实心认真办事，各尽所长，悉心教导各局厂华人制作迅速精熟，并应细心工作，安分守法，不得懒惰滋事"，"该正副监工及各工匠等或不受节制，或不守规矩，或教习办事不力，或工作取巧草率，或打骂中国官匠，或滋事不法，本监督等随即撤令回国，所立合同作为废纸，不给两月辛工，下发路费"。

以上合同，左宗棠逐字逐句审阅后，和日意格、德克碑签订，并且将《保约》、《条议》、《清折》、《合同规约》照抄咨报军机处、总理各国事务衙门存案外，左宗棠又亲自制定了《胪举船政事宜十条》，和《艺局章程》，上奏呈报清廷。《船政事宜》（即《船政章程》）10条为：

一、船政局雇洋员为正、副监督。日意格为正监督，德克碑为副监督。"一切事务均责成该两员承办"。

二、船政局内设立艺局"以拔人才"。"艺局之设，必学习英、法两国语言文字，精研算学，乃能依书绘图，深明制造之法，并通船主之学，堪任驾驶"。"此项学成制造、驾驶之人，为将来水师将才所自出"。

三、规定5年期限。"轮船一局，实专为习造轮机而设。俟铁厂（按指机器厂）开设，即为习造轮机之日。故5年之限，应以铁厂开厂之日为始"。

四、定轮机马力，并搭造小轮船。大轮船轮机马力以150匹为准，除拟买现成轮机两副外，其余9副由铁厂自造。5年期内造150匹马力大轮船11艘，80匹马力小轮船5艘。

五、饬洋员与洋匠要约。与"洋人共事，必立合同"。船局所雇洋匠的"赏罚、进退、辛工路费，非明定规约，无以示信"。

六、预定奖格，以示鼓舞。"洋员及师匠人等，须优定奖格，庶期尽心教导，可有成效"。5年限满，教习中国员匠能自按图监造，并能自行驾驶轮船，加奖洋员、洋匠银共108000两。

七、从国外购买机器须交纳按洋法包装费和由洋行保险费。

八、凡需用纹银之项，应准开销银水。闽省通行银色，向较江、浙、广东为低。船局支发各款，除在闽境采办物料毋庸补水外，其采买洋料等用款，应准将补水银两作正开销。

九、宜讲求采铁之法。轮机水缸需铁甚多。据日意格说，中国所产之铁与外国相同，但开矿之时，熔炼不得法，故不合用。现拟于所雇师匠中，择一兼明采铁之人，就煤、铁兼产之处开炉提炼，"庶几省费适用"。

十、轮船中必需之物宜筹备。轮船中应用星宿盘、量天尺、风雨镜、寒暑镜、罗盘、水气表、千里镜、玻璃管，以及垫轮机的软皮等件，现饬日意格等回国探问制造器具价格，如所费不过数千金，即由日意格等筹购一分，并约募工匠一人同来，"一并教造"。《艺局章程》分为8条，主要是明文规定了船政学堂学生的学习纪律、学堂的规章制度、奖惩办法，以及学生毕业后的待遇等问题。加以刊刻，"出示招募艺局子弟"，"逐加遴选，方准报充，以昭慎重"。

终于，诸事完毕，左宗棠就要启程奔赴陕甘了。他身边的两个得力之人，一个是跟随多年的周开锡，一个是知己之交的胡雪岩，都留给了沈葆桢，足见其对造船之事之重视。一个人孤身上路，远征陕甘，即使豪迈如左宗棠，也不由地心里暗暗生出几分怅惘。临行前，他将胡雪岩叫到自己的房间里，交代了诸多关于造船厂的事情，然后，又托付给他一个秘密任务……

第14章

借款西征

左宗棠和胡雪岩这对组合,一个是官,一个是商,但绝非人们所理解的传统意义上的"官商勾结"。

左宗棠以"国士"自许,所做的每一件事情,都是为了家国天下,从来不为自己考虑。他官居高位,又有胡雪岩这么一位大富豪在身边,可是他个人生活却极为俭朴,连吃的菜都是自己种的。对于胡雪岩送给他什么珍贵礼物,一概拒绝,甚至死后家无余财,两袖清风。

胡雪岩也知道用小恩小惠拉拢左宗棠是对他的人格的"侮辱",唯有帮助左宗棠做成大事,实现平生抱负,才能真正赢得左宗棠的尊重和信任。所以不管左宗棠提出什么要求,胡雪岩从不拒绝。

西征借款,看似简单,其实却是胡雪岩用自己的全部身家作为抵押,才换来了洋人的信任。否则上百万的借款是不可能拿到手的,一旦左宗棠作战失败,则这笔钱很可能朝廷不予认账,最后黑锅只能由胡雪岩自己背了。所以说,不管后来人多么诟病胡雪岩,说他在借款中获利良多,事实上,胡雪岩已经尽了最大努力,做了自己该做的一切。其慷慨悲壮,亦堪称"国士"。

左宗棠交给胡雪岩的这个秘密任务，是要他无论如何想方设法，一定要尽快筹措一笔西征之用的巨款。

当左宗棠把自己经过精心计算得出来的所需要的最基本的款项告诉胡雪岩后，胡雪岩不由惊呼：

"100万两！"

"就这只怕还不够呢！"左宗棠苦笑一声，将摆在自己面前的难题一一摆出，"首要的困难，是缺乏军饷。尤其缺少粮食。甘肃之地，屡经叛乱，本来就土地贫瘠，如今更是千里荒芜，人烟绝迹。唯一的解决之道，就是'屯田'。然而'屯田'必须要有足够的农具、种子。仅这一项开支，就不下10万两。加上饷银40万两，一共是50万两。这是其一。"

"其二，西北作战，以剿捻（捻军，太平军后期的一支）为主。捻军主要是骑兵，万骑纵横，势不可挡。如果我同样以骑兵迎战，一来仓促训练，队伍行列难以整齐，刀、枪、弓、矛，难以娴熟；二来一时之间，也凑不齐那么多的官马。所以我思来想去，唯有仿效古人的办法，以'车战'迎之。"

"车战？"

"不错，自古以来，出塞作战，以车战效果为最佳。卫青、马隆，都是用车战的高手。明朝以来，车战之法更为成熟，出现了车铳。用车载铳，车为守具，铳为攻具。攻守兼备，专克马队。所以，我已经给朝廷上了奏折，此次西北作战，拟以车战作为主要的战法。

"然而，要用车战，就必须多造兵车，而这不但需要经费，也需要时间。当今之计，经费、时间皆有不足，所以我又想到一个办法，广向民间征集两轮车辆，倒缚炮位，应该勉强可用。"

"用两轮车做炮车？"胡雪岩听了，不由暗暗佩服，左宗棠果然是一个善于出奇制胜之俊杰。

"办法倒是有了。可是要雇用1万辆车子，再配备炮火，最少得50万两银子不可。"

"照左公这么说来，100万两银子的确不够。"胡雪岩心里飞快地转着念头：

哪里去找这笔巨款？

忽然，他灵机一动，想到一个主意：既然剿灭太平军可以借助洋人的洋枪洋炮，那么西征之事何不借助洋人银行的力量？向洋人借款，用朝廷的名义作为担保，不就成了么？

这么一想，他当即向左宗棠提出来："如果左公能说服朝廷，那么我愿意去和洋人谈判，全力促成此事。"

"向洋人借款？"

左宗棠眼前一亮。胡雪岩的这个看上去似乎异想天开的提议，顿时令他有拨云见日之感。

恪守"兵马未动，粮草先行"的古老作战方法的左宗棠，自从接到调任陕甘总督的圣旨，就一直在思谋，如何打好在陕甘的这一仗。他知道，若以单纯的军事而论，朝廷在西北用兵，绝对不至于狼狈到如此地步；所以出现今日的局面，不在其他，而在一个"饷"字。

原来，清廷自乾隆改称"西域"为"新疆"以来，新疆驻军和西北用兵军费一项，始终以协饷为主要的解决方式。什么叫做"协饷"？就是由户部和各省调拨银两维持军政开支。开始，清廷每年还能够从内地各省调拨协饷二三百万银两，但随着鸦片战争和太平军起义，两次大型的战争耗费了各省的元气，也牵扯了清廷的财力，每年协饷的数额都在下降，从二三百万两到五六十万两，最后连这五六十万两也难以保证，只停留在账面上了。当左宗棠要奉旨出征的时候，略一统计各个省份拖欠的协饷：两江60万两，浙江144万两，广东84万两……合在一起，竟然达到了惊人的2740万两。

面对这样的局面，左宗棠深知自己西征最大的问题不在前线，而在后方。"西北有必用之兵，东南无可指之饷，大局何以能支！"

正因为面对如此巨大的困难，左宗棠才想到了找胡雪岩商量，没想到胡雪岩来了个"借洋债"。

"雪岩，真有你的，你这一招，看上去异想天开，实乃神来之笔啊！我这就给朝廷写折子。"

左宗棠向朝廷提出的具体办法为：以各省历年亏欠的协饷为担保向外商借钱，由应协省份负责外债的偿付，要求清廷命令应协省份的关道出担保票，通过总海关税务司，饬令各省关税务司加盖督抚印，使协拨省份加盖关防的海关印票代替了难具约束力的中央催付。

一得到朝廷的批复，左宗棠立即令胡雪岩火速动身，到上海那边去找洋人商量"借款"事宜。

上海，这座当时中国最具活力的城市，自开埠以来，其发展速度只能用"一日千里"来形容。不但使中国人怀着猎奇和寻求新鲜刺激的心理来到这里，西方各国的人们更是将上海视为"冒险家的乐园"，人人都争相来到上海"淘金"。因此，在上海聚集的人们，可谓亦土亦洋，亦贫亦富。三教九流的杂烩，中西文化的碰撞，使这里成为一个风云激荡的所在。

胡雪岩自从杭州光复，将事业的重心转移到杭州后，已经有两三年的时间没有涉足上海了。这边的生丝生意，都交给罗四和唐大少打点，而他们居然也做得颇为有声有色。上海的阜康钱庄，也因为胡雪岩选人得力，经营发展很快，只不过因为有洋人的银行在竞争，阜康钱庄这样中国传统的金融机构，实力不足以抗衡洋人，因此发展的没有杭州阜康钱庄那么快。

等到和罗四、唐大少一见面，胡雪岩顾不得多说什么，直奔主题道："你们帮我想想办法，如何向洋人借100万。"

"100万？"

罗四和唐大少也都是生意场上见惯了大手笔的，但像胡雪岩这么一张口就是100万，还是令他们惊诧。

"哦，不是我个人的事情，是左宗棠大人要奉命西征，我是替左大人借这笔款，朝廷以海关税收作保。"

"原来是这样。"

罗四和唐大少点了点头。然而二人还是觉得此事难度太大。"可这么一笔巨款，仓促之间，向谁去借？"

"恐怕只有怡和洋行了。"胡雪岩在来的路上，心里已经盘算了一遍。当时上海虽然各国的洋行、银行云集,美国、英国、德国、法国、俄国人都在这里投了重资,雄心勃勃准备大干一场,但说到执洋商之牛耳的,也只有怡和这家以鸦片战争大发横财而起家的老牌洋行了。

"这样,你们立即帮我安排,我要请怡和洋行的大班威廉先生吃饭!"胡雪岩决定"擒贼先擒王"。

这天,到了约定的日子,在上海最负盛名的万国饭店,胡雪岩以东道主的身份宴请了众多洋商。这其中包括怡和洋行的大班威廉先生、汇丰银行的大班伊温先生、正广和洋行的大班艾伦先生、美国烟草公司的大班汤麦斯先生、美商旗昌洋行的大班金能亨先生……真可谓济济一堂。上海滩所有有头有脸的洋商,差不多都被请来了。他们中的大部分人,都还没有听说过"胡雪岩"这个名字。胡雪岩今天就是要借此机会,好好展示一下实力。

和洋人吃饭,自然要按照洋人的规矩。首先上来的是一道浓汤,佐以一杯舍利酒;接着上来的是一两道小吃,佐以香槟酒;然后是牛肉、羊肉、鸡、鸭和火腿,佐以香槟酒、啤酒;再是咖喱饭和咸肉。这还没完,接着又是野味、布丁、糕饼、车厘冻、鸡蛋糕或牛奶冻,和着一杯香槟酒,再加上乳酪饼、冷盆、面包、白脱油和一杯葡萄酒,最后是橘子、枣子、葡萄干、胡桃肉和两三杯红酒或别的酒类,再佐以一杯咖啡,这一顿饭才算是正式吃完了。

而吃饭还只是第一步,接下来真正激动人心的是"跑马"。"跑马"是集狂野和文明于一身的时尚运动。来到跑马场的这些大班,每个人都在这里养有自己的一匹或者几匹马,雇有骑师。

胡雪岩不懂得骑马,但他懂得如何吸引人们的眼球。按照惯例,比赛开始前照例要发行"彩票"。每个人根据自己的猜测,认购参赛的马匹,从几十两银子到几百、几千两银子不等。

而当轮到胡雪岩时,他一下子当众拍出一张5万两的银票:"我押威廉先生的马赢!"

他的这一举动,大概是跑马场建成以来最疯狂的一个举动。所有人都被他的豪举惊呆了。

跑马结束以后，如胡雪岩所期待的那样，怡和洋行威廉先生的那匹马跑了第一名。众人纷纷道贺。

当众人换下了高帽礼服，女士们换下了精美华丽的衣裙，纷纷准备离去的时候，威廉先生特地让罗四来转告胡雪岩：明天，威廉先生将邀请胡雪岩一起到郊区"狩猎"，"享乐一番"。

这正是胡雪岩所要达到的目的。他要排场的目的，就是要和威廉先生单独在一起，谈判借款的"大生意"。

第二天，胡雪岩早早起来，在罗四的陪同下来到威廉先生的豪华别墅。别墅非常大，里面绿树成荫，花草遍地。从一排长长的罗马廊柱的过道上走过去，走了很深，才看到一大片大理石外观的华丽建筑。从台阶上去，进入大厅，地上铺着华贵的地毯，头顶上挂着璀璨光洁的水晶灯，墙壁上挂满了各种各样的西方名画。一切都是纯粹西方式的。

威廉先生没有让胡雪岩和罗四久等，时针刚指向9点，他就换好了衣服出来，和二人一道出了门。

他们乘坐的是威廉先生的专用汽车，车子一直开到码头。在那里又上了一条威廉先生的专用游艇。然后，游艇就将他们送进了芦苇丛中。这里野鸭、候鸟和野雉随处可见，正是狩猎者的乐园。

"胡先生，罗小姐，不用客气，请！"

"请！"

威廉先生虽然已经上了年纪，身体有些肥胖，可是身手却依然很敏捷。只见他举起枪来，每一次射击，必定有猎物落地。这份本领令胡雪岩和罗四啧啧赞叹不已。相比之下，他二人就差远了。

大约半天的狩猎活动结束后，他们在一处宽阔的堤坝上了岸。这里，威廉先生的随从早已搭好了一顶帐篷，然后在帐篷前面架设起炉子、炊具等，开始烧烤他们今天猎获的野味。

当香槟打开，烹得金黄的野味摆上席来，几个人一起举杯，为这惬意而闲适的生活而干杯！

席间，胡雪岩和威廉终于谈论到他们这次即将开始的合作了，胡雪岩开门见山提出：

"威廉先生，实不相瞒，我这次来见您，不是代表我个人，而是代表陕甘总督左宗棠左大人。"

"哦？"威廉听了，并没有急于说什么，而是放下酒杯，点上了一根硕大无比的雪茄，狠狠抽了几口。

"我知道，你们中国人有句古话，叫做'无事不登三宝殿'。我并不在乎你代表什么人，说吧，找我有什么事？"

"我要向您借一笔银子。"

"多少？"

"100万。"

听到从胡雪岩口中吐出这个清晰的数字，本来一直神色漠然的威廉，忽然眼皮跳了几下，瞪大了眼睛。

"你说多少，100万？我没有听错吧！"

"不错，就是100万。而且，这很有可能只是第一笔。"胡雪岩于是简单介绍了这笔款子的用途。

"胡先生，这我可就不懂了，"威廉听了以后，沉思半响，忽然提出来一个疑问，"既然左先生是朝廷任命的陕甘总督，他打仗又是为国家，不是为个人，那么他为什么不通过官方的正式渠道来找我？为什么胡先生要以左大人的私人代表的身份来找我，而不是朝廷命官的身份？"

"哈哈，威廉先生，您是个明白人，我也不瞒您，"胡雪岩毫不隐瞒自己的想法，直截了当地道，"我这么做，有两个原因。"

"第一个原因，是我这笔款子不但数目巨大，而且要得非常急。我要求在15天内，必须拿到钱。而我也知道，实际上朝廷的用作担保的协饷也好，海关的关税也好，都不是马上能兑现的。因此如果仅仅是从官面上和你们打交道，大概没有哪一家洋行会和我们合作。所以我才会选择以私人的身份来谈判，因为我除了朝廷的协饷和关税，还有一个你们不能拒绝的筹码。"

"哦？什么筹码？"

"那就是我个人的担保。"

"你个人的担保？"

"不错，我以我的阜康钱庄作为担保。目前我在杭州、湖州、上海、福州、宁波等地一共设有6家联号。我就用这6家钱庄的资产作为抵押，来向你们借这100万两银子。到时候，若朝廷的协饷或关税不能如期兑现，就用我的钱庄来还你们的钱，我保证你们不会损失一分一厘！"

"我明白了，这个筹码很大，的确让人不能拒绝。"威廉点了点头，然后注视着胡雪岩，"还有一个原因呢？"

"第二个原因，我想我不说威廉先生也明白，"胡雪岩脸色不再那么严肃，而是露出生意人特有的狡黠，"我虽然说是在帮助朝廷做事，但说到底，我是个商人。我们中国商人有句古训，叫做'无利不起早'。我既然从左宗棠大人那里获得了'议事权'，自然不能不好好地加以利用。至于怎么用嘛，就要听一听威廉先生您的建议了。我现在想知道，这100万，威廉先生你的怡和洋行能不能拿出来？"

"哈哈，当然不成问题，"威廉一点都不含糊，"胡先生，虽然你是中国人，但我既然和你谈生意，也不瞒你。我们怡和洋行这些年来，仅仅从事鸦片贸易这一项，所得利润就超过100万。"

威廉丝毫也不隐瞒怡和洋行在鸦片贸易中获得的巨额利益。"另外，胡先生大概也不知道吧？借出的这100万，也并不完全由我们出。我们将会把贵国政府的这一笔借款，印制成债券，在香港和伦敦市场上发行，依靠大众认购的债券来募集资金。那样就不止100万这个数目了。"

"哈哈，威廉先生果然是个痛快人，"胡雪岩见威廉对自己坦诚相告，也就直接讲出自己的想法，"请问，通常发行债券的利息是多少？"

"年息8厘。"

"那么，我们这次借款的利息，就按照月息1厘5毫如何？"

"月息1厘5毫？"

"是的，其中1厘是朝廷的利息，2毫是给威廉先生的，3毫是我个人的经手费用。"

"借多长时间？"

"半年。"

半年，那么利息就是9厘，折合1年计算，就是1分8厘，这在当时的借款中，无疑是最高的了！

"胡先生果然是个痛快人！"威廉先生冲胡雪岩一竖大拇指，"你这么够朋友，我也不能不够朋友。干脆，我的佣金中，再拿出一半来给胡先生，这样我觉得是最公平的，你以为呢？"

"好，就这么定了！"

"一言为定！"

于是，二人握了握手，第一笔的生意就这么谈成了。

胡雪岩顺利地完成了左宗棠托付他的借款重任，名义上是以朝廷的协饷和关税作担保，实际上，则是胡雪岩用自己的阜康钱庄做担保，才赢得了怡和洋行的最终信任。100万两银子如数交付给了左宗棠，左宗棠得以在出征陕甘之初，就具备了充足的粮饷，可以从长计议。

但胡雪岩的商人本色也在此次借款中袒露无遗。他为朝廷借款却从中加息，而且又给了洋人佣金，这固然是一笔不小的收入，但也为将来的事业衰落埋下了祸根。要知道，为朝廷借款，乃是一件公事。而中国人对于办理公事的人从来在道德上要求极严，不容得有一点私心杂念。至于胡雪岩是以一个商人的身份，又以自己的身家性命阜康钱庄作为担保，就没有人去考虑其中的风险了。于公于私，他必须这么做，才能促成这件事情，但他又犯了中国人的大忌，因为这会被认为是将手伸向了朝廷的国库，其罪之大，难以想象！

只不过，初次尝到甜头的胡雪岩是不会去想这一点的。经过左宗棠批准，他很快在上海成立了上海采办局，专门为左宗棠提供西征的另外一项急需的物资：军火。而这又是一单大生意。

当时，在上海经营军火的洋行有很多，著名的有地亚士洋行、麦登司洋行、

胡雪岩：红顶商圣

新泰来洋行、拿能洋行、马德隆洋行、琼记洋行、太古洋行、泰来洋行、德生洋行、香港南利洋行、美国纽约林明敦制造厂等等。最后，胡雪岩经过比较，选择了专营"普国大埠加士答炮局、专铸成灵巧坚固铜炮"的香港南利洋行及德商泰来洋行，精心选择，讨价还价。后膛来福马枪、哈乞开斯、马蹄泥、标针快、利名登、七响、八响、十三响枪……只要是当时最新式的精良武器，统统购买。最具杀伤力的布鲁斯（即普鲁士）后膛螺丝开花大炮，也买了10门，一并运抵陕甘前线，帮助左宗棠攻城略池，甚至还给左宗棠购买了双筒望远镜。

军火生意的利润，自然也不会是少数。十几两银子一支洋枪，胡雪岩购买两万条，稍一加价，即相当可观。

生意人就是生意人，胡雪岩又从左宗棠前线来的书信中觅得了新的商机。原来左宗棠到了陕甘前线以后，出现了大批军士水土不服的情形，因为关外之地连年战乱，瘟疫流行，左宗棠的部队是仓促之间招募而成，没有在塞外作战的经验，一到了当地立即大面积染病。

左宗棠将这一情形告诉了胡雪岩，请胡雪岩代为购买药草转运过去。胡雪岩立即嗅出了商机。

其实，胡雪岩早在杭州光复之后赈济灾民的时候，就曾经延请过众多的名医，免费为百姓义诊。那时候胡雪岩就想过，如果自己能开一家药店，常年向没有钱看病、请不起医生、拿不起药的穷苦百姓散发药剂，这不仅是功德无量的大好事，也符合自己"大济天下"的梦想！

可是，涉足药业，绝非一件轻而易举的事情。不但需要充足的资金，还需要有足够的人才资本。因为做药这一行，除了要有一块金字招牌，例如同仁堂，还必须有几个自己的独门秘方。甚至从某种意义上说，正是这一个或几个独门秘方，决定了你能不能在这个行业立足。

接到左宗棠的书信，胡雪岩将上海的事情略作交代，立即动身赶回杭州，将众多名医请到一起。

"诸位，左大人现在正在前线打仗，然而瘟疫流行，将士多有感染，苦不堪言。请问诸位，可有良方？"

在座的众人，都知道胡雪岩和左宗棠的关系，也知道行军打仗最害怕的就是遭遇瘟疫、瘴气一类的疾病。

"有一个方子，叫做'诸葛行军散'，是三国时候诸葛武侯在远征云南不毛之地的时候，为了应对瘴疠之毒，而遍翻医书，精心研制出来的，据说将士服下此药之后，可以强身健体，诸病不侵。"一个老中医捻着胡子，缓慢地说道。

"哦？诸葛行军散？"胡雪岩一听，自己正需要这样的方子，"那么，这方子现在可有？"

"唉，早已失传了。"

老中医的话令胡雪岩刚燃烧起来的激情陡然被一盆冷水浇灭："这么好的方子，怎么会失传了呢？"

"这个……就不得而知了。总之我等是只闻其名，不见其方。"

"咦，对了！"另外一位白发苍苍的老中医，忽然想起来什么似的，说道，"你们忘记了王士雄公了吗？"

"王士雄公？那是什么人？"胡雪岩好奇地问。

"这个人可了不起哪！他出身名医世家，他的曾祖王学权公、祖父王永嘉公、父亲王沧公，都是了不起的一代大医。王士雄从小耳濡目染，14岁开始钻研医学，17岁开始给人治病，任凭什么疑难杂症，在他手上无不药到病除，医名大振。他尤其善治温热病，道光年间，江浙一带瘟疫流行，人人束手无策，独有这位王士雄公，不避污秽，救治了成千上万的性命。传说瘟疫过后，他根据自己的临床实践，遍阅古书，苦苦思索，终于写就一部《霍乱论》。"

"《霍乱论》？"

"是，我等也是只闻其名，不见其书。不过这部书是王士雄公毕生心血凝集，一定非同小可！说不定在这部书中，会记载和诸葛行军散类似的方子。这是唯一的办法了。"

"那么，这位王士雄公现在何处？"

"哦，他在杭州城陷之时就离开了杭州，听说是到上海去了。具体在哪里就不知道了。"

"不要紧,只要知道人在上海就好办。"胡雪岩一听王士雄人在上海,立即下定了决心。

于是,胡雪岩星夜返回了上海。经过一番打听,得知王士雄居住的地方叫"随息居",他立即赶去拜访。

这是一处深邃、幽静的院子,和外面的繁华、喧嚣不同,院子里一点声响都没有。院子前面的庭院里,开辟了一大片药圃,里面种植着各种各样的药草。来到后院,则见一间陋室,上书"随息居"3个大字。

"请问,梦隐公在家吗?"

"梦隐"是王士雄的公开自号,他还有一个号叫做"湖乡散人",只是知道的人并不多。

半响,只听屋子里一阵咳嗽,接着,走出来一个老者。其时王士雄也不过才60岁,还没有过生日。不过,由于日夜操劳忧心,加上妻子徐氏、次女定宜都在几年前相继染上了"霍乱"而去世,令他备受打击,因此双鬓斑白,看上去似乎已经是风烛残年,苍老之极。

"咳,咳——"王士雄一边咳嗽,一边从屋子里走出来,目光涣散地看着胡雪岩等人,"请恕老朽眼拙,诸位是……"

"晚生胡雪岩,乃钱塘人氏。"胡雪岩一上来先和王士雄攀老乡,好借此机会和王士雄亲近。

果然,王士雄本来潜心著述,不见俗客,但一听是浙江钱塘老乡,顿时高兴起来:"快,快,里面请!"

胡雪岩等跟随王士雄进了屋子,只见里面空空荡荡,一贫如洗。一代大医竟然生活如此清苦,令人心酸。不过在桌子上、地上、床榻上,到处都是散乱的纸张和书稿,或许是王士雄自己知道,他的一生即将走到尽头,正争分夺秒,将自己一生的经验、心得整理成书,以传后世。

"前辈,实不相瞒,晚生等实是为前辈的《霍乱论》而来。"胡雪岩一坐定,立即开门见山。

"哦?"王士雄一生行医,妙手仁术,救人无数,最宝贝自珍的就是这部凝集毕生心血智慧的《霍乱论》。一听说胡雪岩是为了这部书而来，顿时引起了警惕，狐疑地盯着胡雪岩。

"请问前辈，可还记得7年前，长毛攻陷杭州，满城百姓尽遭兵火，死伤无数之惨状？"胡雪岩问。

"当然记得。"王士雄记得那年城破之际是冬天，而自己是在第二年的春天离开的。两个女儿草草出嫁，王士雄带着一摞厚厚的书稿，从杭州城中舍命逃出，来到上海避难。结果，到了上海后，又正赶上上海霍乱流行，来投奔王士雄的妻子和女儿先后染病，不治而亡。

"那么，前辈可知道，杭州光复是谁人之功？"

"左宗棠，"王士雄虽然人在上海，却无时无刻不心念故乡，"左大人救了我杭州一城父老，我如何不知。"

"这么说，前辈也知道左大人是一位匡扶社稷、拯救万民的大英雄、大豪杰了？"胡雪岩问。

"那当然。"

"可是前辈却不知道，如今左大人正在陕甘一带，遭受着瘟疫流行、寒暑交替之苦，随时都有性命危险。三军将士，染病者不下一半。晚生正是受左大人之托，替他寻觅良方，才来求见前辈！"

"哦？原来你是为了左大人的事情而来？"王士雄一听，胡雪岩是为左宗棠和西征的前线将士求药方，哪里敢怠慢，立即问道，"那边究竟是何情形？快详细说给我听。"

于是，胡雪岩将左宗棠的亲笔书信取出，信中详细讲了前方瘟疫流行、死伤无数的惨状。等他看完，胡雪岩才道："我接到书信，和杭州的名医圣手聚集在一起商量，大家都认为，当此之时，非诸葛行军散不可。然而此方早已失传，所能寄予希望的，就是前辈您的《霍乱论》了。"

"谁说诸葛行军散早已失传？我这本《霍乱论》里就记载有诸葛行军散的方子。"王士雄道。

"啊？当真？"

"这个方子,还是我曾祖在他的《医学随笔》里记载的。我也是在抄录这部书稿的时候偶然发现的。"

"那太好了!"

胡雪岩一听,立即扑到王士雄的面前跪下来,"咚咚咚"给王士雄磕了3个响头:"左大人和三军将士性命,全在前辈一人之手。"

"言重了,言重了!"王士雄连忙将胡雪岩扶起来,"左大人于杭州父老乡亲有救命之恩。我王某区区一个方子,又何敢藏私。胡先生请稍等片刻——"

只见他立即铺开纸笔,研开磨汁,龙飞凤舞,顷刻写就了一纸方子,递给胡雪岩,只见上面是:

"牛黄、麝香、珍珠、冰片、硼砂、雄黄,硝石、飞金。"

一共是8味药,每一味药的下面,王士雄又加以说明,注明了详细的分量、制作方法以及用法。

"其实,这个诸葛行军散的方子也没有什么特别出奇之处,最难的是'君臣佐使'。"

王士雄详细给胡雪岩讲解了诸葛行军散一方的用药原理,直听得胡雪岩等人叹服不已。

"前辈,真是太谢谢您了。有了您这个方子,左大人和三军将士就不会有性命之忧了!"

"左大人为国操劳,亲临战阵,没有一个强健的身体,恐怕是吃不消的。我这里正好有几个方子,一并录给你,希望这几个方子可以帮助左大人调理身体,助长精神,早日得胜班师!"

只见王士雄走笔如飞,顷刻之间,又在纸上写了10多个方子,胡雪岩一一接过来看,只见分别是:青龙白虎饮、玉芝丸、苡米粥、雪羹汤、桑葚膏、枇杷叶、天生甘露饮(梨汁)、天生复脉汤(甘蔗汁)、天生白虎汤(西瓜汁)……每一个方子,无不凝集着王士雄毕生的心血和智慧。而如今他竟然毫不藏私,慷慨赠送,足见一片坦荡襟怀!

"多谢前辈!"

下部 红顶商人

　　胡雪岩也知道，王士雄肯将这么多珍贵的方子交给自己，全是因为要感谢左宗棠收复杭州，救了杭州父老乡亲的性命。大家都是性情中人，言语无以表达感激之情，唯有再次叩谢。

　　正是从王士雄这里得到了诸葛行军散的秘方，胡雪岩才迅速制出了大批的药剂，及时转运到陕甘前线。左宗棠和众多将士人人得到了一包诸葛行军散，无不精神大振。而胡雪岩也不失时机，在每一包药上都印上了"雪记"二字，又一次为自己做了一个大大的广告。以诸葛行军散开始，加上后来从王士雄处又得到了许多独到的医术之秘（王士雄当年在上海去世，留下了众多珍贵手稿，著述无数），这就为胡雪岩后来进军药业，创办和同仁堂齐名的胡庆余堂打下了坚实的基础。正所谓"无心插柳柳成荫"，本来只想济世救人，做一桩善事，却因此而达到了胡雪岩的事业最高峰，至今遗泽犹在，令人称道。

第15章

进军北京

在进军北京之前,胡雪岩的阜康钱庄已经拥有上海、福州、宁波等十几家分号,但他最大的心愿,是要在北京开一家分号。

北京是天子脚下,开钱庄除了要有雄厚的财力,自然还要有与众不同的手腕。胡雪岩不愧是胡雪岩,他想到的一个最简单、最直接的办法就是结交权贵。而如何结交权贵?他直奔八大胡同……

开钱庄去找妓女,却不走左宗棠的路线,这是胡雪岩一大高明之处。他和左宗棠结交,仅限于"做事",生意上的事情,从来不和左宗棠谈起。这样一方面可以保证将来出了事不连累左宗棠,为自己保住一个稳定的靠山;另一方面也是取"公私两清"的意思,彼此心知肚明。

胡雪岩的经营奇招果然奏效,他很快揽来了文煜和恭亲王这样的大客户,钱庄一开张,即名震京城……

从同治五年十月离开福州，前往陕甘，到同治十二年底彻底肃清陕甘民乱，左宗棠历时整整7年，才将陕甘一带的熊熊起义烽火镇压下去。这比他所预定的5年时间多出来两年；而7年的时间所耗费的军饷、粮饷，以及各种繁杂琐碎的开支，加在一起高达40148500两。这个令人瞠目结舌的数字，约占当时清政府一年的全国财政收入的一半。

在这么一笔规模浩大的开支中，胡雪岩从上海转运的银两，差不多占了2000万两。而其中3次向洋商贷款，高达500多万两。另外，还有胡雪岩代为购买的洋枪洋炮、火药，几乎以成本价提供给前方将士的药品、棉衣……所有这些加在一起，简直就是一个天文数字。可以毫不夸张地说，没有胡雪岩在后方的坚定支持，左宗棠在前方是无法建功立业、实现抱负的。

左宗棠又何尝不明白这一点。所以，他一凯旋回京，刚动身上路，就立即给胡雪岩写了一封信，要胡雪岩放下手头的事情，立即赶赴北京。信中暗示，他要给胡雪岩邀功请赏。

胡雪岩说到底只是一个商人，如今却有机会上达朝廷，说不定还有觐见皇帝的巨大荣耀。虽然此前的胡雪岩已经得到左宗棠保荐，做了"福建候补道，赏加按察使衔"，但那毕竟都是虚名。如今襄助左宗棠成就大功，左宗棠的高升是笃定的了，那么胡雪岩会不会有机会从朝廷那里得到真正有实权的职务呢？尽管胡雪岩的志向在商场，不在仕途，但毕竟生意做大了，就必须有正式的官职，否则树大招风，很难保住自己辛辛苦苦挣下的家业。

就这样，胡雪岩带着憧憬，也带着惶惧，安排好了家中的一切事情后，悄然动身来到了北京。

正值年末，这时候的北京城是一年里最忙碌的时候。因为北京是天子脚下，朝中有人好做官，所有在京的官员自不消说，到了年末，互相跑动，拉拉关系，亲近亲近。而从各个省来到京城的地方官，则是忙着置办礼物，各自去向庇护自己的官员表显忠心。所以从破晓，街道之上就人头攒动，川流不息。那些身居要职的朝中权贵，门前早早就排起了"轿队"，从早晨一直到深夜，迎来送往，形形色色的人等，怀抱各自的目的，从这里进进出出。

胡雪岩：红顶商圣

这也是胡雪岩第一次来到北京。他一进城门就明显感到了北京和上海、杭州的不同：上海是花花世界，各国人等聚集，从人们的穿着打扮上就可以感受到贫富之别、中西之殊。上海的建筑也是迥然分明的：有钱的人建筑豪宅，花园洋房，精美别墅，一目了然；没钱的人住在破旧的茅棚里，有的甚至就住在船上。上天片瓦遮身，足无立锥之地。杭州的情况和上海差不多，不过杭州是自古繁华，所以那里的人们都懒洋洋的，不像上海新开埠，透着匆忙和鲜活。至于北京，则是完全另外的一派气氛：犹如这里高高耸立的皇墙一样，北京是端庄而凝重的，甚至可以说有一些压抑。这里的建筑除了紫禁城有皇家气派，其他的建筑一律青砖灰瓦，从外表看上去没有任何的特殊之处。人们的穿着也一律呈现出灰暗的色调，走起路来，步调一致，蹑手蹑脚，连说话都细声细气的。街道宽阔，人流川动，然而却绝不闻满街的嘈杂之声。似乎一切都在提醒人们：这里是天子脚下，是一个秩序井然的所在。在这里最重要的一件事情，就是要维护这种秩序。每个人都必须安于在这种秩序架构中的固定身份，绝对不允许有一丝一毫的僭越。如果说在上海最重要的是经济，在杭州最重要的是文化，那么在北京最重要的就是政治。

胡雪岩对于政治，并没有对于经济那么感兴趣。因为他深谙一个规则：经济或许可以靠自己的头脑和双手来实现，而政治上即使你再有才华，也离不开一个最基本的根基：你的靠山。一个人如果没有靠山，或者不懂得寻找靠山，那么就不要涉足政治；当然了，如果你不幸找错了靠山，那么靠山一倒，不但是树倒猢狲散，而且是一损俱损，前程也就完了。

说起来，左宗棠可以称得上胡雪岩的靠山了。不过左宗棠这个人和王有龄不同。王有龄和胡雪岩，是平起平坐，是互为兄弟、互相扶持的。有官和胡雪岩一起做，有财和胡雪岩一起发。而左宗棠呢，从一开始和胡雪岩就不在一个层次上：一个高高在上，一个只能仰望。他们之间的合作，只有一层最简单的关系：事业关系。左宗棠是个做大事业的，是个一心只有家国天下，要在青史册上留下自己声名的人。要做大事业，自然离不开胡雪岩这样的精干之才的辅佐。但左宗棠却从来只问自己的事业，而没有过问胡雪岩的事业。胡雪岩在生意上的事情，没有向左宗棠说过一个字；左宗棠也知道，自己其实并不能帮助胡雪岩实际做什么。他只不过能为胡雪岩提供一个施展才华的舞台而已，正如曾国藩为左宗棠提供了一个辽阔的舞台。

左宗棠在这一点上和李鸿章截然不同。左宗棠的追求是明确的，就是要建功立业，青史留名。他的原则也是很明确的，就是只要有利家国天下，和林则徐一样，"苟利国家生死以，岂因祸福避趋之"。为了江山社稷、黎民百姓的疾苦，是不惜付出自己的一切，不惜为之献出性命的。

因此，左宗棠的用人标准也很简单：这个人只要有安邦定国、匡扶社稷的丈夫之志，有济世渡人、追求大利天下的坦荡胸襟，左宗棠就倾心结交，大力提携。

左宗棠不因公废私，或者说大公无私，这是他和李鸿章最大的区别；李鸿章则是一个只有私而没有公的人。李鸿章用人，从来不以才华和抱负作为选择标准，而只看这个人对自己是否忠心。只要忠心耿耿，就是一个庸才，也要将其保上高位；如果只有才华而没有忠心，不对他奴颜婢膝，那么就是你有岳飞武穆之才，诸葛孔明之智，也不可能得到李鸿章垂青。

二人因人生观、价值观的不同，在朝中的地位不同很快体现出来：左宗棠大才惊世，功劳卓著，却在朝中鲜有替其说话者，其他官员不是对他的功劳视而不见，就是对他的一些细小地方抓住不放，大做文章。而李鸿章就不一样了，他每年肯将上百万两的银子用来贿赂当朝权贵，尤其是权贵身边的当红小人，结果呢，一遇到坏事就有人替其遮掩，好事就有人拼命替其鼓吹。连慈禧太后这样精明的女人，从身边诸如李莲英口中听多了，也觉得李鸿章是可以依靠的国之栋梁。于是李鸿章在朝中地位扶摇直上，左宗棠不在朝中这些年，李鸿章已经耍尽手腕，将自己打扮成曾国藩之后朝中第一汉臣，隐然有领袖群伦、凌驾众人的意思。

这次，左宗棠历经7年辛苦，在陕甘平定民乱，这是多么卓著的战功，又是多么难以办到的事情。要知道，在左宗棠之前，陕甘之乱已经持续多年，朝廷派去的官员和军队无一回还。所耗费的军马粮草，不计其数。以左宗棠的自诩不在诸

胡雪岩：红顶商圣

葛亮之下的用兵布阵，加上后方有一个号称"财神"的胡雪岩，千方百计代为筹措，全力支持，才有了今日之功。可是李鸿章对于左宗棠陕甘建功，却浑然不当做一回事，在朝中造的舆论，反而是攻击左宗棠耗费的4000多万两军饷数目太过庞大。如果将这些钱全部用来放在东南海防，那么中国就已经拥有了世界上最精锐雄壮的海上船队，就可以永远无后顾之忧了。

塞防和海防的老调重弹，使左宗棠和李鸿章的斗争日趋激烈，成为这个年末京城热议的话题。

胡雪岩就是在这么一个复杂而微妙的氛围中来到了北京。一到北京，他顾不得饱览京师秀色，而是一顶轿子直接抬到了贤良寺。这里是外地官员尤其封疆大吏最喜欢歇脚的地方。

胡雪岩来的时候，正是大白天。然而贤良寺里却静悄悄的，原来在这里的官员们都出去"活动"了。从地上昨夜初落的积雪被踩得七零八乱就可以看出这里进出的人们有多少。

然而，独有一间房子的外面有几个军人模样的侍卫，手握腰刀，肃然站立，在忠实地执行警戒。

这正是左宗棠从陕甘前线带回来的将官，也是一并要将他们的名字报上去请赏的。只见这些将官一个个满面风尘，穿着却和寻常的百姓差不多：粗布黝黑的棉袄，脚上踏着厚实的棉鞋。胡雪岩一眼认出，这正是自己为陕甘前线专门运去的棉衣棉鞋，上面还绣着"雪记"的字样呢！

"诸位兄弟，辛苦，辛苦！"

胡雪岩打心眼里对这些在前线征战厮杀的将士充满敬意，上去一抱拳："在下胡雪岩，求见左公。"

"啊？您就是胡雪岩胡大先生？"几个将官，听到胡雪岩的名字不知道几百几千次了，今日才第一次见到真人。

"胡大先生，可真多亏了您，不但给我们送枪送炮，送粮送饷，连这棉衣棉鞋都替我们考虑到了。我们那边的兄弟不知道少挨了多少冻，大家都念着您的好呀！什么时候去兰州，兄弟们请您喝酒！"

"哪里,哪里,我是只恨自己为前线的兄弟们提供的帮助太少,真恨不得和你们一起上阵杀敌呀!"

正在这时候,里面响起一阵爽朗的笑声,是左宗棠听到了外面胡雪岩的声音:"哈哈,外面是雪岩到了吗?"

"左公,是我!"

胡雪岩连忙推门而入,一眼见到左宗棠正站在桌子前,和普通将士一样,身着棉袄棉鞋,手上执着一支大号的狼毫,正在纸上挥毫泼墨。胡雪岩慌忙上去扑倒在左宗棠跟前,跪叩道:

"小人参见左公!"

"免礼,免礼!你我之间,这一套繁文缛节就省了吧!"左宗棠将胡雪岩扶起来,"雪岩,来,看我这几个字写得如何?"

胡雪岩来不及端详左宗棠这分别7年来的变化,先去看桌子上的书法。桌子上,是龙飞凤舞的16个大字:

海纳百川,有容乃大;

壁立千仞,无欲则刚。

"啊?这是林文忠公的话!"胡雪岩因为经常听左宗棠讲林则徐,因此对这句话也耳熟能详。

"不错!"左宗棠点了点头,"这16个字,是林宫保当年和我在船上一夜长谈之后,亲自写下来给我的。我这些年,一有闲暇就写这16个字,仔细揣摩、领悟其中的精义。"

听他这么一说,胡雪岩知道他必有所感,因此也不多说什么,只静静听左宗棠往下说。

"海,所以能容纳百川,成为江河之王,就是因为它自愿处于天下最低的位置。所有的赞美也好,批评也好,都会向它这里汇集,而它来者不拒,从来不会因为这些赞美和批评满溢或者亏损。它始终将自己保持在一个恒定的高度上,不去迎合什么,也不降格以求,就是因为它无边无际的辽阔胸怀,能够做到这一点,就称得上是'大'了!

"山,所以能够傲然挺立,成为最高的凸起,就是因为它不去拒绝最细小的沙粒,不怕去承受天地间最猛烈的风雨。它只是那么全然地耸立在那里,从来不去想自己会不会有倒下去的一天。它不害怕,因为它清楚地知道,自己不是一个孤立的存在,而是和这最广袤的大地在一起。它是最高的山峰,但也是最细小的沙粒。它完全感觉不到'我'的存在,因此叫做'刚'。"

"'大'和'刚',这是我们每个人的人生里所能追求和达到的最高境界。'大'可以帮助我们成就事业,而'刚'则可以帮助我们去面对人生中的任何风雨,所以说'唯大能容,去欲则刚'。"

"'唯大能容,去欲则刚?'"胡雪岩听了左宗棠的一番话,喃喃自语道,"可是怎么去做到呢?"

"雪岩,就拿你我来说吧,"左宗棠给他举了一个例子,"你说说看,你这一生最大的追求是什么?"

"我是个生意人,在商言商。商人这一生一直在追求什么?无非是一个字:钱。不过,如果要成为大商人,仅仅追求钱还不够,还必须去追求'义',也就是如陶朱公那样'富而好德'。"

"'富而好德',不错!"左宗棠点了点头,"要想富,就必须大,必须去辛辛苦苦赚钱,一辈子都不能停下来;但当你赚了足够的钱,就不能只想着拿这些钱去挥霍,要克制自己的胡乱消耗这笔钱的本能欲望,而将这些钱拿出去行德,也就是说给那些更需要这些钱的人用。我常听你讲,要'大利天下',这其实就是'去欲'。你心里装着天下的百姓,就是'大'、'刚',你就真正具备了成为一个大商人的必要条件。雪岩,很高兴你正走在这条路上。"

"多谢左公谬奖!"胡雪岩好奇地问道,"那么左公呢?左公这一生最大的追求又是什么呢?"

"哈哈,这个嘛,来,我给你看——"左宗棠却并不直接回答,而是又提起笔来,在纸上写下几个大字:

　　　　身无半亩,心忧天下;
　　　　读破万卷,神交古人。

下部 红顶商人

"雪岩，你看，这是我青年时期写下的以明志向的对联。那时候，我就已经清楚地给自己定下了人生目标，那就是'做人杰'。何谓'人杰'？就像诸葛孔明那样，不但有经天纬地之才，更有安邦定国、匡扶天下的实际之能。有才有能，还要有机遇，有专门为你提供的施展才华和能力的最适合的舞台。雪岩，你和我现在就正有这么一个大舞台啊！"

"左公是指西北？"胡雪岩听他谈到了现实问题，有些疑惑地问，"可是西北不是已经平定了吗？"

"平定？还差得远哪！"

左宗棠一直神采飞扬，侃侃而谈，如今一谈到西北，却顿时面色凝重，换上了一副严肃的口吻："雪岩，我记得曾经和你说过，我大清的心腹之患，一在西北，是为塞防；一在东南，是为海防。"

"不错。"

"可是，我这几年在西北，一边作战行军，一边深入了解西北的实际情形，我才知道，真正的心腹大患，是西北而不是东南。东南有失，只不过是海上失守，洞开门户，尚且不足以威胁国家根本；而一旦西北有失，新疆、蒙古千里疆域落入英、俄之手，那么陕、甘亦终将不保。西北诸省一去，我大清长城以外再无屏障，到时候英、俄大兵压境，直指京师，我等再想驱逐强虏，固然已是不能；便是想委曲求全，也没有什么筹码可以和对方谈判了！"

"新疆的事情，我也听说了一些。"胡雪岩指的是两年前，俄国公开出兵入侵伊犁，将伊犁据为己有。不但占据了伊犁，俄国又虎视眈眈，将下一个目标指向了乌鲁木齐，狼子野心，昭然若揭！

"你只听说大致情形，却不知道其中详细情况，说起来令人摧肝裂肺！"左宗棠一提起这件事情来，就要破口大骂，"伊犁事件发生后，我第一时间给朝廷上书，朝廷也任命了乌里雅苏台将军荣全改任署理伊犁将军，命他前往伊犁跟俄国交涉，要求俄国撤军。我因为正在肃州，腾不出手，于是请求朝廷派刘铭传出兵伊犁。我那时候甚至想过刘铭传拿下伊犁之后，我就趁机隐退，将整个西北的事情都交给他。可是你知道吗？刘铭传竟然来了个'河湟未靖，转运艰难，江皖之人，又不宜冲寒涉远'。雪岩，你说说看，什么叫做'江皖之人，不宜冲寒涉远'？难道我的湖湘子弟就合该'冲寒涉远'？哼，你说这不是李鸿章在背后捣鬼吗？结果朝廷也真混账，竟然准了他的请求，让他'毋庸出关'，真是无耻之极，无耻之极！"

左宗棠拍着桌子，一连骂了几句"无耻之极"，也不知道是在骂刘铭传，还是在骂李鸿章。

"咱们自己人这么无耻、不争气，俄国人当然和咱们玩起'猫捉老鼠'的游戏来了，一会儿谈判，一会儿又节外生枝，提出一大堆不管疼痒的通商问题、割让额敏河问题等等，避重就轻，最后倒是提出了一个折中方案：将交还伊犁的时间推迟到咱们收复乌鲁木齐之后！"

"无耻，这才是真正的无耻之极呢！"胡雪岩听了，也气愤得不行，不自觉学上了左宗棠的口气。

"唉，你只要去一趟西北，就可以一眼看穿俄国人的把戏，可是现在咱们朝中的这些大员，一个个养尊处优，只知道吃喝玩乐，欺上瞒下，却口口声声以江山社稷为重。如果真是为了江山社稷，就不会有李鸿章提出那种放弃西北、专营东南的荒唐想法！西北一失，半壁江山一去，国家根本摇动，徒然在东南海上陈列几艘战舰，就是再精良有什么用？总不能让天下百姓都丢弃这大好江山，一起跟随皇帝到海上去吧！那样一来，亡种断根岂非就在眼前？"

"正是，左公说得极对。"胡雪岩其实也不懂得什么国家大事，不过看左宗棠如此慷慨激昂，只能随声附和。

"所以，雪岩，我这次请你来，一是为了答谢你这几年在后方给我提供的巨大帮助，我已经给朝廷写了奏折，详细说明了你的功劳，请求朝廷给你封赏。但我有一个更主要的目的，是请你帮助我详细筹划，计算关于收复整个新疆所需要的钱粮兵马等一应费用，拿出一个准确的预算。我已经下了决心，不惜一切代价，就是拼上这条性命死谏，也要说服朝廷，再举西征！"

"好，我做官不做官倒无所谓，既然左公有此决心，我胡雪岩又有什么可说的？但凭左公吩咐！"

于是，胡雪岩从这天开始每天和左宗棠商量，详细计算收复新疆所需要的兵马、粮草、军饷……

然而，正当左宗棠和胡雪岩殚精竭虑，准备拟定一份新疆作战的详细计划之时，一件意想不到的事情发生了。

消息是从东南沿海传来的：就在这一年的四月份，日本组织了一支"探险队"，悍然入侵了台湾。

事情的起因大致如此：3年前的冬天，60多名琉球人到中国朝拜，结果在海上遭遇台风，漂流到台湾南部登陆，并和当地的台湾土著发生了冲突，其中54人被杀害，剩下的12人被清政府送回琉球。这件事情本来不是什么大事，但美国驻厦门的领事、"台湾通"李仙得却意识到这是一个大好机会，于是煽动日本派使臣到中国，询问琉球人被杀事宜。清政府对此回答是："杀人者皆属生番，故且置属化外。"结果因此给了日本一个借口，既然这一部分台湾生番是"化外"，不服从中国管教，那么就应该由日本来"问罪"，于是日本在这一年通过了《台湾番地处分要略》，并随即组成一支3000人的"台湾生番探险队"，由陆军中将西乡从道率舰队径直入侵台湾，并在琅峤成功登陆，建立都督府。

日本的这一举动，传到北京紫禁城，朝野上下大为震惊。这也为李鸿章等人力陈海防的重要性提供了一个重要的依据。清政府一面通过外交立即向日本政府提出质问，一面付诸军事行动，派福建船政大臣沈葆桢率军直赴台湾。中国与日本的海上争端由此开启。

正是因为日本"侵台事件"的爆发，使得左宗棠和李鸿章的塞防与海防的个人之争上升成为朝中两派力量的大论战。支持左宗棠塞防的有湖南巡抚王文韶、山东巡抚丁宝桢、江苏巡抚吴元炳、漕运总督文彬等人。而支持李鸿章海防的则有浙江巡抚杨昌浚、两江总督李宗羲、湖广总督李瀚章、福建巡抚王凯泰、江西巡抚刘坤一、督办台湾钦差大臣沈葆桢等。论战一起，顿时唇枪舌剑，一时间紫禁城内唾沫星子横飞。

面对这场关系到国家未来命运的大论战，胡雪岩除了静等结果出来，没有任何的事情可做。

但胡雪岩又是个闲不住的人。要他在京城里这么白白空等，他可做不到。这不，他一有闲暇，立即又先想到了自己的老本行：钱庄。他不是一直有在北京开一家阜康分号的想法吗？干脆利用自己在京城的这段时间谋划一番，看看有没有可能将自己的梦想变成现实。

胡雪岩说干就干，立即和恒利、恒和、恒兴、恒源京城四大钱庄进行了联络沟通。其时大家并不知道这个胡雪岩是多大来头，只知道他在浙江那边有些实力。但仅仅依靠雄厚的财力，在北京开钱庄还远远不够。在北京开钱庄和在外地不同，北京的达官贵人多如牛毛，而每个人的钱财来路又不一样。有的是公开的，有的是隐藏的，公开的钱可以存在赫赫有名的大钱庄，但那些见不得人的钱，就必须交给极为牢靠的自己人开的钱庄，否则，宁肯放在自己家里，埋在地下烂掉，也不敢轻易拿到外面来，这种灰色收入，叫做"见光死"。

所以，在京城开钱庄，第一件要做的就是结交权贵，而如何结交权贵，对生意人来说真是一门大学问。

幸而，胡雪岩不是一个门外汉。他在杭州的时候就知道有一条捷径，是可以在最短时间内结交上权贵的。而这条接近权贵的捷径，就是女人。

一般来说，那些声名显赫的权贵，地位高，架子也大，如果你通过正常渠道去登门拜访，那么不用说，你连人家的面也见不上。即使送了厚礼，侥幸见到了，也不可能立即建立感情。

但通过女人介绍就不一样了。对男人来说，彼此共同认识一个私交甚密的女子，则仿佛彼此间就存在了一个共同的秘密，就有了话题和亲近的机会。这时候，双方的身份便只是赤裸裸的男人，而没有什么权贵或者商贾之分。所以胡雪岩知道，要结交权贵，一定要去找女人。

不管在杭州也好，上海、北京也罢，这样的女人都是非常容易找到的。只要你肯打听，肯花钱，立即会有人给你介绍情况。这不，胡雪岩就被拉到了八大胡同，来到一处"清吟小阁"。

顾名思义，清吟小阁是一个专门饮茶、谈棋、听戏的所在，是烟花风流之地中的上等场所。这家清吟小阁的阁主叫做翠玉，属于"南班"，据说是苏州人，年方二八，才艺惊人。

这天胡雪岩来到清吟小阁的时候，天色尚早，然而在二层小楼下的天井里，早已坐满了等候一睹翠玉秀色的客人。这些客人有的在喝茶，有的在下棋，其实都不过装腔作势，一心只盼自己幸运，能得到翠玉姑娘的垂青。胡雪岩不动声色，在人群中坐了下来，静静等候。

上灯时分，是八大胡同里最热闹的时刻。各个院子里的灯火都亮起来了，酒足饭饱的客人从四面八方坐着轿子赶到这里，进入到一个个莺语浪声的小院子里去，那里或者琵琶轻拨，或者琴声悠悠，这是上等的"班"；至于次一等的"茶室"，则是麻将的清脆撞击之声，此起彼伏，不绝于耳；再次一等的"店"、"下处"，就是一片嘈杂，划拳、博戏，乱作一团了。

灯笼挂起，月上柳梢，翠玉姑娘终于出来了。只见她面似银盆，眉如弯月，明眸皓齿，那勾人魂魄的目光向下面一扫，顿时引起一片惊呼。她的个子并不高，是江南那种小巧玲珑的女子。一袭华丽的旗袍，裹着线条曼妙的身子，脚上穿着一双绣花小鞋，正显出三寸金莲的婀娜纤巧。真个是全身上下，无一处不美，无一处不让人想入非非，连胡雪岩都不由地为之一震！

翠玉姑娘莲步轻移，从屋子里出来后，在二楼的露台上坐下，那里早摆好了一把椅子，一碗新茶。

只见翠玉姑娘坐下后，先将那茶碗捧起来，揭开盖子，轻轻吹拂上面的茶叶，抿了一小口。

院子里个个都屏住了呼吸。因为大家都知道，翠玉姑娘接下来就要开始献唱了。这是每天的例行节目。

翠玉姑娘是苏州人，当然唱的是苏州那边最流行的昆曲，据说这还是沈庄沈万三的最爱：

梦回莺啭，乱煞年光遍，人立小庭深院。

炷尽沉烟，抛残绣线，恁今春关情似去年。

晓来望断梅关，宿妆残。你侧着宜春髻子恰凭栏。

剪不断，理还乱，闷无端。已吩咐催花莺燕借春看。

> *云鬟罢梳还对镜，罗衣欲换更添香。……*

一曲《牡丹亭》中的《游园惊梦》，缠绵低回，歌声婉转，风流不胜，真个是令人倾倒，魂飞天外……

"好！"

等翠玉姑娘一曲唱罢，众人轰然喝彩。翠玉姑娘起身微微一躬，将那目光在人群中一扫视，便回去了。

接下来，就是最为热闹的一刻：人人都从身上争着掏出来银子、戒指、项链、各种奇珍异宝，放在每个人身前的小盘子里，只盼自己能得到姑娘的垂青，与之共度良宵，留下一夜风流的佳话。

胡雪岩这种场面见得多了，略一思忖，有了主意。只见他不慌不忙，从口袋里掏出来银票，放在盘子上。

等那收盘子的小厮过来，一看盘子里有两张银票，一张是50两的，另外一张却是空白。

"这50两，是给你的小费。至于这张空白银票，请你去交给姑娘，就说我姓胡，从杭州来的。"

"多谢胡先生！"

听说这50两银子是给自己的小费，小厮不由得对胡雪岩大为恭敬，心想今天可碰到了真"财神爷"了。

不用说，小厮立即端着盘子进去，将胡雪岩的这张空白银票交给了翠玉姑娘。果然，翠玉姑娘一见那空白银票，顿时愣住了。

这也正是胡雪岩的高明之处。因为他知道，自己初来乍到，就是奉上1000两的银票，也不见得能够引起翠玉姑娘的注意。要想引起她的注意，非得用奇招不可。所以，他就来了这么一招。

"那位送空白银票的先生，姓什么？"

"姓胡，说是从杭州来的。"

"还说什么了？"

"没有。"

翠玉姑娘不由暗暗纳闷，猜不透这位胡先生是什么用意。要知道，翠玉姑娘在这里接待的京城大员，各省富商大贾，没有1000，也有800，从来没有见人送过空白银票。因为这里面的含义太深了：那是表示对翠玉姑娘绝对的信任和忠诚，你只要在这上面填上数额，不管多少，一律照付！足见来人求见她一面的深切期盼，也足见此人对自己财力的巨大自信！

"请胡先生来见！"

"是！"

于是，这一晚上的"花魁"就是胡雪岩了，其他人见他起身跟着小厮上楼，一个个纷纷将饱含怨毒、利箭一样的目光射向他，真恨不得将他攒射成一个刺猬。胡雪岩却对此浑然不觉。

胡雪岩来到二楼，进入翠玉姑娘的闺房，先闻到一股淡淡的香味。然而屋中并没有点香，可见这香气是从翠玉姑娘身上发出来的。幽幽的灯光下，翠玉姑娘正在等候他到来。

"翠玉姑娘，在下杭州胡雪岩有礼了！"

"胡先生太客气，请坐！"

胡雪岩坐下来后，一眼看到自己送上来的银票正摆在桌子中央，显然吸引翠玉注意力的目的已经达到。

"胡先生是杭州人？"

"不错。"

"什么时候来的京城？"

"已经半年了。"

"哦？胡先生来京城是公干，还是私事？"

"是公干，也是私事。"

"哦？这就令人难以明白了。"

"说公干，是因为我是奉了陕甘总督左宗棠左大人的召请，才来京城的；说是私事，是因为我早想在京城做一点事情，借这次进京的机会，正好在京城考察一下，看看有无立足的可能。"

"胡先生想在京城立足？胡先生做的是什么生意？"

"钱庄，"胡雪岩用手指桌子上的银票，"这上面的阜康钱庄的字号，就是我的本业。我在湖州、上海、宁波、福州等地，一共有6家联号，但我这一生最大的一个梦想，是在北京开设分号。"

"胡先生要在北京开设分号，应该去找钱庄的同行，四大恒的老板，我都认识，要我给胡先生介绍？"

"不，不用，"胡雪岩连忙道，"四大恒的老板，我都见过了。他们对我开设分号的事情，提了不少建议。"

"那……"翠玉姑娘流露出疑惑不解的神态，将桌子上的银票拿起来，又在眼前看了看，"这是什么意思？"

"姑娘不必多心，"胡雪岩开门见山，直截了当，"实不相瞒，这是我送给姑娘合伙入股的本钱。"

"什么？你要我入股？"

"正是。"胡雪岩淡淡一笑，肯定地点了点头。"因为我要开的钱庄，不是普通的钱庄，而是要做京城第一家。"

"京城第一家？"翠玉姑娘这才意识到，自己面前坐着的这个人，绝对不是普通的生意人。

也许她这些年来接待过的客人不下百千之多，但真正决定她命运、将改变她人生的，无疑是眼前之人。

"请问胡先生，要我做什么？"

"也不需要做什么。我知道姑娘认识不少的朝中大员，我只求姑娘给我从中穿针引线，和他们结交。"

"我明白了。胡先生是希望拿我来当一块跳板，以便跳到那些达官显贵的肩头上去。可是有一点我不明白。"

"姑娘请讲？"

"胡先生既然有左宗棠左大人这么一棵参天大树作为庇护，为什么不通过左大人的关系去走通路子，而非要来求助我这么一个弱女子？"

"哈哈，姑娘有所不知，我和左大人之交，是君子之交。我只求有机会襄助他做事情，其他的一概不求。"

"哦，原来胡先生是想和左大人一道，青史留名。"翠玉姑娘冰雪聪明，一点就透，"名利不能双收，既然胡先生在左大人那里已经求到了'名'，就不能再求'利'，所以胡先生才要另辟蹊径。"

"姑娘果然是个聪明人。"胡雪岩也不掩饰自己，点了点头。"我果然没有看错姑娘。不知道姑娘肯帮忙否？"

"我是在帮胡先生，也是在帮自己。"翠玉姑娘这才将银票收起来，"这入股的股金，我就不客气了！"

从这天开始，胡雪岩便每天来到清吟小阁，由翠玉姑娘负责给他引荐京城的大大小小的官员。

第一个被介绍给胡雪岩的就是文煜。文煜是福州将军、闽浙总督，后来因为不得慈禧太后欢心，被去了职。他最担心的，就是自己辛辛苦苦搜刮来的近百万两银子会被朝廷抄去，可是要存在京城的四大恒钱庄，那里遍布朝廷的眼线，一旦被追究起来，到时候可就糟了。

当时，文煜听说过一个故事：

有一个官员，将自己索贿得来的60万两银子存在京城一个钱庄里。这事被钱庄的伙计看出了破绽。于是伙计将消息透露给了这位朝中官员的死对头。那个对头正苦于抓不到把柄，得到消息后立即给朝廷上了一道奏折，进行参劾。这一下前面那个官员惨了，如果承认是自己的银子，那么头上的红顶子必然不保。他只能一口咬定，那银子不是自己的。结果，这60万两银子就被那个钱庄伙计和他的朝中对头平分，一人得了30万。真是有苦说不出！

文煜可不想发生这样的事情，所以一直在犹豫。当他在翠玉那里听说了胡雪岩后，立即约胡雪岩到自己府上谈话。

这天，胡雪岩如约来到文煜的府上。文煜住的是自己买的一座院子，亭台楼阁，假山池沼，一应俱全。

见了面后，胡雪岩首先按照官场上的一套礼仪和文煜相见。如今的胡雪岩，也是正经八百的布政使（从二品）了。

客套之后，文煜立即转入正题："听说胡大人要在京城开一家钱庄，还要做京城第一家？"

"不错。"胡雪岩知道是翠玉姑娘在文煜的耳边吹了风，因此立即接过话来，"我胡某人做事情，要么不做，要做就要做到最好。我在杭州的阜康钱庄，包括各地的分号，都是第一家。"

"可我怎么听说，你在杭州的阜康钱庄，里面有不少'长毛'的逆款啊？你就不怕朝廷追究你一个窝藏之罪？"

"哈哈，我是个生意人，做钱庄只知道吸收外来存款，从来不问来存款之人的身份来历。那些说我吸收'长毛'逆款的人，只怕也拿不出什么证据来吧？再说，我当时是禀报过左大人的，要'长毛'交纳罚捐，以用作救济百姓、善后之用。这一点可以去当面询问左大人。"

"算了，不用了，我知道你是左大人跟前的第一红人，他自然是要为你说话的。再说，我管这个干什么？"

文煜其实只是试探胡雪岩，看他胆子究竟有多大。眼见胡雪岩面不改色心不跳，足见定力过人。

"对了，我还想问一个问题。在你那钱庄存款，麻烦不麻烦？可有什么繁琐的手续没有？"

"什么手续？只要有一个名字，立一个户头，开一个折子就行了。"

"真的？"

"哈哈，我们开钱庄，是认钱不认人。我们才不去管这笔钱究竟是怎么来的，是什么人的。"

"好，那就好。"

文煜和胡雪岩经过一番交谈，对胡雪岩非常信任："老弟，我最后问你一句，你钱庄什么时候开业？"

"就定在这个月15日！"

"好，到时候我一定去捧场！"

到了这个月的15日,胡雪岩果然在东四的四大恒钱庄的边上挂起了自己"阜康顺天钱庄"的牌子。

开业的这一天,来祝贺的商业同行着实不少,不过大都是来看热闹的。谁也不相信,胡雪岩初来乍到,会一上来就弄出什么名堂,和"四大恒"打擂台。但令他们难以置信的是,从早晨一开业,就有各色的人等从四面八方涌来这里,这些人都很神秘,轿子一直抬到门口,轿子中的人直接进了钱庄的密室,开了户头,立了折子后,立即上轿而去。有好事的跟随轿子而去,回来传来的消息令人震惊:这大部分的储户,竟然是八大胡同的那些个妓女!

能够吸引到八大胡同的众多妓女来存款,是胡雪岩的一大高明之处。而更令人震惊的,是有两顶轿子的来头更加大得了不得:一顶轿子是文煜文大人,另一顶竟然是当朝权贵恭亲王的。

很快有消息从阜康钱庄顺天分号里"泄露"出来,开业第一天,收到的存款就达到了150万!

这是怎样的一个天文数字!这又是怎样令人叹为观止的经营能力!胡雪岩和他的阜康顺天分号,一下子在京城里成为了一大新闻。从第二天开始,人们纷纷揣着银子,涌向这家神秘钱庄……

第16章

胡庆余堂

同治皇帝的突然驾崩,使得朝中左宗棠和李鸿章的塞防、海防之争暂时搁置下来。胡雪岩离开京城,返回杭州,却因为从国药堂"种德堂"为母亲取回的药发霉变质而大发雷霆。

一番吵闹过后,胡雪岩和母亲商量,决定自己开一家国药号。这也是胡雪岩唯一的实业经营。

胡雪岩做什么事情都是大手笔,听说圆明园有一批废弃的上好木材,他竟然动了心思,重金买了过来……

"庆余堂"的名号取好以后,胡雪岩又亲自为药店制定了规矩,其中第一条就是:"戒欺"。

胡雪岩深知,经营药店,是"仁术",而不是"商术",其目的是"济世救人",而不是"大发横财"。所以,以诚经营,以信取利,以义扬名,以德传世,就成为他立店的16字方针。

同治十三年的这个冬天，对北京的人们来说实在是太冷了。不但天寒地冻，酷冷难当，人们的心里更笼罩着一层比天气还寒冷10倍的伤痛之情。因为只有20岁、刚刚亲政不到两年的同治皇帝，竟然不知道得了什么急病，驾崩了。据宫里传出的消息，他得的是天花，这是令清朝皇室最谈虎色变的一个病魔：顺治皇帝就是被这种病夺去了年轻的生命。康熙皇帝得以继位，也正是因为他曾经得过天花而未死、已经具备了免疫能力。后来，虽然发明了以牛痘接种来预防天花的办法，但天花给清朝皇室留下的巨大恐惧，已经如同梦魇一样挥之不去。如今，听说同治皇帝又因"天花"去世，人人无不扼腕！

但也有另一种更加令人惊骇的消息在秘密流传：同治皇帝得的并不是天花，而是梅毒。以皇帝之尊而得这种令人不齿的疾病，令人费解。但懂得宫内实情的人都明白，同治皇帝其实因为大权一直被慈禧太后把持，早就郁闷无比，私下里不止一次潜出皇宫，到八大胡同一带寻欢作乐。由于纵欲无度，结果就染上了这种不齿之病，延迟治疗，最终一命呜呼。

不管怎样，同治皇帝龙归九天是确凿的事实。朝野上下，顿时一片哀悼之声，京城内外，尽皆缟素，如同降落下一场大雪。

在这么一种压抑而伤痛的气氛里，关于"塞防"重要还是"海防"重要这个争论了近一年的大议题，也只能暂时被搁置下来。左宗棠、李鸿章等人均不得不偃旗息鼓，一心一意为皇帝守丧。

而在京城刚开了"阜康顺天分号"的胡雪岩，也在这国丧的沉痛气氛中不得不暂停营业。

正好在这时候，他接到了来自杭州的家信：母亲金氏日前偶然得了风寒，卧床不起，要他马上回去！

"啊？娘病了？"

胡雪岩是个大孝子，自从12岁失去父亲以后，他就和母亲相依为命。在他眼中，母亲大如天。所以，一听说母亲得了病，胡雪岩二话没说，立即去和左宗棠请了辞，然后将钱庄暂且关闭，等100天的丧期满了以后再行开业。他立即收拾行囊，出了京城，连夜南下。

幸好，等胡雪岩一路兼程赶回家中的时候，母亲的病并没有恶化。吃了几服药，精神好多了。

"娘，不孝儿回来晚了！"

尽管如此，胡雪岩还是深深自责，责怪自己耽于生意而忘记了母亲已经是70开外的高龄了。他一进门顾不得换衣服，立即去母亲房间里，跪倒在母亲的床前："娘，您不怪我吧？"

"顺官，娘怎么会怪你呢？"金氏虽然上了年纪，身子骨却一向硬朗，眼不花，耳不聋，心里也跟明镜似的。儿子这些年为了事业更上层楼，在上海、北京等地打拼，金氏是清清楚楚的。很多人到了胡雪岩这个份上，都会放弃打拼，在家里坐享其成，但胡雪岩知道自己和那些人不一样：他要赚更多的钱，以便自己有更大的财力，救济更多的百姓。

这些年，胡雪岩尽管在外面忙于生意，但在家中，以母亲金氏的名义所做的善事着实不少：例如出钱修义渡、架桥、购买棉衣之类的施舍给穷苦人家，比如施粥、舍药……

这些事情，一桩桩，一件件，看起来都不怎么大，可是最后一算账，几年下来，也有二三十万两银子！

金氏信佛，每天给菩萨烧香磕头，求菩萨保佑儿子。许了愿之后，就要还愿。这些善事，都是在佛前许下的。

"顺官，娘这次病得很厉害，娘真怕等不到你回来呢！"

"娘，您这是什么话？您身子骨这么硬朗，活到100岁都没有问题！以后不许再这么说了。"

"儿啊，你一回来，娘什么病都好啦！这一次，咱们一家人团圆，可以热热闹闹过个年啦！"

金氏的精神虽然大见好转，但她的病其实仍在反复。于是胡雪岩给她请来最好的医生，诊断过后，开了方子，又派人去杭州最好的国药堂"种德堂"照方抓药。抓回药来，胡雪岩亲自在火上煎熬，煨好了，吹得不热不凉，端到跟前，一勺一勺地喂给母亲吃。

这天，下人按照方子，又去种德堂抓了药回来。不料，胡雪岩一打开药包，首先闻到一股变质的霉味。从大名鼎鼎的种德堂抓来的药，竟然会是变质的霉药，这还了得！

"去，将这药给换了！"

胡雪岩立即让人带着药回到种德堂调换。不料，一会儿伙计回来，垂头丧气道："人家不给换！"

"为什么？"

"他们说这药并没有问题，虽然发了一点霉，在太阳下一晒便好。他们种德堂便只有这样的霉药。"

"岂有此理！"

胡雪岩一听，顿时眉头皱了起来："难道你没有告诉他们，这药是抓回来给老夫人吃的吗？"

"我说了，是胡大老板给老夫人抓的药，可是种德堂却说，就是当朝一品诰命夫人，也只能吃这个药！"

"哼，我看他们也太狂妄了！"胡雪岩听了，真是气不打一处来，"走，我亲自去找他们评理去！"

胡雪岩没有惊动病中的母亲，悄悄拎着药出了胡家。那下人一看情势不对，立即在后面招呼了一群家丁，大约20多人，在胡雪岩的后面远远尾随，以便发生不测好上前助阵。

种德堂位于临望仙桥直街，后通吉祥巷，右靠百岁坊巷，占地7亩多。其规模在当时杭州城内首屈一指。创办种德堂的老板姓叶，鸣鹤人，叫叶谱山，素精医理，曾为朝廷御医。告老还乡以后，就在杭州最繁华的钱江渡船码头望江门外开了这家药铺，取苏东坡《种德亭》诗"名随市人隐，德与佳木长"意，取名为"种德堂"，但行善事，不求名利。其开店所依仗的，不但有众多的古方、宫廷秘方及祖传验方，更依靠那种童叟无欺、货真价实的商业理念。例如，雄鹿是配制大补全鹿丸和鹿角胶等高档补品的主要原料，当时，种德堂饲养的鹿常年都保持在200只以上。每逢到了宰鹿的时候，提前一天披红结彩，挂牌通告，第二天敲锣打鼓，将鹿从后门抬出，沿着大街游行，吸引市民前来看热闹，然后从前门抬回店内，当场用绳索将鹿缢死，剥皮取料，让人看个明白，买个放心。

另外，对于煎制各种成胶，特别是驴皮胶，煎胶的用水，都取自西湖。当时店内放着七石大缸数十只，每逢取水的时候，雇用身强力壮的十几个小伙子，每人担一副木桶，从西湖中汲水，一路走一路吆喝，进店以后将水倒入缸内，再用食糖和明矾沉淀后，取水煎膏。制成的煎膏，必须要放上整整3年，等满3年以后再拿出来卖，提前一天都不行……

就是这么一个声誉卓著的种德堂，如今卖给胡大老板的药居然是发了霉的，这岂非笑话？

胡雪岩亲自拎着发霉的药来到种德堂，虽然在气头上，却并没有要大张旗鼓的意思。因为他自己就是生意人，知道如果吵闹起来是生意人的大忌。做生意讲究"和气生财"，最关键的是要有一个好的经营氛围。因此胡雪岩抱定了和对方说理的想法，不吵不嚷地进了种德堂。

"哎哟，这位先生来了，您拿什么药？"

"我是来退药的。"胡雪岩将手里印着种德堂字样的药包举起来，"你们给我抓的药是发霉的。我要退换。"

"发霉？"那个伙计将药接过去，不去看药，却上下打量胡雪岩，"哟，看你的样子，也是胡府上的吧？"

"不错。"

"怎么，是你们胡大老板让你来存心捣乱不成？"那伙计轻蔑地道，"我刚和你们那里来人说过了，药发了霉，是因为天气潮湿的缘故，拿回去在太阳下一晒就成了。你就是拿回来换，我们也没有其他的。如果你一定要退，我们给你钱，你去别的国药号另外抓药好了。"

"你们种德堂，就是这么做生意的吗？"胡雪岩没想到，对方不但公开卖发霉的药品，而且态度这么蛮横无理，"将发霉的药卖给病人，如果病人吃了没有药效，耽误了治病，你们可担得起责任？"

"怎么，这位先生是要来讹我们的吗？你的药还没有给病人吃，怎么知道会出问题？"

"等出了问题，就是把你们整个种德堂拆了，也赔不起我！"

"好大的口气！我们'种德堂'自从叶大先生创立，已经一甲子了，还没有人敢这么来耍横！"

"那是你们没有碰到过厉害的。"

"你是指你们胡府上的胡大老板吗？别看他在杭州开钱庄、当铺样样在行，那不过是因为有当官的在背后撑腰，再加上他胆子大。哼，有本事他自己开一家药铺子试试。这玩意儿可得有真才实学。像我们叶大先生，那是从宫里出来的，给皇帝看病的。他创下的招牌，谁敢来拆？"

"我也不用自己来拆，总有一天，我要你们自己摘下这块招牌！"胡雪岩撇下一句话，冷笑而去。

他并没有吐露自己的真实身份，不过那伙计的话还是深深地刺激了他：哼，说我胡雪岩是靠结交官府和胆子大才创立了今天的局面，说我没有真才实学，开不出一家像样子的药店？开药店有什么了不起，满打满算，有个二三十万两银子就够了。再加上自己制作"诸葛行军散"，有一批从王士雄那里得来的方子，支撑起一家药店足够了。再聘请一个专业的掌柜，不就行了？

这么一想，胡雪岩觉得自己开一家国药店也不是什么难事。他一回到家里，就跟娘说了此事。

"娘，我想自己开一家国药店。"

"开国药店？为什么？"

"娘，您不是一直劝我多行善事，为胡家后代子孙多积一些德吗？我想过了，要积德行善，最好的办法就是开一家国药店。一来开药店这种事情可以稳定获利，利润虽然不厚，但只要取什一之利，就可以自给自足，长期经营；二来可以扬名，咱们胡家宗族上，没有出过什么大官，我虽然如今是从二品，也只是虚衔。真正要使列祖列宗显贵起来，只能靠在百姓中赢得口碑。我连药店的名字都想好了，咱们家祖宗的堂号不是'承庆堂'么，干脆就用'承庆堂'这个名字如何？"

"不好，不好，祖宗的堂号，岂是随便用的。你再想一个。"

"再想一个？"胡雪岩的目光，正好落在佛堂前的一副对联上："积善之家，必有余庆。""有了，叫'余庆堂'如何？"

"余庆堂？"金氏还在琢磨这个名字，忽然，胡雪岩想起来什么，一拍自己的脑门。

"糟糕，我差点忘了，我收藏的一块字匾里有一块是秦桧的手笔，就叫做'余庆堂'。如果取了这个名字，人家还以为我要给秦桧这个大奸臣做宣传呢，还不连招牌都给拆下来，怎么做生意？"

"那就颠倒一下，叫'庆余堂'。"

"庆余堂？不错，果然很不错！"胡雪岩灵机一动，"对了，我将秦桧的那三个字重新排列一下，就用秦桧的手笔。这倒是一个不错的宣传，起码可以叫大伙儿都知道我开了家国药店！"

于是，这件事情就这么定了下来。要开国药店，第一件事情就是选择一个合适的营业地点。

胡雪岩经过斟酌，将地址选择在吴山脚下，收购了南宋太平惠民和剂局的一个熟药局，作为自己的立足之基。

选择这个地方，有几方面考虑：一是这里正好有一家熟药局，是当时的官方药局，只有胡雪岩敢吃下来。二是这里紧倚吴山，吴山是西湖之畔的第一峰，灵秀荟萃，名声远扬。三是吴山上有一座城隍庙，城隍庙的香火非常兴旺，将药铺设在上山下山的必经之路，不愁没有顾客上门。

如何建造店铺，是胡雪岩非常重视的一件事情。他做事情，要么不做，要做就做到第一，与众不同。

为此，胡雪岩特地重金聘请了一个造园名家尹芝，来为"庆余堂"设计。此人在北京曾经设计王府，气派很大。他来吴山脚下实地考察后，很快给"庆余堂"设计了一只仙鹤的形状。仙鹤栖息在吴山脚下，这种灵韵飞动、吉祥如意的造型设计，令胡雪岩非常满意。

光有独具一格的设计还不够，还要有独一无二的建筑材料。一次，尹芝在和胡雪岩谈起一桩趣事。

"雪翁,您在京城时去过圆明园没有?"

"圆明园?那是老佛爷住的地方,便是朝中大员,也不是可以随便出入的,我哪里有机会进去?"

"我却有机会进去过。"尹芝是造园大师,当然不会错过圆明园这样的"万园之园"。尽管圆明园在咸丰年间经过一场大火,已经基本上被烧毁,但还是吸引着无数的造园圣手、建筑名匠前去观赏。尹芝就花了重金,打通了关节,在一名太监的带领下悄悄地游览了一遍园子,获益匪浅。

"雪翁,您知道吗?听说这个园子,本是皇帝要孝敬老佛爷,花了一大笔银子,购进上好材料,准备重修的。老佛爷却以为是皇上要她远离朝政,一怒之下,将其囚入园中,将所有工程都停了。"

"可惜,可惜!"胡雪岩叹道,"这样一来,只怕再也无法重睹'万园之园'的绝代风采了!"

"工程停建,最可惜的还是那些材料。砖石之类倒也罢了,尽管奇异名贵,却不怕风吹雨打,搁置下来倒无所谓。最令人痛心的是那一批据说从番邦进贡来的铁糙木,派不上用场,就被当做普通的木料,胡乱丢弃在外面,实在是可惜啊!简直是暴殄天物,浪费之极!"

"哦?什么叫做铁糙木?"

经过尹芝一介绍,胡雪岩才知道,铁糙木木质近似铁梨木,但纹理较直,花纹不那么漂亮,呈暗黑色,光泽少。这种木头最大的特点,就是坚硬如铁,可以历千年而不坏。

"这么好的木头,的确可惜了。"

"不过,我听宫中的太监说,老佛爷有意将这批木头卖出去呢,只可惜没有人敢接手这笔生意。"

"别人不敢接,我接!"

胡雪岩一听有这种好事,顿时豪情顿生。你想,如果将皇家用来修复圆明园的铁糙木买回来修建庆余堂,那将是怎样的豪举,又将怎样在江南的民间引起轰动，传为佳话。仅仅冲着这一点，人们就会相信：庆余堂绝不仅仅是一家普通的药店，而是要传诸后世的。

"雪翁真的要接手这批铁糙木？"

"不错，只是不知道怎么个接手法？"

"这件事情，说难难于登天，说简单却易如反掌，"尹芝在胡雪岩耳边低声道，"我认识恭亲王奕訢的儿子载澂，只要通过他走他父亲的路子，就可以通到老佛爷那里，只要如此如此……"

胡雪岩立即按照尹芝所说的，给他办好了两件进京的礼物：一件是专门给恭亲王的孝敬，黄金1000两。恭亲王本来就在胡雪岩的"阜康顺天分号"存有秘款，此次又得胡雪岩馈赠，自然要为他说好话；另外一件礼物是给慈禧太后的西瓜大的翡翠雕刻的"松鼠偷葡萄"珍品。

果然，尹芝将这两件礼物带到北京，恭亲王立即去见了慈禧，将胡雪岩要购买圆明园木材在江南建造国药店的事情说了。慈禧太后对于浙江富商胡雪岩在帮助左宗棠西征中建功立业，印象深刻，一听他又要在江南开办药店，济世救人，也就乐得做个顺水人情，点头答应了。

不久，尹芝便办理好了一应事宜，亲自押着这批皇室木材，通过大运河一路直下，回到了杭州。

诸事齐备。图纸有了，木料也有了。尹芝立即率领众人在吴山脚下开始了庆余堂的精心建造。

与此同时，胡雪岩也没有闲着，在杭州直吉祥巷平阳里设立了"庆余堂雪记药号"筹备处。他邀集众多名医、中药界人士，共同商讨药店的建立以及经营方针。

一上来，胡雪岩就告诉大家：

"我胡某人有钱庄，有当铺，有的是钱。所以，我开设庆余堂，目的只有8个字：积德行善，济世救人。我要办的是百年老店，绝不赚昧良心的钱。

"我开店的原则很简单，只有两点：第一是求真，第二是戒欺。很多人都跑来问我，我胡某做人做事，一向都很顺遂，可有什么诀窍？我的回答是，哪里有什么诀窍，不过就是真性情而已。能见真性情，方是真正的男子汉、大丈夫。一个人连自己的真性情都不敢坦荡地亮出来，别人又如何敢和你真心结交？不以真心对真心，又哪里会交到一腔赤诚、两肋插刀的真朋友？

"我胡某做人做事如此，我希望我开的国药号庆余堂也是这样。咱们卖的是药，不是别的，这是关系到大伙儿身家性命的。一包药剂出去，很可能就关系到一条性命，甚至一个家庭的兴衰。有时候，一味药中出现一点小问题，有一味药材的选料不精，药力差了那么一点点，就可能酿成重大祸患。所以，我希望从选药材到制药的每一个环节，都做到务真、务精。

"关于第二点'戒欺'，这也是我这么多年来做生意所一再告诫自己的。举头三尺有神灵，这个神灵是什么？不是别的，正是我们的良心。做生意当然是为了赚钱，但赚钱首先要对得起自己的良心。良心是什么？就是我们是人，不是禽兽。不是天底下所有的钱都可以赚，有的可以赚，有的不能赚。例如，你们也知道，我帮助左大人制作的诸葛行军散等药，就分文不赚。为什么？就因为边关的将士们为国出征，马革裹尸，他们已经付出了太多，牺牲巨大，我们不能再从他们的身上赚取一分一厘，否则真的就成了禽兽，甚至连禽兽也不如了。

"君子不欺。每天晚上，我都在睡觉的时候扪心自问，我是否做到了'不欺'这两个字。不要以为欺骗自己的良心没有人会知道，一个人如果连自己的良心都敢欺骗，那么天下没有他不敢欺骗的。而一旦开始了欺骗，也就是你的商运衰落之时，商命完结之日。作为一个商人，你已经给自己埋设了陷阱，早晚有一天，你会被自己所设的陷阱害死。古往今来，莫不如此。

"戒欺，此乃百业之规！如果我的庆余堂能够子子孙孙传下去，我希望将'戒欺'两个字也永远传下去！"

听了胡雪岩一番话，人人振奋，都觉得将庆余堂建设成百年老店是理所当然，义不容辞。

于是，众人受了鼓舞，分头行动。驴皮胶是当时的传统补品，胡雪岩先在涌金门买地10余亩建造胶厂。胶厂建成后，叫人在涌金门湖边打下排排水桩，搭起又长又阔的跳板，每天雇用数十名工人，穿上号衣，挑起担桶，排成长队来湖边挑水。吆喝之声，不绝于耳，声势之大颇惹市民注目。

在用西湖水熬制驴皮胶的同时，还在钱塘门外建起铲皮漂皮工场。从北方采来的大批驴皮在铲去毛肉之后，用大石块压于钱塘门旁水闸下面用西湖水漂洗。每当运驴皮时，一艘古色古香的平底大船，两边是朱漆栏杆，船头迎风飘着"胡庆余堂"的大旗，行驶于西湖上，甚是气派。

根据胡雪岩的"求真"原则，所有的原料，一律要精选道地药材。胡雪岩规定：要到全国各地坐庄办货。如到陕西办当归、党参、黄芪；到四川办杜仲、川贝、黄连；到东北去办人参、虎骨、鹿茸等。

金铲银锅，这是制药的最基本工具。庆余堂仅仅一只金铲就用了黄金138克，一只银锅用了白银1835克。

制辟瘟丹，要戒斋沐浴；炮制大黄，要九蒸九晒。在开店之初，店堂内就设有一只大香炉，平时供顾客点吸旱烟，如顾客发现不满意药品，可随手丢入香炉焚毁，另配满意的药品回去。

生产人参必甲煎丸，制造部门早一天就办来数百斤甲鱼放入缸内，次日一早动手宰杀，每次总有好几只甲鱼在缸底被压死，要把死甲鱼一一挑出，绝不能投料，这是胡雪岩规定的。

……

从筹备药店到开张，这是一个漫长的过程。胡雪岩一边修建宫殿一般的豪华药铺，一边精心采办药材，制造各种药品。同时，他还在暗中留心，给庆余堂物色一个才华与道德品质俱佳的经理。

为了给即将开业的庆余堂打广告，同时也为了广选人才，胡雪岩亲自撰写了"招贤启事"，令人不但在杭州城内张贴，而且在湖州等地招贴，一定要找到自己称心如意的上等人才。

启事一贴出去，来到胡雪岩的筹办处应聘的人立即踏破了门槛。

经过初步的遴选，第一个进入胡雪岩视野的是杭州城内一家大药店的前任经理，人称"算盘李"。

从外号就可以判断出，这个人在财务是上一把好手。他来到胡雪岩跟前，一手一只算盘,两手同时拨动算盘,算珠噼里啪啦,运转如飞。不过胡雪岩是钱庄出身,对这等本领并不看重。

"如果你给我当经理,一年能赚多少钱?"

"让我算算。"

"算盘李"一阵噼里啪啦打下来,给胡雪岩报出了一个他认为胡雪岩无法拒绝的数字:"10万。"

胡雪岩点了点头,没有说行,也没有说不行。"算盘李"心里惴惴不安,以为自己说得太少了。

第二个候选人,也是杭州城里的,而且就是从叶"种德堂"出来的。他来到胡雪岩面前,胡雪岩问的是同样的问题:

"你1年能给我赚多少钱?"

"第1年5万,第2年10万,第3年15万。"

这个候选人以经营稳健而著称,他以行内人士的身份指出,赚钱要循序渐进,重要的是先打招牌。

胡雪岩听了,笑着点了点头,却还是不置可否。

第三个候选人,是松江县余天成药店来的,叫余修初。此人本来自己在松江经营药店,生意做得很好。只是苦于店小本微,不能做更大的事情。见了胡雪岩的告示,他决心来一碰运气。

胡雪岩和他一见面,问的仍然是同样问题:

"你一年能给我赚多少钱?"

"回雪翁,小人只会赔钱,不会赚钱。"

"哦?"胡雪岩一听,这个人倒很有意思,饶有兴趣地打量了他一会儿,仔细问道,"如何只会赔钱?说来听听。"

"赚钱人人都会,有何稀奇?真正难的是赔钱,不但要赔得多,赔得大,而且要赔得人人皆知。"

余修初果然有一套自己的生意经:"小人也开有一家药店,已经有十几年了,所以对这个行业,可以说有一定的了解。不错,开药店,这是名利双收的事情。可以扬名，也可以获利。但名气大小和获利多寡是联系在一起的，有名则有利，无名则无利。而要名扬天下，靠的是什么？是德。"

"具体说来，就是要赔钱，要敢于抛血本，敢于赠送灵丹妙药，益民济世。先求其名，再求其利。要让别人知道，你的药品和商品都是第一流的，金字招牌一旦铸成，赚钱就水到渠成了。"

听余修初这么一说，胡雪岩就知道，这个人正是自己要找的人！不但品德好，而且有魄力，是个大商之才！

"好，就是你了！"

胡雪岩果然没有看错人，余修初在筹备庆余堂前后，按照胡雪岩的指示，不惜重资，在全国各地坐庄办货，收购道地药材。又大做广告，印刷大量《浙杭胡庆余堂雪记丸散全集》广为分发。在配制全鹿丸时，抬鹿游街示众，公开宰杀。把胡庆余堂办成既可买药，又可游览、看鹿、憩息的场所。

一次，正当胡雪岩从外面回来，一个副经理紧急求见，原来这人是来告余修初的状的：

据他说，余修初在采办虎骨中，一时疏忽，混进了一些豹骨。如果将豹骨误做虎骨入药，问题可大了。

"真有这件事吗？"

胡雪岩一听，立即将余修初叫来，余修初因为诸事缠身，的确把关不严。一查之下，确有此事。

一出了这件事，余修初惭愧不已，立即向胡雪岩提出辞职。那位副经理以为，自己的机会来了。

却不料，胡雪岩对余修初好言安慰："人孰无过，只要记住这次教训，下次注意把好关就行了！"

然后，胡雪岩将全部的员工叫到一起，当着众人的面，将一大包采购回来混杂了豹骨的虎骨当众烧毁。又宣布余修初因为疏忽大意，难辞其咎，给予罚薪3个月的处罚！

至于那位副经理，以为自己主动向老板汇报，会得到奖赏，却被胡雪岩当众宣布：副经理不能帮助经理解决问题，反而越级向老板直接汇报，这是心地不善，这种人，再有能力，也坚决不要！

于是，副经理就被辞退了。而余修初经此一事，做事情更加认真，再没有出过一次纰漏。

胡雪岩待人以诚，用人必信，消息很快传遍了杭州城。有几位从前在种德堂工作的老员工，纷纷改投"庆余堂"。有一位药工叫孙永康，据说有把一颗槟榔切成108片，而且片片薄如蝉翼的绝活，胡雪岩立即聘请为切药房的头儿。孙永康担任配料房头儿以后，因技术过硬，工作认真出了名，被大家取了绰号"石板刨"。刨子是刨木头的，能刨石板可见刨子之硬。有一次配制全鹿丸，遇到一头梅花鹿未缢先死。"石板刨"立即拒绝，理由是：死鹿从不投料。进货经理见他说得有理，立即将死鹿深埋处理。此事大受胡雪岩赞扬。

除了"功劳股"，胡雪岩还给予员工"阳俸和阴俸"。当时有所谓"伙计做到老，不及一根草"的说法，胡雪岩自己就是当伙计出身，深知当伙计的辛苦，所以从一开始就给庆余堂立下了规定："阳俸"是对那些对药店有一定贡献，后因年老或生病已无法为店继续工作的伙计，发给原薪，一直到死亡为止。"阴俸"则是对药店有一定贡献的职工死后，按贡献大小分别发给薪水。主要用于遗属抚恤，至多可领取10年"阴俸"。这在当时是绝无仅有的。

正由于胡雪岩对于庆余堂倾注了这么大的心血，庆余堂在3年后一开张，立即在杭州全城引起轰动。人人竞相来参观这座吴山脚下如同仙鹤一样昂首而立的国药号。

所有的一切，都对外开放，独有一块牌匾，是专门给店里的员工看的，这是胡雪岩亲笔所书的一块牌匾：

"戒欺"。

然后是一行小字：

"凡百贸易均着不得欺字，药业关系性命，尤为万不可欺。余存心济世，誓不以劣品代取厚利，唯愿诸君心余之心，采办务真，修制务精，不至欺予以欺世人，是则造福冥冥，谓诸君之善余谋也可，谓诸君之善自为谋也亦可。"

下面是落款:"光绪四年戊寅四月,雪记主人跋"。据说这是胡雪岩存世不多的真迹之一。

胡雪岩从一开始,就没有将庆余堂当作生意,而是当作一门仁术,当作实现自己济世救人梦想的一个载体。正因为立意高远,因此才赋予了其永恒不败的内在生命力。这也是不论朝代更迭,岁月沧桑,也不管几经转手,更易主人,胡庆余堂始终屹立不倒的一个重要原因。

第17章
大兴土木

左宗棠终于要开始最后一次西征了。其抬棺出战的悲壮，令人动容，然而真正决定战争胜负的，却是后方的"胡财神"。因为500万两银子的巨大借款，只有胡雪岩才能办成！

胡雪岩自然义不容辞，尽管他知道这件事情难度有多大。果然，英国拒绝对华借款！胡雪岩与各国周旋，最后还是与英国汇丰银行的新任总经理达成了协议。欲行非常之事，必须行非常手段。这一次以及此后几次的利息之重，是有目共睹的，但若非如此，也许一两银子都借不出来。

胡雪岩似乎也深知埋下大患，因此有一种急于修筑豪宅、及时行乐的挥霍感。为了修建一座江南第一家的豪宅，胡雪岩和设计师尹芝来到灵隐寺寻找灵感，灵隐寺方丈给他道出了一生命运的秘密："遇阜而食，遇堂而进。遇槐而止，遇鸡而卒。"只可惜，等胡雪岩参透其中玄机之时，已经太晚了。

几乎就在胡雪岩刚着手筹办庆余堂的同时，北京那边也终于传来了期待已久的好消息：

朝廷同意左宗棠出兵了！

据说，朝廷同意出兵，最后是因为军机大臣文祥上了一道折子，力挺左宗棠：无论如何，不能放弃新疆！

刚刚立了小皇帝光绪，重新"垂帘听政"的慈禧太后，对待左宗棠还是很不错的，要么不信你，要信你，就给你完全的权力！慈禧太后干脆将之前给左宗棠办理后勤事务的袁保恒和已经进驻新疆的督办新疆军务钦差大臣景廉撤回北京，改任左宗棠为钦差大臣，将所有新疆事务交给左宗棠一人办理。是成是败，就看你左宗棠一个人的了！

一场关系到国家命运的大战，最后居然等于交给了左宗棠一个人。这真是旷古未有！

根据历史的记载，真实的情况是："朝命甫下，人人皆为公危"。没有人相信，左宗棠能够以一人之力，来完成收复新疆这个"不可能的任务"。人人都似乎预见到：坚持要进行新疆之役的左宗棠，结局将会异常凄惨，很可能身首异处、祸及满门。那么，左宗棠是怎么想的呢？

左宗棠其实也想了很多，但他认为，个人的结局并不重要，重要的是恢复新疆的广阔大地，使人民回到安居乐业的轨道上，从此不再受战乱之苦。一战而定百年之安稳，是值得的！

出兵西征，准备工作千头万绪，而最大的困难仍旧只有一个：钱。"筹饷难于筹兵，筹粮难于筹饷，筹转运难于筹粮"。

本来，左宗棠和胡雪岩早已做好了预算：新疆之役所需白银，整整1000万两！左宗棠将这个数目报告给了朝廷，然而朝廷的答复却令人难以置信：户部只能拨付款项200万两，其他各省协饷300万两，余下的500万两，就只能靠左宗棠自己去向洋人借款了！

一个国家的战争，居然要左宗棠自己去向洋人借款，朝廷的财政已经拮据到何等地步!

左宗棠又何尝不知道自己面临的局面是多么的险恶和阻碍重重。但他还在做最后的努力,将最后的希望寄托在新升任的两江总督沈葆桢身上!他以为,凭借自己和沈葆桢的关系,自己当年曾经那么卖力地保荐沈葆桢为船政大臣,令其在洋务上立了大功,因而得以提拔。那么,这一次自己出征,所需要的500万两外债,由沈葆桢以两江总督的名义来作保,最合适不过。

令左宗棠万万没想到的是,此刻的沈葆桢,却已经不再和他同心同德,而是和李鸿章拉上了关系,成为了"同年"。沈葆桢对于左宗棠请求代借外债的要求一百个拒绝,并且上书朝廷:

"新疆广袤数万里,戈壁参半,回部皆其土著,根深蒂固,既无尽剿之理,又无乞抚之情,似非一二年间所能就绪。即使事机至顺,逆回弭首,诸城尽复,与俄为邻,互市设防,正重烦朝廷擘画,而非放牛归马之时也。洋人肯以巨款借我者,恃有海关坐扣,如取如携也。洋人取之海关,海关仍待济于各省。向日各省仅筹协饷,已催解不前;今令兼筹协饷之息,能如期以应乎?协饷愆期,而海关病;海关无可弥补,不得不亏解部之款,而部库病。……进兵愈远,转运愈难,饷需亦愈巨。将半途而废乎,势必不可;将责各省于还债之外另筹接济乎,势又不能;将再借洋款乎,海关更无坐扣之资,呼亦不应,徒令中兴元老困于绝域,事岂忍言者!"

沈葆桢的这个观点,或许是从自己用兵作战的经验出发,认为左宗棠不顾自己的中兴元老身份,抱病逞强,出征西域,是自取其辱。新疆用兵,难有了期,随着用兵距离越来越远,军饷的需求就越来越大,那时,既不能停兵,又不能让各省接济,也借不来外债了,新疆战局将骑虎难下。因此,出兵新疆是"糜血肉于坚城之下,求万有一然之胜"的愚蠢之举。

这等和李鸿章一样的畏缩之词,真难以想象,是当年那个写出"一钩已足明天下,何必清辉满十分"的青年俊杰;亦令人难以想象,是那个以孤城而反击,令太平军将士闻风丧胆的沈葆桢!

沈葆桢的奏折,得到李鸿章的大力称赞,称"西事亦断无能善其后之理",

等于左宗棠未出一兵一卒，李鸿章、沈葆桢等人已经给他盖棺定论，认定这只是一场没有任何意义的战争罢了。

但左宗棠就是左宗棠，已经65岁的他，知道自己能够为国家尽忠效力的机会已经不多了。面对有人讥笑他是妄图建功立业，再博厚恩；有人讥笑他是不自思量，此去将徒劳无功，他一概不予理会。这也是他一贯的做事风格，从来不理会那些宵小之辈，而一心只做大事情。

就这样，左宗棠毅然决然地踏上了西征之路。他离开北京，到了兰州，在那里做最后的准备。

同时，他也在等一个人。

这个人，不用说就是胡雪岩。

左宗棠知道，能够帮助自己借到那500万洋债的，沈葆桢已经不可指望，只能求助于胡雪岩。

这也是多年以来，胡雪岩第一次来到陕甘。他顾不得欣赏沿途景色，风尘仆仆，走进了兰州的陕甘总督衙署。

衙署里，左宗棠依旧好整以暇，大战在即，不失书生本色，正在挥毫泼墨，在纸上写着什么。

"左公，好兴致呀！"

"雪岩，你来了！"

左宗棠照例不直接和胡雪岩谈论公事，也不问一路颠簸劳累与否，只是拉着胡雪岩看他的书法。

"雪岩，你看我的书法，可有长进？"

"左公，您别取笑我了。您知道我这双手只会打算盘，握笔写字那是万万不成的。"胡雪岩一边说着，一边去看桌子上的一副长联。

只见上联：慨此日骑鲸西去，七尺躯委残芳草，满腔血洒向空林。问谁来歌蒿歌薤，鼓琵琶冢畔，挂宝剑枝头，凭吊松楸魂魄，奋激千秋。纵教黄土埋予，应呼雄鬼。

下联：倘他年化鹤东归，一瓣香祝成本性，十分月现出金身。愿从此为樵为渔，访鹿友山中，订鸥盟水上，消磨锦绣心肠，逍遥半世。唯恐苍天负我，再作劳人。"

"好对联，好大的气魄！"胡雪岩不由脱口而出，"纵教黄土埋予，应呼雄鬼！这一句真是痛快！"

胡雪岩读书不多，不懂得左宗棠在对联中的用典，只觉得这一副对联写得豪情万丈，又缠绵断肠。

"雪岩，你知道这是副什么对联吗？"

"不知道。"

"是挽联。"

"挽联？写给谁的？"

胡雪岩一惊，只知道左宗棠曾经为林则徐写过挽联，名传一时，还以为这幅挽联又是写给哪位朝廷重臣的。

"写给我自己的。"

"左公？"胡雪岩听左宗棠轻描淡写地吐出一句，竟然是写给自己的挽联，不由一下子愣住了。

"你不信么？"

"我记得当日左公曾经袒露胸怀，自称这一生的目标追求是做人杰；生为人杰，死为雄鬼，倒也符合左公您的志趣。但是，左公大军将发，出师在即，却先给自己写了挽联，这未免……"

他想说"未免不吉"，但是又不敢说出来，因为即将出征的人，是最忌讳说这些令人丧气的话的。

"你觉得我给自己写挽联不吉利，对吗？"左宗棠却似乎猜到了他的心思，微微一笑，"这算什么？我还有一样东西要给你看呢。来，跟我来！"左宗棠拉着胡雪岩的手，来到后面院子。

胡雪岩看到了什么？院子正中间的地上，竟然摆了一口方方正正的黑漆棺材，棺盖大开，里面空空如也。

"左公，这……"

胡雪岩：红顶商圣

胡雪岩的惊骇，简直无法掩饰。他以前只听说过，有古代的将帅为了表明自己拼死一战的决心，抬棺上阵，不想如今亲眼见到左宗棠竟然要抬棺出征，真有种慷慨悲歌的壮行味道！

"雪岩，你不必害怕，这口棺材是我为自己预备的！"左宗棠却一点都不忌讳，"我已经65岁，此次出征，千里驱驰，条件艰苦，那是不用说了！俄罗斯人火器精良，生性彪悍，我中国士兵一向畏之如虎狼。此次一战，我实在没有必胜的把握。一介书生，不能为国收复疆土，就将这抔忠血，洒在这茫茫戈壁上好了！我左宗棠为国捐躯，马革裹尸，也算死得其所！"

"左公……"

胡雪岩哽咽了，再也忍不住，泪水从脸上滚滚落下："左公赤胆忠心，天地可鉴！我华夏历代先祖，各方神灵，都会保佑左公，此一去必定是马到成功！我还要摆下庆功宴席，替您接风洗尘哪！"

"哈哈，'愿从此为樵为渔，访鹿友山中，订鸥盟水上，消磨锦绣心肠，逍遥半世'，雪岩，我这几句话，就是写给你的啊！如果我能够凯旋，我一定请求圣恩眷顾，允许我解甲归田。到时候，我就是两袖清风、一身轻松了。只怕你那时候忙于生意，没有时间陪我哟！"

"哪里，我和左公约定：左公凯旋之后，解甲归田，我胡某也金盆洗手，退出生意场。你我共同去名山大川、深谷大泽之中，寻仙访道，终老此生。左公肯答应，咱们就击掌为誓，如何？"

"好，击掌为誓！"

于是，二人来了个三击掌。击掌完毕，左宗棠才和胡雪岩来到书房，将话题引入正题。

"雪岩，我这次叫你来，是有一件事情，非得你去替我做不可。"

"我知道，是不是又要向洋人借款？"

"哈哈，果然是雪岩你了解我。不错，正是要找洋人借款的事情。"

"借多少？"

"500万。"

"500万？"胡雪岩尽管早有心理准备，还是吃了一惊，"怎么要借这么多？"

"就这还不够呢！我本来准备向洋人借1000万，只是朝廷不允许，打了个折扣，就变成500万了！"

原来，左宗棠为这次西征制定的战略是：一、选择一直跟随他的刘锦棠、张曜、金云昌、徐占彪、易开俊、董福祥等能征惯战的得力之将。二、采用精兵战略、淘汰冗杂、严明纪律、严格训练。三，配备新式武器，采购德国新式后膛大炮、开花小炮、快响枪、来福枪等装备。四、准备粮饷，经清政府同意从各省借调粮饷，从外地购粮。五、在哈密修水渠屯田。六、针对进疆路途遥远，沿途广设粮运台站，官民结合、节节转运。其战略计划是"先北后南"、"缓进速决"。"缓进"为后勤，"速"为决战。"缓进"，是因为没有充足的军饷。新疆偏远辽阔，作战物资补给十分困难，因此必须有充足的时间做好后勤保障准备，而且面对艰苦的条件，必须对部队进行整编，不愿去的可以发路费回家，以确保出塞之师的斗志和士气。"速决"，实在是因为清政府无法承受长时间的战争，否则将为战争所累。

在左宗棠的计划中，为了对付阿古柏的洋枪洋炮，首先要从广州、浙江调来专家和熟练工人，在兰州造出大量先进武器，并且要仿造德国的螺丝炮和后膛七响枪，改造中国的劈山炮和广东无壳抬枪。经过一段时间的扩充军备，生产出大批量的西方先进武器，有了一批威力较强的轻重武器，就可以进入实际作战了。难怪有个英国人包罗杰评论说："这支在东土耳其斯坦的中国军队，完全不同于所有以前在中亚的中国军队，它基本上近似一个欧洲强国的军队。"

左宗棠是如此倚重现代化的作战方式，西洋的火枪火炮等新式武器将成为决定战争胜负的关键因素。

所以，左宗棠才对胡雪岩说："这500万是一定要从洋人那里借来的，而且一定要快，不能耽搁太久！"

为了显示自己没有退路，他还将沈葆桢给朝廷的奏折和朝廷最后给自己下的谕旨给胡雪岩看。

连两江总督沈葆桢都不肯出面给左宗棠作担保,那么洋人又凭什么肯将这五百万借给他们呢?

"事到如今,也顾不得那么多了。左公既然连自己的身家性命都押上了,我胡雪岩还犹豫什么?"

胡雪岩一瞬间已经下定了决心:"左公放心,我将我全部的钱庄、当铺都押上,洋人一定会借这500万的!"

"你办事,我放心!"左宗棠简明扼要地道,"我只要那500万,其他的一切你看着办吧!"

"是!"

于是,胡雪岩从兰州告辞了左宗棠,连杭州都没有回,径直到了上海,筹措向洋人借款。

自然,他也是驾轻就熟,立即又找到了前三次借款的老朋友怡和洋行的威廉先生,请他吃饭。

令胡雪岩没有想到的是,在席上,当他试探地提出借款500万的要求,却被威廉先生一口拒绝了。

"对不起,胡先生,我办不到。"

"怎么,太多了?"

"不,别说是500万,就是50万,5万,我们怡和洋行也不能借给你。"

"为什么?"胡雪岩疑惑不解,"我用这么多的钱庄、当铺作抵押,难道连5万两银子都不值吗?"

"不,不,胡先生,你误会了。"威廉先生连忙解释道,"胡先生你的身家,抵押500万绰绰有余。问题不在这里。"

"那是什么问题?"

"胡先生你真的不知道吗?"

威廉先生见胡雪岩一脸茫然,提醒道:"去年在云南发生的'马嘉理事件',胡先生没有听说过?"

"没有。我一直在忙生意,政治上的事情,没有来得及关注。究竟是怎么一回事?"胡雪岩问。

"是这样的……"

听威廉先生一说,胡雪岩才知道当前自己面临的局面是何等的严峻。原来,前年六月份的时候,英国以考察云南地区的商贸情况为由,派遣上校柏朗,带领当时在印度的一支由193名英国官员、商人、军官、士兵组成的勘探队,途经缅甸,自陆路进入中国云南,为通商做前期的准备工作。为了解决语言交流问题,他们经过总理衙门准许,派遣了一名翻译官马嘉理,前往中缅交界处迎候。马嘉理自从去年春天与柏朗会合后,打着"游历"的招牌,擅自进入云南腾越地区的曼允。结果和当地百姓发生了冲突,扬言要进攻腾越城(今腾冲),并开枪打死群众数人。云南腾越参将李珍国,在绅民的要求下,布置兵勇,于各要隘堵截洋人。马嘉理与4名中国随员抵户宋河,遭到当地人民的袭击,5人都被杀死,首级悬于曼允城墙上。

"马嘉理事件"发生后,英国把此事件说成是清廷幕后指使,同时提出超出事件范围的要求,包括将云贵总督岑毓英等提京审讯;减免税厘、增开通商口岸和开放云南边界贸易;并称要撤使、绝交和用兵等等。"滇案"(即"马嘉理事件")未结之先,不准英国商人对中国贷款。

听完了威廉先生的讲述,胡雪岩不由得大为着急。如果所有的英国银行都不贷款给中国,那么自己这500万又该去哪里筹呢?

最终,胡雪岩只好咬着牙,放弃了怡和洋行,转而去和德国、俄国、美国等列强拱手告贷。

然而,一来胡雪岩此前和这些银行并没有具体打过交道,彼此脸面不熟,二来,胡雪岩所要借的500万资金,数目实在太大,而且是以自己的个人资产作为抵押,这就需要对胡雪岩的资产来个风险评估。这样一来,最少也需要半年到一年的时间,可左宗棠大军出发在即,显然等不了这么长时间。

正当胡雪岩心急如焚之际,一个英国人主动找上门来,拜见胡雪岩。令胡雪岩没有想到的是,这个只有37岁的英国人杰克逊,竟然是接替格雷格来到中国汇丰银行的总经理。

"胡先生,听说你正在为一笔贷款犯难,我想我能为你提供帮助。"

"哦?"胡雪岩认真地打量着这个比自己年轻许多的外国人,从他那炯炯有神的目光中,感觉到此人是一个自信心非常强的人。当然,他的进取之志和他的贪婪欲望一样无边无际。

"你可知道我要借多少款?"

"500万。我已经从威廉那里听说了。"

"是威廉告诉你的?怪不得。"既然对方有备而来,胡雪岩也不拐弯抹角,"说吧,你准备怎么做?"

"汇丰也一下子拿不出这么一笔巨款。不过我们可以承揽这笔业务,在香港和伦敦发行债券。"

这种做法,和怡和洋行的做法一模一样,所以胡雪岩并不感到新鲜,他最关心的是利息。

"利息多少?"

"年息1分。"

一听杰克逊报出利息数目,胡雪岩就皱了一下眉头。当然,这利息和怡和洋行相比,是低得多了。

杰克逊毕竟年轻,而且急于做成这笔生意,以证明自己足以胜任汇丰银行总经理这个人人觊觎的位子,所以,他连忙又伸出了两个手指头:"其实我们只要8厘,2厘是给胡先生的好处。"

"这还差不多。"胡雪岩心里暗暗道,不过嘴上并没有说出来,"让我再想一想,好吗?"他故意道。

眼看送上门来的生意不做,连杰克逊也不知道胡雪岩葫芦里卖的什么药,悻悻而去。

其实,杰克逊回去和汇丰银行的上海分行经理嘉谟伦(Ewen Cameron)一商量,就明白了胡雪岩在担心什么。

胡雪岩所担心的,是和杰克逊以及汇丰银行没有打过交道,中国人做生意讲究人情,没有人情,胡雪岩对杰克逊和汇丰银行并不放心。尤其这里面牵扯到回扣,这是重大的商业机密。如果这种事情因为合伙人的不慎泄露了消息,那么胡雪岩无疑将面临弥天大祸!

和嘉谟伦一商量,杰克逊明白了问题的关键所在,于是立即再次来见胡雪岩:"对不起,胡先生,上次我没有完全说实话。"

"哦?"

"我说的年息1分,我们只收8厘,其实我们给公司报的只有4厘,另外4厘,我和嘉谟伦各有2厘。"

"原来如此!"

他肯主动坦白自己从中获利,那就等于将自己和胡雪岩绑在一条板凳上了。只要他在汇丰总经理的位置上一天,他就必须为自己和胡雪岩恪守秘密。胡雪岩这才觉得心里踏实了。

"行,就按照你说的办!"

最终这笔借款这样达成:汇丰银行报出的利息是年息1分,胡雪岩将这个利息呈报给左宗棠,将"年息1分"变成了"月息1分",别看只有一字之差,利息上的差别,却是天地迥异!

再加上中间一家以实银担保的泰来银行,加息2厘5毫,更令人咋舌!

但这也是没有办法的事情。朝廷自己无银,要左宗棠自筹。左宗棠要借助胡雪岩,胡雪岩只能以自己的资产作为抵押。他冒的风险奇大,等于将自己和左宗棠捆绑在一起了。万一西征失败,那么胡雪岩也将倾家荡产,多年的心血一朝化为乌有。所以他已经不是在借款,而是在赌博了!既然是赌博,以胡雪岩的性格,就要赌个大的,否则他又何必冒此奇险?

事实上,这500万两银子,还只是第一次向汇丰银行的借款,以后还有两笔大宗借款:一次是175万两,一次是400万两。这两次借款,胡雪岩和杰克逊以及嘉谟伦都赚得盆满钵满!

正所谓"翻手为云,覆手为雨",因为帮助左宗棠西征借款,胡雪岩在倒手之间,就赚取了上百万两银子的经手费用。这笔钱尽管赚的颇为辛苦,冒的风险也大,但比起钱庄经营、当铺经营、生丝生意来说,都要来得快得多,而且因为

胡雪岩：红顶商圣

这笔钱实际上赚取的是朝廷国库中的"皇饷"，不免令胡雪岩有一种又是惶惧又是得意的复杂心态，这么多年来的第一次，他有些飘然了！

这么一笔巨款，是完全属于他胡雪岩个人的，而不像钱庄里的那些钱，是别人存在那里的。胡雪岩一直号称"活财神"，但只有自己手里真正拥有了上百万的白花花银子以后，他才觉得自己这个"财神爷"是真的了！

正如古语所说："大丈夫功成还乡，必着锦衣。"一个人拥有这么巨额的款项，总要露一露"富"，否则，也未免活得太小心、太窝囊了。胡雪岩做的是钱庄、当铺生意，就是要让人知道他有钱，以便让人家放心来他这里存款。而要炫耀自己最好的手段，莫过于大兴土木，建筑豪宅。

早在修建庆余堂的时候，胡雪岩便和尹芝仔细商量过，将来要给自己修一座怎样的豪宅。

如今，正好庆余堂也建成了，胡雪岩对尹芝的才华大为赞赏，于是立即请他给自己设计一个园子。

"不知道雪翁想要一个怎样的园子？"

尹芝通过这一段时间的接触，亦了解到胡雪岩是一个怎样的人，知道他喜欢张扬，而且追求极致。他要建园子，一定不会是建造一个普通的园子，要建就建造江南首屈一指的第一豪宅！

"我胡某人做事情，从来只做第一，不做第二。我要建园子，就一定要建成江南第一家！"

"江南第一家？"

如果是别人说出这话来，尹芝一定会觉得他吹牛，但此话从胡雪岩口中说出来，却一点都不意外。

因为，庆余堂一经落成，立即以其精美的设计、宏大的气魄、昂贵的造价成为国药号第一家。

胡雪岩要为自己修建豪宅，那投资要比庆余堂又大上10倍不止了。庆余堂的整体造价是30万，那么按照比例计算，胡雪岩的新豪宅，少说也要花费300万之巨。且不说园子建成以后，其豪奢和精美程度如何，仅仅这笔300万的巨额造价，就足以称得上"江南第一家"!

因此,接到胡雪岩命令他主持设计图纸的任务后,尹芝立即放下手头一切事务,专心致志构思布局。

然而,投资庞大固然重要,而要做到"江南第一家"谈何容易。因为江南园林历经千百年来的历代匠人呕心沥血,妙思苦想,早已穷尽了各种式样,有的精美,有的灵动,有的朴拙……尽管尹芝也自诩是一代造匠能手,但要短时期内设计出一个空前绝后的园子,绝非易事。

这天,尹芝正在冥思苦想,忽然胡雪岩亲自上门来请他:"走,尹先生,去灵隐寺走一遭。"

"灵隐寺?"

"不错,我因为要替母亲祈福延寿,得去一趟灵隐寺。我想那里既然为江南风景的'灵隐'所在,一定可以触发先生'灵思',因此来邀请先生,和我一道去灵隐寺小住几天,如何?"

"好。"

尹芝经他这么一提醒,也觉得自己与其闭门造车,不如去灵隐深山古寺之中亲近自然,寻求灵感。

于是,二人一道,结伴来到了灵隐寺。

灵隐寺,位于杭州西湖西北,距离西湖并不算遥远。据说已经有1600多年的历史。

关于灵隐寺的来历,有个传说:公元328年,有一个印度和尚慧理,云游到杭州,无意中来到飞来峰下,一眼认出此山正是印度的灵鹫山一角,不知道什么时候飞到中国南方,他由此推测此地有仙灵隐藏。为印证此峰确为天竺飞来,慧理告诉当地的人们,这山峰之中一向有黑、白二猿修炼,也应该一起飞到这里了,试一呼唤,果然有一黑一白两只猿猴从洞中跳出。此后,慧理便在飞来峰下建了寺,寺名"灵隐",取"仙灵所隐"之意。慧理一生在灵隐寺讲传佛法,并埋骨于此。他的灵骨如今还供奉在灵隐寺旁的理公塔内。

灵隐寺建成之后,历经诸代高僧讲经主持,广传佛法,遂成为"东南佛国"

的第一名刹。

经过了唐、宋风雨沧桑，灵隐寺的名气越来越大，尤其成为"禅宗"的一个圣地。文人墨客将这里作为参悟禅机、参透人生的绝佳之地，也为这里增添了许多的人文色彩。苏东坡任杭州知事时，常到灵隐寺休闲赋诗，不但在白居易所书"冷泉"两字之后补上一个"亭"字，还写了许多有关灵隐寺的诗句，其中《留题灵隐寺方丈》一诗，记录了当时的香火盛况：

溪山处处皆可庐，最爱灵隐飞来孤。

乔木百丈苍髯须，扰扰下笔柳与蒲。

高堂会食罗千夫，撞钟击鼓喧朝晡。

凝香方丈眠氍毹，绝胜絮被缝海图。

除了灵隐寺因飞来峰而增添的一抹灵韵，以及文人墨客给灵隐寺增添的人文光环，还有一个一生充满传奇的"济公"——道济和尚，使得灵隐寺在普通百姓心目中具有了至高无上的地位。

道济和尚15岁就在灵隐寺皈依瞎堂禅师慧远和尚，和别的出家人沉默寡言、清规戒律不同，他却成日疯疯癫癫，时而面壁静坐，时而同一班顽童戏耍，时而济困扶危、惩治强梁，时而呼朋引伴喝得大醉。灵隐寺的僧众纷纷告到慧远和尚处，请求清理门户。岂知老和尚批下10个大字："佛门广大，岂不容一癫僧！"自此，"癫僧道济"之名不胫而传，久之简称"济癫"。

关于济癫的传奇故事有很多，然而谁又能真正理解这个嬉笑怒骂、醉里癫里妙悟禅机的一代高僧呢？

醉傲疯癫卒未休，杖头明月冠南洲。

转身移步谁能解？雪覆芦花十二楼。

读着这首他流传下来的《自赞》，从字里行间去猜想一个智慧高深的禅者，又哪里有半分疯癫？

这天，胡雪岩和尹芝一道来到灵隐寺。因为不是初一、十五，来寺中上香的游客并不多。太平军占了杭州后，来此索要钱财不得，一把火烧去了大半寺庙，只留下天王殿和罗汉堂。后来虽然在香客的资助下勉强进行了维修，但距离鼎盛之时"七殿"、"十二堂"、"四阁"、"三楼"、"三轩"、"五百罗汉殿"相去甚远，已经显出一派破旧凋敝了。

不过，尽管伤痕累累，灵隐寺的灵韵犹在，飞来峰下，依旧是一派的勃勃生机，草木繁荣。

胡雪岩和尹芝进入山门，首先来到"天王殿"上香。胡雪岩在佛前恭恭敬敬地磕头许愿，替母祈福。

烧香、磕头完毕，照例要捐助一些香火钱。胡雪岩早有准备，将一张5000两的银票交给执事僧。

那执事僧哪里见过这么大的手笔，一迭连声"阿弥陀佛"，一边安排胡雪岩和尹芝入禅堂用茶，一边跑去请方丈。

方丈已经80开外，须眉皆白，却满面红光，看上去保养得极好。一见胡雪岩，立即仔细打量。

"这位施主好相貌！"

"怎么？"

"富不可言，贵不可言。"

胡雪岩听了他的话，心里并没有当做一回事。自己捐了5000两银子，对修筑毁于战火的灵隐寺正用得着，方丈也许是看在5000两银子的布施上，给自己说几句好话，岂能当真。

因此，他只是静静地品着浓香纯正的龙井茶，并不肯多暴露自己的身份。只说自己为母亲祈福延寿而来，又说自己和尹芝是朋友，厌倦了尘世喧嚣，想要借灵隐寺这个地方小住几日。

"好说，好说。"

方丈并没有多说什么，闲谈过后，立即安排人去给胡雪岩和尹芝准备了干净的房间，被褥都焕然一新。

这一夜，胡雪岩便和尹芝闲谈，一直到深夜，尹芝先熬不住，打着哈欠睡去了。而胡雪岩却怎么也睡不着。他的一颗心在滚滚红尘中已经疲惫得太久，太深，习惯了忙忙碌碌，想要一下子静下来真的很难。

山中夜静，又值秋凉。他披衣起身，蹑手蹑脚地出来，离开客舍，来到院子里，仰望夜空。

夜空中，一轮月亮大如银盆，仿佛正悬挂在头顶，近得似乎月宫中的宫殿和桂花树都清晰可见。

"好美的月色啊！"

胡雪岩已经有多久没有抬头看过天上的月亮了？似乎那是少年时代的遥远记忆，如今又被唤醒。

正在欣赏月色，忽然一阵吟哦声传来：

"桂子月中落，天香云外飘。"

这两句诗，充满了禅机，宛如从天外飞来的佳句，粗通文墨的胡雪岩听了也觉得意蕴无穷。

"谁在吟诗？"

他顺着声音望去，发现声音是从一间开着窗户的屋子里传出来的。他走近一看，竟然是方丈。

"方丈，这么晚了，您还没睡？"

"施主不也没有睡？"

"我睡不着。"

"那施主不妨进来小坐，老衲请施主喝一杯茶。"

"打扰了。"

于是胡雪岩就进了方丈的屋子，这间屋子并不大，然而奇香弥漫，令人一进来立即沉醉其中。

"好香！"胡雪岩一下子就闻出这香味与众不同，"请问方丈大师，这是什么香？"

"是这个。"

方丈将几粒圆润如珠的果子递给他，胡雪岩接过来一看，像是普通的桂子，可是又有些不同。

"这是桂子？"

"不错，是桂子。不过，是从天上掉下来的。"方丈又吟哦道，"桂子月中落，天香云外飘。"

"本寺从大唐天宝年间，就有月中落桂的记载。刚才两句诗，是骆宾王所做。"

"怪不得，"胡雪岩恍然大悟，可是旋即又疑惑地问道，"月中落桂，只是传说，岂能当真？"

"你信，就是真；不信，就非真。真与非真，本是一体。"方丈的话语中透露出深意。

"对了，"胡雪岩忽然灵机一动，想起白天方丈见到自己说的话，"大师今天说我'富不可言，贵不可言'，可是当真？"

"阿弥陀佛，出家人不打诳语。"

"这么说是真的了？"胡雪岩这才知道这位方丈佛法精湛，连忙谦虚地道，"晚辈出身贫寒，少年丧父，早早离家，这些年来只与一个老母亲相依为命。不敢奢求有什么大富大贵，只求安安稳稳，过普通人的生活，能够赚点小钱，得以老有所养，安享天伦，也就足够了。"

"不然，施主的这一番话，只怕是言不由衷吧！"方丈看了他一眼，似乎一下子看穿了他的五脏六腑，"人各有命，此乃上天注定，岂能随意更改，施主这一生，是'富可敌国，官从二品'的命，这样的命格，又岂能容你平平凡凡过一生？必然是风起浪涌，大起大落，大悲大喜。"

"富可敌国，官从二品？"

胡雪岩对于自己的人生，当然也有过猜想，有过憧憬，但现在如此清晰地被方丈大师揭示出来，还是吃惊不小。一惊之下，他就忘记了方丈后面说的几个字："大起大落，大悲大喜"。

"请问大师，我这种人生命运是福是祸？"

"是福不是祸，是祸躲不过。"

"那么，大师可有教我？"

"既然我与施主有缘，那么我送你几句话，你要记住了。"方丈大师道，

"请问施主贵庚？"

"我是癸未年出生。"

"那你属羊。"方丈略一思忖，一字一字给胡雪岩念道："遇阜而食，遇堂而进。遇槐而止，遇鸡而卒。"

"这是何意？"胡雪岩虽然每个字都听明白了，却浑然不解其意，只好请教方丈详解。

"天机不可泄露，"方丈摇了摇头，"终有一天，你会明白的。"此后便不再多说什么。

从方丈住处告辞出来的时候，方丈送给胡雪岩一本菩提经书："这部《圣训歌》，是本寺奇僧道济和尚所作，施主如果有兴趣的话，不妨拿回去仔细读一读，相信一定会有帮助的！"

"多谢！"

胡雪岩接过经书，恭恭敬敬道了谢。回去以后，反正也睡不着，就在灯下翻阅起《圣训歌》来：

    一生都是修来的——求什么，
    今日不知明日事——愁什么，
    不礼爹娘礼世尊——敬什么，
    兄弟姐妹皆同气——争什么，
    儿孙自有儿孙福——忧什么，
    岂可人无得运时——急什么，
    人世难逢开口笑——苦什么，
    补破遮寒暖即休——摆什么，
    食过三寸成何物——馋什么，
    死后一文带不去——悭什么，
    前人田地后人收——占什么，
    得便宜处失便宜——贪什么，
    举头三尺有神明——欺什么，

下部　红顶商人

荣华富贵眼前花——傲什么,
他家富贵前生定——妒什么,
前世不修今受苦——怨什么,
赌博之人无下梢——耍什么,
治家勤俭胜求人——奢什么,
冤冤相报几时休——结什么,
世事如同棋一局——算什么,
聪明反被聪明误——巧什么,
虚言折尽平生福——谎什么,
是非到底见分明——辩什么,
谁能保得常无事——诮什么,
穴在人心不在山——谋什么,
欺人是祸饶人福——卜什么,
寿自护生爱物增——杀什么,
一旦无常万事休——忙什么。

　　果然是看破红尘的一代高僧,这部《圣训歌》中的每一句话,都如雷霆轰耳,久久令人震撼……

第18章

登峰造极

左宗棠西征奏凯，大获全胜，厥功至伟的一个人便是胡雪岩。左宗棠要为胡雪岩向朝廷请功，问他要什么，胡雪岩却说想要一件黄马褂。这是有特殊军功的人才能得到的奖赏，连左宗棠也难以理解。

其实，胡雪岩是有自己的打算的。有了御赐黄马褂，等于获得了一块"免死金牌"，将来有一天，自己在朝廷借款中拿回扣的事情"东窗事发"，只怕连左宗棠也保护不了自己。到时候，能免自己一死的，也许就是这件黄马褂。毕竟这象征皇室宗亲的身份，可以法外开恩。

古往今来，任何人都逃不过盛极而衰的铁律，胡雪岩也不例外。他得到了黄马褂，也达到了个人一生中的荣誉巅峰。而左宗棠西征凯旋之后进入紫禁城，却因为与京官不合，旋即被排挤出权力中枢。左宗棠由此开始走下坡路，胡雪岩的命运也开始急转直下……

胡雪岩一夜未睡，那尹芝却睡得甚是香甜，一大早起来，就大声嚷着："奇怪，我做的这个梦真叫奇怪。"

"什么梦？"胡雪岩饶有兴趣地问。

"我昨晚刚入睡，就梦到两个仙翁，一个一身白袍，须发皆白；一个一身黑袍，脸如黑炭。他二人来到我跟前，问我到此有何贵干。我说为雪翁设计庭院楼阁，来此寻找灵思。二人却说：放着飞来峰现成的样式不用，还寻觅什么灵思？我说：飞来峰只是一峰，只可供花园之用。亭台楼阁，宫殿起居，尚无着落。那二人道：这有何难，我们带你去灵鹫山走一趟即可。于是二人伸出拐杖，我一手抓住一支，顿时腾云驾雾，耳听呼呼风声。后来就听耳畔一声'到了'，降落到一个地方。只见这个地方云雾缭绕，宫殿层层叠叠，不知道有几千几万间。我一见就被吸引了，一重重仔细观看，还拿出纸笔，画了图影。这么正看得出神，忽然听得耳边道：'够了，灵鹫宫你已经走了一半，再被你看下去，只怕要泄露天机了！'我哪里肯放手，忽然二位仙翁一齐大喝，将手头拐杖向我头上打来，我一惊之下，就醒了。"

"你这个梦，的确有些意思。"胡雪岩听了，笑着说，"我听方丈大师说，当年慧理大师草创此寺，这飞来峰中的确有一黑一白两头仙猿，是跟着飞来峰从灵鹫山飞来的。这么说你当真去游过灵鹫山了，可记得准确模样？"

"半幅图影，是在我的脑海中了。雪翁，从今天开始，我要一个人静一静，将这幅图影画下来。"

"那好，我不打扰你。"

胡雪岩于是将尹芝一个人撇在灵隐寺，自己先回了杭州，开始为自己的豪宅选择一个地址。

最终，在风水师的建议下，他定下了位于元宝街的一处宅地。元宝街因为在宋代的时候是银库所在而得名。其位置就在鼓楼之畔，距离清河坊不过一河之隔，离庆余堂也并不远。

胡雪岩对这里很满意，然而唯一美中不足的，是在他看中的这片宅地西北角上有一个小店，是一家理发铺。理发店的老板姓王，父子二人靠着祖上传下来的手艺维持生计。

不知道为什么，尽管胡雪岩派人去谈了几次，给出的价钱也非常高了，可是这父子二人死活不搬。

中国人盖房子，讲究的是四四方方，如今缺了这一角，总觉得风水外泄，让人心里不痛快。

胡雪岩听说了情况之后，决定亲自去这家理发店看一看。

这天，他早早来到了理发店。理发店刚开门营业，胡雪岩是小店今天迎来的第一个客人。

"客官，您可够早的。"

王老头今年60来岁，因为过于操劳，头发已经花白，一张脸上却永远挂着开朗的笑容。

他并不认识大名鼎鼎的胡雪岩，也绝想不到阜康钱庄和胡庆余堂国药店的老板会来自己这里理发。

"老哥，在这里开店，生意怎么样？"

"还凑合。"

"就只有您一个人？"

"还有一个儿子，是个大懒虫，都日上三竿了，睡觉还没有起来呢！嗐，反正我也管不了他！"

"还没有给他娶媳妇吧？等有了媳妇，自会有媳妇管着他，到时候，就不用您老哥操心了。"

"可不，我这起早贪黑的，还不就为了攒钱给他娶个媳妇。"

"攒得差不多了吧？"

"还不够。他呀，挑三拣四的，穷人家的看不上人家，有钱人家的又看不上咱，你说可怎么办？"

"听说有位胡大老板要在这里盖宅子，看上了老哥您这块地皮。将房子卖给他，狠狠出个价钱，不就什么都有了？"

"别提这事了。"王老头似乎一提到这件事情，就气不打一处来，"那位胡

下部 红顶商人

大老板什么样子,我倒没有见到,不过他派来的人,说话的口气倒大得很,什么胡大老板的钱多得能够买下整条元宝街,什么胡大老板和浙江巡抚称兄道弟,衙门就像他家开的一样,你说气人不气人?"

"为了几句气话,值得什么?依我说,他不是有钱么,您老哥干脆来个狮子大开口,将他吓退就是了。"

"这位客官,其实我也不是和他们斗气。我之所以不卖房子,还有一个原因,只是从来没人知道。"

"哦?"

"我这个人,年轻的时候游手好闲,好吃懒做,而且结交了一些不三不四的朋友,经常被拉去赌博。一来二去,我也上了瘾。一开始是偶尔赌一回,后来就每天赌一回,再后来就整天整夜泡在赌场。不用说,祖上攒下来的一点家产,都被我输光了。那时候我老婆已经有了身孕,可是我根本不肯留在家里照顾她,以至于她临盆之时,我还在赌场里赌得昏天黑地,是邻居家的婆婆帮忙接的生。生下儿子之后,看儿子那么聪明可爱,我也曾在老婆面前发誓,要洗心革面,永不再赌,可是还没有等老婆出月子,我的赌瘾又犯了。结果我清晨回家,发现老婆已经收拾好了东西,抱着满月的儿子要出门。我一时糊涂,上去将她打了一顿,夺回了儿子。不料,我下手太重,把她头往墙上一撞,撞出了问题,从此她就有些疯疯癫癫的,一天到晚伺机逃跑。终于,在儿子刚满1岁时,她不见了。我发了疯一样到处找她,并且砍下了自己的一根手指,发誓永远戒赌。最终我没有找到她,只能和儿子相依为命。我之所以不肯卖房子,就是要在这里等她回来。如果我和儿子搬走了,那么有一天她回来,找不到我们父子,那她怎么办?我不能再对不起她……"

听了王老头这一番带血含泪的讲述,胡雪岩终于明白王老头为什么死也不肯出售这间小屋了!

"老哥,您说得对,您应该在这里等!不管谁出多大的价钱,这房子您也不能卖!"胡雪岩道。

从王老头这里离开以后,胡雪岩立即告诉手下人:以后谁也不许去骚扰王老

277

头父子！

而王老头也很快得知，那天来店里的人就是胡雪岩，更是逢人便说："胡大老板通情达理，真是难得呀！"

除了这小小的一角，整个院子的其他部分都已经清理出来了。这时候，尹芝也从灵隐寺回来了。

"雪翁，您交给我的任务，总算是完成了！"

"快，拿来我看看！"

胡雪岩迫不及待地从尹芝手中接过一大张图纸。上面清清楚楚地描绘着一座大宅院。首先看那花园，正得益于"飞来峰"的造型，一峰兀立，千百洞穴。下面一池深水，亭台楼阁，一应俱全。花园的西边是整座宅子的中轴线，从轿厅、照厅到正厅，以及后花园，构成了一组完整的建筑。再往西是起居室，老夫人的居室、胡雪岩和大太太的居室，姨太太们的居室，坐落有序，丝毫不差。整座建筑以弯弯曲曲的长廊相连，四通八达，令人叹为观止。

"好，不愧是尹先生在梦中得到仙猿指点，得出这么一副佳构，我真不知道怎么感谢你才好！"

"雪翁客气了！本来我应该留下来亲自为您督造园子，只是日前接到京城书信，说有位王爷召我，我不能不去呀！"

"怎么，尹先生这就要走？"胡雪岩听了，也大觉意外。不过，既然有了图纸，请谁来施工，也不会差太多。

"如果尹先生执意要走，我也不敢挽留。这样吧，我这里有黄金100两，就算是对您的酬谢吧！"

说着，胡雪岩立即就要命人去取，尹芝连忙道："我要那么多金子做什么用？雪翁一定要酬谢我，就在阜康钱庄给我立一个户头，存在我的名下吧！日后我有用得着的地方，再取不迟！"

"好，就这么定了！"

当天，胡雪岩就吩咐阜康钱庄给尹芝立了户头，将折子送给尹芝。尹芝带着这个沉甸甸的折子，高兴地上路了。

尹芝走后,胡雪岩很快物色到了一个叫魏实甫的人,将尹芝的图纸给他看过后,问他:"请问先生,如果要按照图纸建造,多少时间可以完工?"

"就拿此花园来说,"魏实甫道,"只要工匠手多,应用石料具备,至多50天就可以告竣了。"

"哦?需要多少人手?"胡雪岩问。

"让我算算。"魏实甫掰开手指,口中念念有词道:"先以10人一圈,捣和枭浆5日,随后分40人搬运石料。此山照图计有洞壑四处,需要胸有丘壑者4人,分监一处。每一处派工匠20名,大约5日可成一洞。合力计之,20日四洞俱成。预备10日假期,以备改作,其不须改作者,放假10天,余10天以便结顶。这样算来,120人足够了。50天也足够了。"

"别说是50天,我给你100天,"胡雪岩道,"不过,这120人,你要防止有人滥竽充数。"

"那是自然,"魏实甫道,"要杜这个弊端,那也容易。所有人的工资计算,一律于每日饭后散工之际当场发放。园门口置八尺高凳一张,每散一班12人,将12人工资排列凳上,命各自取,不得辗转递手。如果有那身材矮小,手足不长者,必定没有力气,取不到工资,自己就离去了。"

"哈哈,"胡雪岩一听,这个方法只怕连自己也想不出来,"好极,好极!我完全放心了。"

于是,当即聘请了魏实甫为总督造,又分别聘请了冯凝、程马蘁、蔡蓉庄三人作为监造,动起工来。

这一番工程,真个是浩大无比。不用说石料都是从太湖运来,精美无比。但说工程的样式,便改了又改。胡雪岩在杭州结交的人,三教九流,不论什么人,来这里看工程,只要说一个"不好",胡雪岩立即命令将建成的工程马上拆除,连夜修改图纸设计,重新建造施工。

原本计划50天的工期,足足用了半年,一座巧夺天工的花园总算落成了。而这还仅仅是整个浩大工程的第一步。

接下来,是要修建五开间正厅、楠木厅、鸳鸯厅、四面厅等建筑,共分为16

所院子，取名为安吉院、冷香院、影怜院、红芸院、古香院、春晖院等。

每座院子的建筑、陈设无不精美绝伦。其中供大太太住的安吉院中的百狮楼造得非同一般，栏杆是用100个紫檀木做成的狮子，狮眼是用黄金做的，看上去光彩四射，华丽至极。登上三楼眺望，吴山、江干、湖墅景色尽收眼底。因楼高风大，衣裙几乎要乘风飞去，故取名"御风楼"。

在影怜院中间两边的墙上，嵌有黄边大镜，据说是英国一位钦差送的。镜面有3米阔，1.5厘米厚。两面镜光互相照映，一层层看去也数不清有多少层次。居中有一架13层水法塔灯，是日本制造的。全是湖色洋瓷描金花的，六角挑起水法龙条，上面擎着灯，下面坠着瓷做的风铎，风吹起来，满园只听得琳琳琅琅的响声，令人一时心旷神怡，王宫后院也不过如此。

这16座院子的建成又用了一年半的时间。如此算下来，整座园子的建成用了两年多。

当然了，将全部心思都用来修筑江南第一豪宅的胡雪岩，无时无刻都在关注着新疆战事。

其时，左宗棠在新疆坚定地执行自己的既定战略，先收复了乌鲁木齐，平定北疆，然后直逼南疆的阿古柏，连克达坂、托克逊、吐鲁番三城，阿古柏眼见大势已去，遂在库尔勒"饮药自毙"。

阿古柏一死，新疆南北尽皆肃清，如今只有伊犁问题是最令左宗棠牵挂的了。朝廷令他"通盘筹划"，"统筹全局"，并晋封左宗棠二等侯爵，这也是左宗棠一生功业的顶点。

在西北，左宗棠除了以军事作战为主，发展经济、促进民生，也是他特别关注的一个方面。

例如，左宗棠早在初入陕甘之际，就创办了兰州机器局，以精通西洋枪炮制作的记名提督赖长为该局总办，并从福建、浙江、广东等地抽调了技术工人，生产枪、炮、子弹、炮弹等。

后来，赖长在兰州机器局内试制了一台织绒机，用甘肃所产羊毛织成一块绒布，呈送给左宗棠。左宗棠大喜，立即写信并附赖长所绘织机之图给胡雪岩，让他立即帮助采购全套织呢机器。

采购容易，运输困难。为了确保机器万无一失运到兰州，胡雪岩亲自跟随，从上海奔赴兰州。

这是一条漫长而艰辛的道路。全套精密的机器都系装在一条货船上，先由官方创办的招商局的轮船拖运到汉口，在汉口又将这些机器用民船水运，水路改为旱路之后，最后只能由人力背运到兰州府。有些机器非常重，而且难运，像锅炉就得拆散了一块块地运，山路崎岖难行，窄的地方甚至得停下来，先开凿拓宽，然后才能把大件的机器搬过去，真可谓千难万险。

但胡雪岩硬是和这批机器一起，毫发未损地来到了兰州。左宗棠听说胡雪岩亲自押着机器来了，立即出衙署迎接。

"雪岩！"

"左公！"

二人相见，都是一阵情感激荡，眼眶湿润。虽然时通书信，但毕竟相隔千山万水，见上一面，比登天还难。

"雪岩，你怎么亲自来了？"

"我怕机器在路上受到损伤，不放心，干脆就自己来了！再说，我也好久没有见到左公了，想念得紧哪！"

"雪岩，我也想你哪！"

二人拉着手，进了衙署。左宗棠立即吩咐摆设筵席，给胡雪岩接风洗尘。说是筵席，其实就是一些当地的特产。甚至那些蔬菜和粮食都是左宗棠的军队自己屯田种出来的。生活之苦，可以想象。

"雪岩，你是大富豪，又是在江南鱼米之乡大鱼大肉惯了，我这里饭菜不好，将就些吧！"

"左公哪里话，我倒觉得左公这里的一米一菜都是出自自己之手，吃起来格外香甜哪！"

"哈哈，这倒是。"

"对了，左公，我早听来往陕甘的客商说，这里遍地黄沙，荒凉无比，简直是寸草不生。可是我一路行来,只见沟渠密布,沿途榆柳无数,绿荫匝地,连绵不绝,倒有点江南风情呢!"

"哈哈,那都是我让人种的。对了,你知道我是怎么想到这件事情的吗?"左宗棠放下酒杯,朗声吟诵道:"黄河远上白云间,一片孤城万仞山。羌笛何须怨杨柳,春风不度玉门关。"

"这首王季凌的《凉州词》,只是指'折杨柳'的曲调,可是我却偏偏要将真的杨柳给移植过来。"

"左公做事,一向出人意表,不过左公既然能将真的杨柳移植过来,只怕这首《凉州词》也要重写了!"

二人虽然只是一番玩笑之话,但就在这一年,真的有一位新任帮办甘肃、新疆善后事宜的杨昌浚来到西北,目睹了左宗棠在西北的所作所为之后,仿效《凉州词》,新作了一首诗:

> 大将筹边尚未还,湖湘子弟满天山。
>
> 新栽杨柳三千里,引得春风度玉关。

且说这一夜,左宗棠和胡雪岩谁也没有睡意,开始是在地上,后来干脆移席床榻之上,以作长夜之饮。

左宗棠介绍了自己的情况:已经向朝廷上书,建议在新疆设立行省,并且提出了收复伊犁的一系列规划。

俄国曾经许诺,在清政府收复乌鲁木齐后,就归还伊犁。但没想到,左宗棠不但收复了乌鲁木齐、玛纳斯,而且平定了南疆。俄国方面仍然在百般拖赖,清政府于是派出盛京将军崇厚去俄国谈判,以期收回伊犁。对于谈判之举,左宗棠深不以为然,以为非用武力不可。

为收复伊犁作准备,左宗棠向胡雪岩提出,希望胡雪岩能再代为向洋商借款400万两白银。

"没问题。"

对于自己在和汇丰银行借款交易中私拿回扣的事,胡雪岩并没有向左宗棠提起。

在胡雪岩看来，这纯粹是自己的个人问题，也是生意场上的惯例。不仅仅是他胡雪岩，换了其他任何一个人，都不可避免地会在和洋人的借款中拿回扣。事实上，如果没有回扣，这生意根本做不成。这也是为什么官方出面，反而从洋人那里借不到钱的一个根本原因。

"雪岩，你帮了我这么大的忙，也等于为朝廷作出了巨大的贡献。我准备向朝廷保荐你。"

"多谢左公。只是我一再说过，我不会做官，不会做事，所以再给我升职加官，也没什么意思。"

胡雪岩经过左宗棠两次保荐，已经是从二品的布政使。他又不想真的去做官，所以兴趣不大。

不过，电光石火之间，他忽然想到一件事情：天下没有不透风的墙，自己和洋商在借款过程中的暗中操作，只怕终将有真相大白于天下的一天，到时候，如果自己没有"免死金牌"或者"尚方宝剑"，说不定将会有杀身灭门之祸。这个时候，朝廷正在重用左宗棠，能不能请他帮忙想个办法？

"对了，左公，我听人说，朝廷对于有特殊贡献的人，会赏赐一件黄马褂。可有这么回事？"

"黄马褂？"左宗棠一听，也觉得有些意外，没想到胡雪岩会将心思放在这事上面。

"是有这么回事。"他给胡雪岩简单解释了一下。

原来，当时的黄马褂分为三种：一种是"行职褂子"。当皇帝出行时，各内大臣、御前大臣、御前侍卫等随从必须穿着黄色的马褂，为的是以壮行色。"行职褂子"没有花纹及图案，因职而穿，离开工作岗位或者非与皇帝同行时便不能穿。第二种是"行围褂子"。满人以马上得江山，仍然不忘保持自己的狩猎习惯。每年秋冬，都要"狩猎"。在皇帝围猎、校射时表现出色，或者向皇帝献猎物者，都可能得到皇帝赏赐的黄马褂。"行围褂子"按规定只有在跟随皇帝狩猎时才可以穿。平时无故穿着属于犯禁忌，是可以被治罪的。第三种黄马褂则被称为"武功褂子"，是因军事功勋或其他特别贡献而得到的奖赏。得赏者可以在任何隆重的场合穿着，以示恩宠。

赐穿黄马褂在清初并不盛行，一直至嘉庆年间都未见于史书，只有在道光、咸丰以后，才开始出现。

"这么说，雪岩，你想弄一件黄马褂？"

"其实我个人并没有什么想法，主要是为了在生意场上行走方便。尤其和洋人打交道用得着。"

胡雪岩口中这么托词，其实心里想的却是：如果能够得到赏赐黄马褂，那么将来即使东窗事发，也可以保全一条性命。

"我也只是随口一说，如果左公为难，就当我没说！"

"不，雪岩，我向你开口的事情，你从来没有拒绝过；如今你向我开了口，我同样不能拒绝。"

左宗棠果然没有食言，很快和陕西巡抚谭钟麟联合上了一道奏折《道员胡光墉请破格奖叙片》：

浙江在籍绅士布政使衔江西补用道胡光墉，上年闻陕省亢旱成灾，饥民待赈孔亟，拟捐银二万两、白米一万五千石装运赴汉口飞挽入秦。臣因道远运艰，饬改捐银两。兹据禀称改捐银三万两，共捐实银五万两解陕备赈。即前截留备购东洋米之洋款三十万两，亦已改银轻赍到甘。并据该道呈开，捐输江苏沭阳县赈务制钱三万串，捐输山东赈银二万两、白米五千石、制钱三千一百串，又劝捐新棉衣三万件，捐山西赈银一万五千两，并捐河南赈银一万五千两，只因目击时艰，念灾民饥饿流离之苦，竭力捐助，不敢仰邀奖叙等情前来。臣维胡光墉自奏派办理臣军上海采运局务，已历十余载，转运输将，毫无贻误，其经手购买外洋火器，必详察良格利钝，伺其价值平减，广为收购。遇泰西各国出有新式枪炮，随时购解来甘。如前购之布洛斯后膛螺丝开花大炮，用攻金积堡贼巢，下坚堡数百座；攻西宁之小峡口，当者辟易；上年用以攻达坂城，测准连毙，安夷震惧无措，贼畏之如神。官军亦美为利器，争欲得之。现在陆续运解来甘者，大小尚存数十尊，后膛马步枪亦数千杆。各营军迅利无前，关陇新疆速定，虽曰兵精，亦由器利，则胡光墉之功实有不可没者。至臣军饷项，全赖东南各省关协款接济，而催领频仍，转运艰险，多系胡光墉一手经理。遇有缺乏，胡光墉必先事筹维，借凑预解，洋款迟到，即筹借华商巨款补之，臣军倚赖尤深，人所共见。此次新疆底定，核其功绩，实与前敌将领无殊。臣不敢稍加矜诩，自蹈欺诬之咎，亦何敢稍从掩抑，致负捐助之忱。兹就胡光墉呈报捐赈各款，合计银钱米价棉衣及水陆运解脚价，估计已在二十万内外，而捐助陕甘赈款，为数尤多。又历年指解陕甘各军营应验膏丹丸散及道地药材，凡西北备觅不出者，无不应时而至，总计亦成巨款。其好义之诚用情之挚如此。察看绅富独力呈捐，无如其多者。

这道专门为胡雪岩而上的奏折里"核其功绩，实与前敌将领无殊"一句话着实厉害，老辣无比。

按照当时咸丰、同治以来的惯例，在太平天国起事以后，凡是作战有功的将士，大多能得到黄马褂。因此，朝廷很快给出了答复：

"道员胡光墉，捐银助赈，前据梅启照奏请核奖。业交户部核给奖叙。至该员历年购办西征军火。筹运饷项一切均无贻误。其劳绩实与前敌无异。自应量予鼓励。胡光墉著赏穿黄马褂。"

这就叫胡雪岩获得了一个莫大的荣誉。一个商人获戴红顶子并不稀奇，因为那是可以花钱买来的；但一个商人能够获得有军功象征的黄马褂，这可是从来没有过的旷世恩典，殊荣之极！

给自己弄了一件象征皇室宠信的黄马褂之后，胡雪岩又想方设法，通过左宗棠的保荐，给母亲金氏请了个"一品诰封"。

这样，加上同治十二年左宗棠给胡雪岩的母亲请的一块同治皇帝的亲笔手书"勉善承荣"，可以说，胡雪岩从左宗棠那里获得的帮助，从朝廷那里得到的赏赐，已经达到他一生的顶点！

伴随着胡雪岩个人的荣耀达到极致的，是左宗棠的一生功业也达到了顶点。

先是崇厚奉朝廷之命去与俄国人谈判，竟然擅自签订了丧权辱国的《中俄伊犁条约》（即《里瓦基立条约》）。按照该约，俄国虽交还伊犁，但割去中国霍尔果斯河以西、特克斯河流域及穆素尔山口等要地，使伊犁以西、以南险要尽失，且俄国还攫得伊犁"代守费"和通商、免税等权益。

左宗棠一闻此讯，怒不可遏，立即上书朝廷："武事不竟之秋，有割地求和者矣！兹一矢未闻加遗，乃遽议捐弃要地，餍其所欲，譬犹投犬以骨，骨尽而噬仍不止。目前之患既然，异日之忧何极！此可为叹息痛恨者矣。"他要求朝廷立即严惩崇厚，并且呈交了自己的作战方略：明春解冻后，亲率驻肃亲军，增调马步各队，出屯哈密，就南北两路适中之地驻扎，督饬诸军，妥慎办理。

清廷对崇厚的擅作主张也大为恼火，采纳了左宗棠的建议，先是将崇厚革职拿问，交刑部治罪，继则把崇厚定为斩监候，待秋后处决，并于光绪六年正月初三日（1880年2月12日）派驻英、法公使曾纪泽兼任驻俄公使，赴俄谈判改定崇厚所订的条约，并令左宗棠做好军事准备。

这一年，左宗棠68岁。长期的边塞军旅生活，令他的身体染上了多种疾病。不过，他已经抱定必死之心，又一次抬棺出征，亲自率领大军离开肃州（今酒泉市），出嘉峪关向哈密挺进。

抵达哈密后，左宗棠部署三路进兵以收复伊犁的军事计划：一路由金顺进驻精河从正面佯攻，以牵制俄军主力，且防俄军向东进犯；一路由张曜从阿克苏越过天山进击伊犁南部；一路由刘锦棠经乌什越冰岭直赴伊犁西面的后路。左宗棠这种破釜沉舟式的坚决态度，令俄国方面感受到了巨大的压力。而狡猾的俄国人并不正面和左宗棠作战，而选择了以外交的方式来解决伊犁问题。

西方列强一系列的手段令人眼花缭乱：英国女王维多利亚亲自写信给慈禧太后为崇厚求情，俄国也声称如不对崇厚予以赦免，便不同曾纪泽谈判。清政府迫于压力，宣布免去崇厚的斩监候之罪。紧接着，俄国加紧调兵遣将，不仅增兵伊犁，还在黑龙江以北、乌苏里江以东部署重兵，并调集20余艘军舰组成一支舰队由黑海驶往日本长崎，扬言封锁中国沿海，威逼京津。再加上英国人戈登，这位曾经的"洋枪队"队长，至天津面见李鸿章，威胁说："如果你要作战，就把北京的近郊焚毁，把政府档案和皇帝都从北京迁到中心地带去，并且准备作战五年。"

这样一来，李鸿章就找到了阻止左宗棠最后建功的机会，称："中国一日以北京为建都之地，则一日不可与外国开衅，因都城距海口太近，洋兵易于长驱直入，无能阻挡，此为孤注险著。"

李鸿章是唯一能够和左宗棠抗衡的朝中重臣，他的意见立即为清廷所采纳。结果，左宗棠在前线枕戈待旦，翘首以盼，最后等来的是一道令他难以置信的圣谕：着左宗棠立即赴京供职！

左宗棠于十一月十二日从哈密启行入关，经兰州交卸陕甘总督篆务后，又于一月三日从兰州赶往北京。

而就在他抵达北京的同一天，曾纪泽以左宗棠在新疆的布防为后盾，经据理力争，与俄方签订了《改订条约》。此约较崇厚条约争回了一些主权，俄国交还伊犁和特克斯河流域及通往南疆的穆扎尔山口，但仍将霍尔果斯河以西的中国领土划给俄国，且在赔款方面有增无减。

左宗棠得悉条约签订的消息后气愤不已："伊犁仅得一块荒土，各逆相庇以安，不料和议如此结局，言之腐心！"

事实上，令左宗棠"腐心"的事情才刚刚开始：当他到达紫禁城的城门口时，却被拒绝入城。

"你是从哪里来的？"

"陕甘。"

"那是个穷地方，看你的样子也没有多少油水，这样吧，交4万两银子的买路钱好了。"

"岂有此理！"左宗棠大怒，"是皇上叫我来京城，我才来的，你们要钱，去找皇上要好了。反正我左宗棠一文没有。"

他真的就在城门外和守门的官员耗上了，结果一连5天5夜，愣是没有机会进入京城。

后来好容易进了城门，又和前来传旨的太监发生了矛盾。太监来传达皇帝给他的最新任命：

"入值军机，在总理各国衙门行走，管理兵部事务。"

当左宗棠接到任命时，他赏了太监100两银子。太监惊奇的表情使左宗棠以为或许是他对自己的慷慨不胜感激，因此又赏了他50两。而事实上，太监的开价是1万两！令人咋舌！

左宗棠在前线习惯了粗茶淡饭的生活，连菜都是亲自种的，可是来到京城之后，却见这里到处是行贿和受贿之风、触目惊心的腐败，左宗棠简直以为自己是陷入了一场可怕的噩梦。

噩梦最终以一种奇怪的方式将左宗棠惊醒：左宗棠得到了慈安太后的召见。然而他在受到接见的时候见到的那个面色红润、柔声细语询问他的身体情况，关怀无微不至的慈安太后，竟然没几天就去世了。当左宗棠听到慈安太后去世的消息，令他大吃一惊，脱口而出：

"我不相信她是寿终天年的。"

就是这一句话，宣告了左宗棠的仕途走到了尽头。那些记恨他的太监，立即将他的话告诉了慈禧太后。

慈禧太后对左宗棠还算是不错的，没有让他的脑袋搬家，只是说外省有事要左宗棠去办。

就这样，左宗棠在北京城里屁股还没有坐热，就稀里糊涂地被逐出了最高权力中心。

而当左宗棠的人生命运发生着戏剧性的变化时，胡雪岩却还没有意识到，自己与左宗棠休戚与共的命运也开始发生天翻地覆的转折。他此刻正在自己的江南第一豪宅里悠然自乐，命令自己的32个丫鬟、侍女，每个人扮作象棋棋盘上的一个子：车、马、炮、卒等。胡雪岩和罗四等12名姨太太，居高临下，指挥着"活人棋盘"。每走一步，无不是环佩叮当，香风拂动，这种人间难得的香艳，难得的风流闲适，似乎连高高在上的老天爷看了，也会不由自主地生出嫉妒之情，从而要降下惩罚来，将胡雪岩从人生的巅峰掀落。

第19章
惊天一战

  胡雪岩为了购买新型的缫丝机器来到日本，并且巧识被称为"日本第一巨商"的岩崎弥太郎。二人一见如故，彼此的经历差不多，性情相投，志向也相同，彼此都从对方身上看到了自己一生的写照。岩崎弥太郎的人生信条"有进无退，舍命入海"对胡雪岩影响很大，回国之后，似乎意识到风雨将来，已经处于人生和事业巅峰的胡雪岩，决定放手一搏，实现自己平生之志。

  胡雪岩投入了1000多万两白银，和洋商大打一场生丝收购战。洋商震慑于胡雪岩的气势，上门求和，却遭到胡雪岩的拒绝。这场历时两年多的商战，堪称中国商人和洋商的一场世纪之战。

胡雪岩：红顶商圣

光绪七年的这个春天，当江南又是草长莺飞、如梦如幻的季节，西湖长堤之上，又是芳草迷离，落英缤纷，胡雪岩却顾不得像往年一样来此悠闲地踏青赏春，而是乘船东渡，来到了一衣带水的日本。

这也是胡雪岩有生之年第一次离开中国，到外面的世界一窥究竟。早听说日本和中国同根同种，是一枝两花。日本在中国唐朝最强盛的时候向中国派遣了无数的遣唐使，学习中国的文化、政治、经济和军事。而中国对于日本这个小小的岛国也表现出了极大的胸襟：毫无保留，倾囊而授。尤其在文化和经济上，中国和日本在整个唐宋时期，一直是密不可分。到了元明时期，世界进入大航海时代，海上的争夺代替了陆地上的争夺。日本以其海外地位的重要，和中国的关系变得微妙起来。很多中国商人都看中了日本的贸易地位，干起了亦商亦盗的勾当。明朝时期令朝廷头痛不已的"倭患"，据说有相当一部分其实都是中国人。甚至明朝还出了一个大名鼎鼎的"海盗商人"郑芝龙，他不但积攒了雄厚的商业资本，并且缔造了一支威武无敌的海上之师。他和日本夫人所生的儿子福松，后来便是大名鼎鼎的"国姓爷"郑成功。

对于像王直、郑芝龙这样的海盗巨商，胡雪岩对他们的故事耳熟能详。他现在所走的道路，也正是当年王直和郑芝龙所走过的道路。无数商人希望在这条路上成为新的郑芝龙。

胡雪岩此次到日本，是要考察并采购日本最新生产的缫丝机器。

缫丝，是指从蚕茧中抽出蚕丝。原始的、最早的缫丝方法，是把蚕茧浸泡在热盆汤中，手工抽取蚕丝，再卷绕到丝筐上。这种方式抽出的丝粗细不均，断头又多。然而中国人千百年来，始终沿用这种简单的缫丝方法。因为这样可以确保在缫丝过程中，尽量不杀死蚕宝宝。可是这种土法缫丝工作效率低下，所缫出来的丝也不够上乘。

日本从中国引进蚕以后，学习了养蚕技术和缫丝。但日本却早已不再将中国作为学习对象，而是瞄准了西方。"明治维新"正在将日本变成一个彻头彻尾的西方国家，其中机器的引进是一大标志。

缫丝机器最早在英国、法国应用，但是日本迅速将这种机器引进，并且加以改进。

机器缫丝和中国人土法缫丝，最大的不同在于一上来就先将蚕蛹放入烘箱中，将蚕宝宝杀死，这样缫制的丝质量更高，而且效率大大提高。在时间上就先节约了成本。

当时，日本和中国江南一样，最倚为传统的生产仍然是两大样：养蚕、种稻。但这二者通常是相互抵触的。比如，插秧的时候最需要人手，但对于养蚕来说，蚕就要成熟的时候，一天要喂8次，而且每天要清理数次饲料盘，养蚕人基本上要寸步不离蚕的左右。养蚕和种稻，最忙的时候刚好都是在四月至六月，这使得农民必须为两项产业分别配备人手，要么只养蚕，要么只种稻。

日本人通过引进机器生产，解决了这一问题。他们通过控制蚕室的温度，让蚕提早孵化，提早成熟，或者给蚕施加一些化学药物，使它们可以改在七月到三月间孵化，农民们可以从容地完成两项产业。

当时，日本的蚕丝业因为机器生产的运用，每年大幅度地提高产量，在国际市场上对中国江南一带的传统蚕丝产业形成冲击，已经是不容忽视的事实。中国的明智之士也开始引进日本的缫丝机器，广东已经出现了第一个颇具现代气息的缫丝工厂，却因为中国人对蚕宝宝的不忍杀生，而引起了巨大的争议。江南一带人们普遍信佛，纷纷谴责、排斥这种违背天理的做法。

但胡雪岩却从中嗅出了危机：如果再不改进缫丝工艺，引进现代的缫丝机器，中国丝业，包括大名鼎鼎的"湖丝"，将面临被挤出国际市场的危险。而胡雪岩这些年来涉足丝业，每年都有相当可观的收入。和他在湖州合作的庞氏富商，也已经大发其财，跻身"四象"。

所以，胡雪岩趁这一年的春天稍有闲暇，立即坐船来到了日本，考察并购买日本的缫丝机器。

抵达日本东京以后，胡雪岩马不停蹄，在当地接待的华商的带领下，一连考察了数家颇具规模的工厂，最终经过对比，选择了一批烘箱和缫丝机器。这些现代化机器将很快运回到中国。

付了一笔数额不小的定金以后，胡雪岩长长地出了一口气。现在可以放松一下了，欣赏日本的晚樱还来得及。

樱花是日本的国花，也是日本人的精神寄托。这种洁白如雪的小花，不开则已，一开起来是那么集中而浓烈，一簇簇地开，一树树地开，一山一山的开。每朵小花看上去都是那么单薄，那么哀婉，然而这无数的小花凝集在一起，就产生了一种轰轰烈烈、惊天动地的效果。

樱花的美丽，不在其生，而在其死。看樱花主要是看一树一树的樱花，怎样将积攒了一年的生命能量，在一个短短的瞬间集中迸发，喷溅出惊人的美丽，然后吐尽了风华，从树上飘然而落。

在日本人的眼中，樱花的飘落是"向死而生"的一个壮丽的、富有诗意的过程。由此孕育出了日本人独具一格的"死亡文化"。生要绚丽，死要壮烈。看一朵朵的樱花前赴后继，争着从树干上坠落，勇敢地奔向未知的、重新展开的生命旅程，令人油然而生敬佩之情。

胡雪岩观看樱花的地方，是东京偏僻之处的一片寺庙群。这里的樱花开放得晚，游人也少。

就在胡雪岩观看樱花时，一个奇怪的现象引起了他的注意：这一带的寺庙竟然都破旧衰败，有的门窗和廊柱还被捣毁了，本来应该金碧辉煌的佛像上面，大部分的镀金都已经剥落，到处是一派凄凉和死寂。

在中国江南的寺庙见惯了人头攒动、香火缭绕的盛况，突然看到寺庙如此被冷落，胡雪岩很奇怪。

"我在来的时候，听说日本是一个非常信仰佛教的国家，为什么现在看到的却是这么冷清？"

"胡先生你大概还不知道，这种情况已经有二三十年了。"随行的人叹息一声，给他作了解释。

原来，日本自从中国的隋唐时代热衷学习中国文化，中国的高僧鉴真大师东渡，给日本带来了正统佛教文化，从此，日本人一直信佛、敬佛，并且从中国大量进口铜钱，铸造佛像、铜钟等。

但这一情形被明治维新打破了。自从明治维新以来，整个日本都崇尚西方，学习西方，传统的东西纷纷被丢弃。佛教文化也被贴上了腐朽无用的标签，寺庙都被烧毁，僧人纷纷还俗。于是，在短短的二三十年间，日本各处的寺庙被破坏得凄凄惨惨，令人不忍目睹。

胡雪岩了解到，各个寺院为了筹钱度日，纷纷将铜钟等熔化成铜出售，寺院的房屋、田产也都在低价变卖。

"罪过，罪过，阿弥陀佛！"

胡雪岩并非佛家信徒，但因为母亲每天诵经，早晚念佛，他也跟着学了一些佛家用语。

"房屋田产，这些东西我太多了，何况买了也带不走。倒是这些铜钟，这么精美，当年制造的时候一定费了不少的心血，如今熔化成铜块卖，实在可惜。这样吧，我愿意出一笔钱，只要有寺院要卖铜钟的，我都买下来，运回中国去，我再将它们布施给各大寺庙，也算一桩小小功德。"

"阿弥陀佛，岂止是小小功德，简直是功德无量！"

于是，胡雪岩派人去各个寺院询问，得到的回答是到处都有铜钟要出售，而且价格很便宜。一座铜钟，大致在3000斤上下，每100斤不过5两银子，一座铜钟，最多不过150两银子。

150两银子，对胡雪岩来说实在是九牛一毛。做事向来大手笔的他，一口气就收了50口铜钟！

半个月之后，铜钟从各处寺庙陆续运来，堆集在港口，加上胡雪岩先前采购的烘箱、缫丝机器，为亲朋好友、妻妾子女置办的各种日本特产，所有这一切加在一起，的确是蔚为壮观！

然而，正当胡雪岩归心似箭，即将踏上返回中国之旅时，却传来一个惊人消息：日本到上海的航线取消了！

"怎么回事？"

胡雪岩派人一打听，才知道原来负责这条航线的三菱公司是私人公司，由岩崎弥太郎创办，当时正在和共同运输公司竞争，结果出现了巨大的财务赤字，而不得不裁员，放弃了一部分海上航运生意。

听到这个消息后，胡雪岩非常着急。因为这批机器不能及时运回去，就赶不上今年的缫丝季节了。

这天，傍晚时分，胡雪岩来到了岩崎弥太郎的豪宅。只见这是一个巨大的院落，院子里不但房屋无数，一间一间重重叠叠，而且还有整座的小山，以及人工开凿出来的湖泊。到处都种植着名贵的花草，饲养着各种珍禽。不算在这里穿梭进出的客人，仅仅服务的仆人就有100多个。经过每一处房屋，从房间里传出来的都是丝竹管弦、载歌载舞之声。优美动听的音乐和诱人肠胃的酒菜香气阵阵扑鼻，人体内最古老的、原始的欲望都被调动起来，忍不住想要放纵一回。

"这个家伙，比我还会享受！"

胡雪岩本来觉得自己在杭州元宝街的豪宅已经是江南第一，天下也不想作第二。可是来到岩崎弥太郎的豪宅，才觉得自己的气魄还是小了一些。毕竟在中国，限于自己的身份，在等级森严的制度面前不敢有半分的僭越，而在日本，明治维新摧毁了一切的旧制度，一个崭新的、无拘无束的、像海洋一般宽广的新时代，正在向人们招手，一切都是那么美好。

按照约定的时间，胡雪岩见到了岩崎弥太郎。出乎他的意料，这个比胡雪岩小11岁的家伙，并不如同这座庭院所显示出来的那么张扬、不可一世。恰恰相反，岩崎弥太郎给人的感觉非常沉稳、内敛，而且衣着也非常朴素，整个人看上去相貌无奇，真难想象这就是"日本第一商"。

"岩崎先生，我是来向你借一艘船回上海的。"

胡雪岩一见面，就开门见山提出了自己的要求："我刚买了一批机器，必须马上回去，否则就耽误了生意。"

"胡先生是做什么生意的？"

"丝、钱庄、典当、药店……总之什么生意赚钱，我就做什么。"

"可是我听说胡先生主要是和贵国的左宗棠左大人合作，从事军火贸易生意，大发战争财，怎么样，好处一定不少吧？"

"哦？你怎么知道？"

"哈哈，我就是做这个起家的，难道还不了解这里面的门道吗？"岩崎弥太郎一笑起来，不但声音爽朗，而且气势逼人。他将身子向前探了探，目光炯炯地盯着胡雪岩，"胡先生大概还不知道吧，我在长崎住过很长一段时间，主要就是和外国人打交道，借款，购买军火。咱们可是同行呢！"

"真的吗？"胡雪岩本不了解这个岩崎弥太郎，听他这么一说，也不由地大有引为同道知己的感觉。

岩崎弥太郎讲了自己当年在西南战争中的发财经过，胡雪岩也讲了自己如何帮助左宗棠西征，二人越谈越投机，都没有想到二人的人生经历会如此相似。接着，岩崎弥太郎又讲了自己少年时代如何立志要出人头地，如何在离家的时候登上山顶，对天长啸，立下誓言：不扬名天下，誓不再登此山！后来又如何因为父亲入狱，去和当地官员辩论，愤而写下"无官不贿赂，狱因爱憎决"，结果因此入狱。偏偏在狱中遇到一位商人，因而学习了算术，从此将经商作为自己的人生抱负，立志一定要成为"天下第一巨富"，开始做生意。

"这么巧？我的人生经历，和岩崎先生也差不多呢！"

胡雪岩听了，更感觉到惊奇，于是将自己早年如何离家，如何学习做生意，立下济世之志，如何意外得到阜康钱庄的掌柜赠财，简略地讲了一遍，听得岩崎弥太郎也出了神，觉得两人真的很像。

"的确很巧。你说你在做生意上，受你母亲的影响很深，你知道吗？我也是受我母亲的影响。"

原来，岩崎弥太郎也主要是在母亲的教育下长大的。岩崎弥太郎的母亲美和，是一位医生的女儿。13岁的时候父亲去世，年幼的美和赴高知县在藩士公馆当佣工。15岁时母亲去世，16岁时美和嫁给岩崎弥次郎，很快生下了岩崎弥太郎。美和心地善良，而且很会持家，用一个小储蓄罐将每一分钱都仔细存起来。尽管生活并不富裕，但有一年年末，邻家女子哭着来借钱，美和早就厌烦她性格的懦弱，因此，断然拒绝了。但当看到这女子垂头丧气地走回去的样子时，又不忍心，便抢先赶到她家，透过拉门的破洞之处，将身上带的所有钱币均扔进其家中。

美和和胡雪岩的母亲金氏一样，对家族的影响是深远而长久的。美和给岩

胡雪岩：红顶商圣

崎家留下的家训是："一、人不得违背天道；二、不要拖累孩子；三、不因他人之毁谤而动摇；四、努力保护全家；五、无病时不可大意；六、勿忘贫穷之时；七、无论何时，均不可丧失忍耐之心。……"

据岩崎弥太郎说，他也有桀骜不驯之时，但每当想起母亲留下的这些家训，都会马上严肃起来。

"我娘也常告诉我，要与人为善，天下的钱没有赚完的那一天，但行善积德却一刻耽误不得……"

不知不觉，胡雪岩和岩崎弥太郎谈到了深夜。二人却谁都没有倦意，反而越谈越是投机，兴致更浓。

"对了，胡先生，你知道我这一生，赚了那么多钱，做了那么多事情，从来都不曾忘记的一个字是什么？"

"是什么？"

"是'义'字！"

岩崎弥太郎用手指头蘸着茶水，在桌子上写了一个大大的汉字"义"。"贵国的先圣孔夫子不是说过吗？君子爱财，取之有道。这个'道'，我认为就是'义'，是君臣之义，是朋友之义。"

"巧了，我生平最看重的，也是一个'义'字。如果没有这个'义'字，我不会和王大哥义结金兰，也不会得以结交左宗棠大人。"

二人彼此讲起经历，都仿佛从对方身上看到了另外的一个自己。想一想，人生也委实奇妙。在大海的两岸，在两个完全不同的国度，完全不同的环境里，居然会有如孪生兄弟一般相像的两个人！真不知道上苍造物是有意为之，还是一时疏忽。

东方放亮，二人整整谈论了一个通宵，还是觉得意犹未尽，难舍难分。如果不是岩崎弥太郎的身体不太舒服，而胡雪岩还要急着赶回中国去，说不定二人真可以成为一对好朋友！

"岩崎先生，很高兴和你谈论了这么多。从你身上，我学到了很多东西，我相信一定会终身受用的！"

"哪里，倒是从胡先生您身上，我学到了更多。我素来仰慕中华文化的博大精深，有机会我一定到中国去拜访您！"

"那我等着你！"

临别之际，胡雪岩向岩崎弥太郎赠上自己的礼物：一对得自长白山深处的千年人参，岩崎弥太郎则将自己家族的一把从唐代传下来的古倭刀赠送给胡雪岩，并且亲笔写了4个大字：

"水到渠成。"

"贵国南宋政治家、诗人范成大有言：水到渠成。流水自然成渠，无需百般筹划，只要努力，事情自然会成功。但是胡先生你知道吗？我一生最欣赏水的，还是那种有进无退、舍命入海的精神！"

"有进无退、舍命入海？说得好！"胡雪岩称赞道，"天下经商之人，本该都有如此精神才是！"

二人恋恋不舍地分别了，胡雪岩登上专门从岩崎弥太郎那里借来的邮轮，踏上了归国之旅。

这对从彼此身上看到自己一生写照的商业奇才，不但人生经历大致相同，而且脾气、性格也惊人相似，其人生结局也差不多：他们在接下来的晚年岁月中，都将面对一生中最大的敌人，迎接最为严峻的一场挑战。岩崎弥太郎的三菱公司要和三井公司决战，展开生死之争。在这场惨烈无比的价格战中，以横滨—神户航线为例，票价从5日元50钱降到55钱，后来变成免费运输，还向乘客赠送礼物。到岩崎弥太郎因癌症去世之时，三菱的家当几乎已经被赔光。但他却并没有因此退却，反而发出惊天誓言，要和"反三菱同盟"血拼到底。他公开告诉世人：如果到输光家当的那一天，就把旗下所有的船舶聚集在品川外海，一次全部烧毁。

与此同时，胡雪岩也正在面临一场同样输不起的战争，其情形简直与岩崎弥太郎一般无二。

但胡雪岩与岩崎弥太郎毕竟不同。岩崎弥太郎在自己最辉煌的时刻，没有忘记是什么成就了自己的一生：是早在青年时代便有机会到长崎接触外面世界，是和洋人打交道、搞洋务让他具备了国际视野。因此，在发达之后，岩崎弥太郎做

胡雪岩：红顶商圣

的第一件事情，便是送比自己小16岁的弟弟去国外读书，后来又将自己的侄子和儿子也都送去了西方读书。正是这一安排，使得岩崎弥太郎死后，以上三人陆续成为了三菱公司的接班人。而正是这三人在西方世界的历练，接受西方文化的熏陶，使得他们比同一时代的人更具有开阔的胸襟和理性的精神。

岩崎弥太郎利用自己搞洋务的经历，早早就确定了培养国际化人才接班人的宏大计划。而胡雪岩同样是早早接触洋务，早早帮助左宗棠搞船政、采购军火，并且重视培养人才，但最终，胡雪岩却将从洋人那里学来的科学知识和购买的西方先进机器，用来在自己的豪宅里铺设管道，安装了差不多是中国同期最早的"德律风"（即电话）。它居然不是用来在商业上传达信息，提高效率，而是被胡雪岩用来平衡姨太太之间的争风吃醋，以做到"雨露均沾"的所谓"公平合理"。这未免不令人扼腕叹息。这么一对比，胡雪岩比起岩崎弥太郎来，在眼光、见识、才华、自我克制的"忍耐"功夫等各个方面，均不免稍逊一筹。

胡雪岩将这批寄托着改良江南缫丝工艺的新机器运回中国，不料却在湖州一带遭到了强烈抵制。人们纷纷反对这种残忍地将蚕宝宝杀死的做法，而且不知道怎么，这件事情传到了金老夫人的耳朵中。金老夫人一生笃信佛教，善良无比，怎么能容忍这种事情发生？向来不怎么发火的她将儿子叫去大骂一顿，胡雪岩事母至孝，怎么敢拂逆母亲。于是立即答应母亲，不再从事新工艺的实验，而是将机器运到了上海，以低廉的价格出手。

倒是那批运回杭州的铜钟，为胡雪岩带来了意想不到的声名。他将从日本纪州、大阪等地购买的铜钟分别刻上"钱塘弟子胡光墉敬助"的字样，然后分别捐献给杭州吴山城隍庙大殿、岳王庙、吴山文昌庙、东岳庙、杭州城西五云山山顶寺、云栖寺等一共14个寺院，一时各界称颂，人人都说胡雪岩做了一件功德无量的大好事，甚至将其与古代的陶朱公相提并论。

这一年的年底，胡宅里上上下下一派的忙碌景象。除了要迎接新年，更重要的是，转过年之后，就是胡雪岩的60大寿了。这可是一件大事情，除了金老夫人，连大太太加上12个姨太太一齐行动了起来。

所谓"家有千口，主事一人"，这时候在胡宅里当家的，并不是胡雪岩，而是罗四太太。自从新宅落成，园子太大，为了不显得空空荡荡，胡雪岩将自己在外面的女人，包括罗四在内一共12个女子，全部接了回来，按照大小叙了名分。并且，众人之中，胡雪岩独敬罗四，不但将园子里最好的楠木厅给了她居住，而且当众宣布，将家中财政大权交给她。

胡雪岩这么做的确没有错。正如同《红楼梦》里有一个女当家王熙凤一样，这个罗四太太，在生意场上是独当一面的好手，在管理这一大家子的乱七八糟事情上面，也同样显示出了卓越不凡的本领：除了对老夫人尊敬有加，对大太太以礼相待，对待其他的胡雪岩的出身各不相同的妻妾们，罗四一点都不客气。每个人每月应该领多少银子的例钱；遇到每个人的生日，应该按照什么规格去张罗；逢年过节给予什么样的奖赏，真正是一丝不差，每个铜板子儿，都有下落。其精打细算的程度，便是胡雪岩自己，有时候听了罗四报账，也自叹不如。

这么大一家子，热热闹闹，在外人看来，应该是足够令人叹羡的了。然而，作为一家之尊的金老夫人，却似乎并不觉得儿子这么风光无限是一件多么值得高兴的事情。老夫人本来就信佛，虔诚得紧，如今更是一天到晚在胡雪岩给她专门修筑的金碧辉煌的佛堂里，求观音菩萨保佑。

除夕夜，众人都来给金老夫人拜年，每个人都得了一个大大的红包。众人散去后，留下胡雪岩单独陪母亲。

"顺官，还记得吗？你爹那一年临终的时候，拉着你的手说，振兴胡家，将来就靠你了。他没有看错你啊！"

"是啊，这么多年来，我一直不敢忘记爹的话。"胡雪岩恭恭敬敬地道，"只可惜爹爹走得早，看不到我今日创下的这一番局面！"

"你爹虽然看不到，不过我每天晚上临睡觉前都要和他唠叨几句，你做了什么，娘都说给你爹听！

"对了，就在昨天夜里，娘还做了一个梦，梦见了你爹呢！他说：'顺官的生意做得太大了，差不多也该收手了。人不能总一帆风顺，更不可能想要什么就得到什么。顺官所以有今日的成就，主要是祖宗修德，为胡家子孙积下的福报。所以，你要劝一劝顺官，从现在开始，将生意慢慢收拢，将全部的精力都放在积

德行善上，这样胡家才能子子孙孙，永远兴旺发达！'

"你爹还说：'告诉顺官，天下的钱，没有赚完的时候。切不可只顾一心一意赚钱，而忘记了祖宗'祸福相依'、'盛极而衰'的古训。要多给自己身后留点余地，能做到急流勇退最好。'"

"娘，您放心，爹的话，我都记住了。"

胡雪岩也知道，娘其实是在借爹之口劝诫自己。但胡雪岩并不点破，只是认真地点头答应。

新年过后，就是胡雪岩的60大寿。胡宅张灯结彩，门口来贺寿的人络绎不绝，轿子都没地儿放了。

一个人到了60岁，尤其又像胡雪岩这样，到了这等富贵双全的地步，按说应该是心满意足了。

可是如果真是那样的话，胡雪岩就不叫胡雪岩了。

这不，60大寿的这个晚上，贺客都散去后，胡雪岩照例去母亲金老夫人那里陪说了一会儿话，然后来到罗四房里。

"阿四，我有一件事情要和你商量。"

"哦？什么事？非要今天说？"

罗四是如何聪慧的一个人，一听胡雪岩这么说，就知道他要和自己商量的，一定不是小事情。

"这件事情，我已经想了很久了。"胡雪岩不慌忙不忙，在床头坐下来。他并没有立即说自己想做什么事情，却将眼睛一闭，摇头晃脑，低声哼唱出了一首当时流传在江南一带的一首童谣：

"老虎吃小孩，小孩抱公鸡，公鸡啄蜜蜂。……"

从他那面带微笑、惬意之极的模样，可以想象，他眼前一定浮现出了一群孩子嬉戏追逐的场景……

罗四太太不明所以，不知道胡雪岩所要说的事情和这首童谣有什么关系。但她也只是面含微笑，并不多问。

片刻之后，胡雪岩睁开眼睛，对罗四说道："阿四，我问你一个问题，你说，像我们这样的人，是老虎，是小孩，还是公鸡、蜜蜂？"

"'老虎'算不上，因为上面还有皇帝，皇帝才是'老虎'。皇帝下面还有达官贵人，他们应该算是'小孩'吧。至于我们，应该算是'公鸡'。咱们下面的那些普通百姓，就是'蜜蜂'了吧。"

罗四一向对自己的聪明才智自信满满，以为这么回答，胡雪岩一定会赞同自己的说法，不料胡雪岩却一摆手：

"不，阿四，你错了！"

"我错了？"

"是，不管是皇帝也好，还是达官贵人，以及你我这样的所谓富人，还有下面的平民百姓，其实统统都是蜜蜂。"

"都是蜜蜂？怎么说？"

"阿四，你不知道。我自从去年去了一趟日本，见到他们的工厂都在开足马力，制造新式机器，从枪炮到轮船，无一不有；他们的百姓，都在争着贡献自己的聪明才智，齐心协力开拓一个新时代，那种蓬蓬勃勃的生机，令人感动，也令人害怕。而日本在欧、美列强面前，还只不过是'小孩'。

"阿四，你还记得吗？我说过，左宗棠左公一生最服膺的就是林文忠公。林文忠公当日提出，咱们的国家有两大患，一是海防，一是塞防。他选择了左大人作为继承自己遗志的人，左大人在塞防上建功，那是有目共睹。但关于海防，一直嚷着负责此事的是李鸿章。我真担心这个李鸿章是个只会嚷嚷、不懂实干的家伙。这么多年，海防也花费了朝廷大笔的银子，却始终没有听说有什么大进展。可是我这次到日本去，却分明感受到，咱们将来的心腹大患，不是别人，而是日本这个令人敬佩又令人感到恐惧的邻居。

"我仔细观察过日本的情形。他们的生活条件很艰苦，缺乏资源，唯一的发展空间就是海上。我知道他们始终有一个目标，就是盯着咱们这块大肥肉，不知道什么时候，就会啃上一口。

"只可惜，咱们明明已经是'蜜蜂'，可还有人拿着汉唐雄风说事，以为咱们是老虎，通吃通杀！

"所以,阿四,我有一种不好的感觉,我们这种太平日子,只怕没有几天过头了。战事迟早会爆发的。"

"真的吗?那怎么办?"

"战事一发,牵一发而动全身,而咱们战败的可能性很大。所谓覆巢之下,岂有完卵?到时候,你我这么多年辛辛苦苦积攒下的这一切,都有可能灰飞烟灭,付诸东流了。"

"这……"

"所以我才要找你商量。阿四,还记得你我初次认识,我给你讲过,要做一个救济天下百姓、大利天下的巨商吗?"

"当然记得。我就是那时候下定决心,今生今世,一定要和你在一起,一定要帮助你实现这个宏愿。"

"现在,就是实现这个宏愿的时候了。"胡雪岩似乎预见到,一场大的战争即将逼近,"我担心,再不将这个宏伟的愿望付诸实施,就没有机会了。一来外部的大环境会发生变化,二来我的身体也不允许,岁月不饶人啊!"

"那……你准备怎么做?"

"是这样的,"胡雪岩这才和盘托出自己的计划,"我从今年一开春,就派人到处去打听,都说今年的气候异常,春茧的产量只怕要比去年减少三分之一。春茧受损,生丝的数量必然随之下降,估计今年的生丝,不会超过八万包了。"

"你要趁这个机会,出手收丝?"

"不错。我觉得这正好是个出手机会,只要将这些生丝收购过来,有一半控制在咱们手上,就不怕洋商了。"

"一半?那也是4万包啊!"罗四大惊,对于生丝的行情,她再清楚不过了。每包按照250两银子计算,那也是1000万两银子啊!

"我当然不会自己做这件事情,而是要联合同道,一起拧成一股绳和洋商干。这一次,一定要由咱们来定价!"

"这可不是件小事情。雪岩,你已经决定了吗?"

"决定了。"

"那好，家里的事情，我交给大太太。湖州那边，还是我帮你去做事情。上海那边，由唐大少负责。雪岩，左宗棠左大人那边，你去打个招呼。咱们这么做，非捅了洋人的马蜂窝不可！"

"不，阿四，你留在家里，替我好好照顾这一大家子，使我能够安心去和洋人厮杀，这就够了！"

"可是，我不放心你啊，雪岩。这么多年来，我都是和你共进退，如今要做这么大的事情，我怎么能够袖手旁观？"

"阿四，现在和以前的情形不一样了，"胡雪岩道，"现在有了这么大的一个家，老太太的身体也一天不如一天，这个家真是一刻也少不得你。阿四，我知道以你的卓越才华，将你拴在这个家里是委屈你了……"

"雪岩，你这是说的什么话？什么委屈不委屈，我既然心甘情愿嫁给你，就是要和你过日子。我是个女人家，最懂得什么叫做'家和万事兴'。你放心，我会把这个家照顾得好好的。只是你一个人去做这件大事情，要千万小心，也要注意自己的身体。和洋人打交道，争一口气固然重要，但最重要的是把生意做成。千万不可意气用事，斗来斗去，最后将自己拖累进去啊！"

"我有分寸。"胡雪岩心不在焉地点了点头，他的心思，早已放在如何筹备这一场惊天之战上了……

第20章
雪化岩崩

然而胡雪岩估计到了所有因素,却唯独没有料到,中国和法国突然爆发了战争,法军逼近上海,市面随之崩溃。

更有一个意料不到的因素,是左宗棠的死敌李鸿章派出了得力干将盛宣怀,要借此机会搞垮胡雪岩。盛宣怀与汇丰银行的买办席正甫联合,给予了胡雪岩致命一击。一夜之间,胡雪岩的财富大厦轰然倒塌……

胡雪岩将生丝出手,回笼资金,然后花了一年多的时间,才将阜康钱庄全国各地亏空的账目补清。但刚有转机,却传来左宗棠去世的消息!胡雪岩乍闻噩耗,顿时长叹一声"天亡我也",昏倒在地。

胡雪岩处理后事,将母亲和孩子送回绩溪老家,又遣散妻妾,最后在身边只留下一个罗四太太。罗四陪伴胡雪岩走完了人生的最后一程,然后自己也上吊殉情。胡雪岩一生荣光,财富无数,然而最后所有产业被清廷没收,江南第一豪宅和胡庆余堂也抵押给了文煜,只剩下一件黄马褂……

一代声势显赫的"红顶商人"最后死去了,而在日本,第一巨商岩崎弥太郎却将产业在弟弟手里保存下来,岩崎家族的资产经过一代代经营增殖,最终发展成为举世闻名的"三菱财团"。扼腕叹息之余,不免仔细回顾胡雪岩的一生,可以从中发现中国商人的独特宿命。

和胡雪岩所了解到的情况完全相同,这一年变化无常的气候果然给江南蚕丝业带来了沉重打击:桑园被洪水冲得七零八落,桑叶减产三分之一,直接影响了蚕茧的上市数量。胡雪岩一得到此消息,立即派出大批人手,带着真金白银,直扑蚕农的田间地头,派发定金,控制生丝。

往常,每年上市的新丝都固定在8万包左右,但是今年千真万确只有6万包不到,而胡雪岩一个人就收了两万包。其他中国商人在胡雪岩引领下疯狂跟进,也收了15000多包生丝。

形势逆转,一向由外国商人控制的生丝定价权,第一次要转到中国人手里。胡雪岩对此信心十足。

洋商一察觉到形势不妙,立即来和胡雪岩谈判。第一个找上门来的就是老合作伙伴怡和洋行。

"胡先生,听说你手里有一大批生丝,肯不肯卖给我们?"

"可以。不过价格得由我来定。"

"好吧,多少钱一包?"

"17先令4便士。"

"什么?最上等的生丝,在我们的伦敦市场也不过才16先令6便士。"

"伦敦是伦敦,这里是上海。伦敦的事情,你们自己说了算。上海这边的事情,我们中国人说了算。"

胡雪岩第一个回合就给了怡和洋行一个下马威。英国人无奈,只能去请大清海关总税务司、英国人赫德出面。

赫德从28岁起就执掌中国的大清海关,从这里拿走的海关税收、冲抵英国人的战争赔款,简直是一个天文数字。赫德早已习惯了在中国人面前趾高气扬,然而却在胡雪岩这里"吃了瘪"。

"胡先生,咱们打开天窗说亮话。不错,我就是为了你手里的两万包生丝来的。说吧,你有什么条件?"

"我没有条件,就是价格不能降一分一厘。"

"这样吧,我来谈谈我们的条件。"赫德从来都不相信,中国人做生意,会有不见钱眼开的,"第一,我们请你一起合伙开办丝厂,不需要你出一分钱,只需要用这批生丝作为入股的条件。第二,我们会以当前的市场价格收购这批生丝。第三,市价以外,我们会另外奉送一笔丰厚的佣金,作为胡先生你个人的酬劳。怎么样?"

"那是你们的条件,我不感兴趣。"胡雪岩根本不为所动,"我只是坚持我的条件,绝不降价。"

英国人铩羽而去,日本人开始粉墨登场了。按照当时的市场价,胡雪岩这两万包生丝的价格是800万两。

"胡先生,我们以高出市场价格200万两的价格,收购你手上的这批生丝。"

日本人利用机器缫丝,但很多的缫丝工厂今年都是机器空转,无米下锅,急得不行。

"我说过了,1200万两,少一个子儿也不行!"

胡雪岩才不管来的是英国人、日本人,还是其他国家什么人。"我胡某人只认银子,不认交情!"

一向谦恭温顺、讲究"和气生财"的中国商人,突然摆出如此一副"舍我其谁"的霸道姿态,令骄横自大惯了的洋商群体惊愕不已!

然而洋商也绝不会一下子屈服于胡雪岩!在中国遇挫之后,他们立即转向蚕茧大获丰收的欧洲!

胡雪岩也没有料到洋商会有这么一手,他只是对中国市场进行了控制,却拿国际市场毫无办法。

而且,洋商们对于胡雪岩的做法大为恼火,甚至公开放出话来:"对胡雪岩手上的生丝,一包不收!"

这场由胡雪岩精心计算、一手发起的战役,如今突然形势大变,胡雪岩发现自己处在一个非常尴尬的境地:如果就此偃旗息鼓,去求洋商接手自己手上的生丝,那么价钱一定会跌去一半,而且胡雪岩要为中国蚕农谋求利益、为中国商人赢得生丝定价控制权的想法,将从此化为泡影!

本来期望的美好一切,却在残酷的现实面前不堪一击,这就是商业战争!已经在生意场上打拼了三四十年的胡雪岩，第一次发现，自己竟然像个毛头小伙子一样，如此莽撞而急躁！

不过，胡雪岩就是胡雪岩，他又想起了日本的岩崎弥太郎送别自己的时候说的那句话：

"有进无退，舍命入海！"

水，尚且如此，具有一往无前的精神，难道作为万物之灵的人，反而不如水那样勇敢和执著吗？

再加上胡雪岩了解到，岩崎弥太郎和他的死对头三井公司的生死之战，已经因为岩崎弥太郎的破釜沉舟、背水一战的勇气，而使得竞争对手大为胆怯，表达了愿意求和的愿望。

岩崎弥太郎能够取胜，能够实现自己成为天下第一巨富的梦想，他胡雪岩为什么不能够做到？！

不行，这是事关自己身家性命和一生荣誉的一战，是奠定自己能否成为中国第一商人的一战，这一战，只能前进，不能后退！1000万两银子算不了什么，自己还有足够的财力，可以支撑！

反正自己手上有两万包生丝，今年卖不出去，可以囤积起来，明年再卖。而且可以联合商界同仁，继续收购明年的生丝。欧洲本土的生丝市场一定不足以满足全世界对生丝的需要，而且明年的行情，不一定会再有欧洲本土蚕茧的大丰收！

于是，胡雪岩又不惜付出巨额的储存、运输、管理的费用，将这两万包生丝找个仓库封存起来。

这一年的新年，对胡雪岩来说真是他所度过的新年中最难熬的一个。胡雪岩没有回到杭州的豪宅里，而是一个人在上海苦苦地忍受着煎熬。他将所有的钱庄、当铺的账目都汇总起来，将每一笔可以动用的资金都加以计算，一心一意为明年的生丝收购做好全力以赴的准备！

第二年的春天，果然是天助胡雪岩，中国的生丝产量跌到了许多年来的最低点：只收了3万包！

胡雪岩：红顶商圣

而这3万包中，光胡雪岩就收购了1万包，占去了三分之一。其他的中国商人收了5000包。

手上有了3万包生丝的胡雪岩，对洋商来说简直是一座无法翻越的大山。生丝市场的行情也因为胡雪岩的囤积如同坐上了火箭一样，每包以一天10两银子的价格飙升：

380两；

390两；

400两；

410两；

420两；

……

当每包生丝的价格达到破天荒的430两银子，胡雪岩却还依旧没有一丝一毫要出手的意思！

他还在等什么？没有人知道。也许他在等待不可一世的洋商上门乞求，跪倒在他的脚下顶礼膜拜！

然而，令胡雪岩万万没有想到的是，人算不如天算。他没有等来洋商上门哀求，却等来了一场"天灾"！

这场"天灾"就是中法两国因为越南问题的持续发酵，已经到了非兵戎相见不可的地步。就在这一年的十月份，胡雪岩和洋商的"斗法"最高潮之际，忽然，一天早上，法国军舰驶抵上海吴淞口，并且发出了警告，声称要进攻江南制造局，局势紧张，市民提款迁避，市面骤变！

在人人传说法国人将发起进攻之际，上海的市面忽然大乱。一些有钱人纷纷到银行、钱庄提出现银，然后携带一家老小离开上海，到外地暂避。一时间，各家银行、钱庄都"急如星火"。

胡雪岩的上海阜康钱庄也不例外。每天从早到晚，在门口手持存票等待取款的人们排起了长龙。而在胡雪岩这里存款的大多都是上海的官员和阔太太，他们一来提款，动辄成千上万。

为了应付这一突发局面，本来就资金紧张的胡雪岩，不得不紧急从杭州、湖州等地的钱庄调拨现款。

做钱庄这一行，最视为大忌、畏之如虎的就是挤兑。这不，胡雪岩在上海的阜康钱庄刚一吃紧，杭州这边各种流言蜚语就传开了。要知道，胡雪岩这些年树大招风，羡慕他的人固然不少，嫉妒他的人更多，等着看这位显赫一时的大商人如何树倒猢狲散的人同样不少。

因此，流言一起，杭州阜康钱庄的门前也立即排起了长队，人人都争着要将自己的存款提出来。

面对挤兑风波，胡雪岩虽然不在杭州，却自有预留之计。浙江布政司德馨，一听说阜康钱庄遭到挤兑，立即吩咐从藩司的库房里提出来两万两白花花的银子，吩咐20个士兵，一人挑着一担，从藩司前库房出发，一路招摇，敲锣打鼓地来到阜康钱庄。局面一下子就稳住了。

然而，这种裱糊匠一般的简单手段，只能糊弄普通的老百姓。真正的业内人士，对胡雪岩的情况虽然不敢说摸得一清二楚，但只要一看胡雪岩和洋商斗法，囤积了三万多包生丝在那里，占用了1000多万两的白银，就知道胡雪岩在各大钱庄的存银一定是非常吃紧的！

看出胡雪岩是个"空心大佬官"的人不在少数，而真正要下手置胡雪岩于死地的，却只有一个人。

这个人，就是左宗棠的死对头李鸿章的手下第一得力之人、心腹大将，同样是商业奇才的盛宣怀。

盛宣怀比胡雪岩小21岁，同样以办洋务的卓越才干而得到李鸿章的赏识。不过"左胡组合"和"李盛组合"有着本质区别：左宗棠和胡雪岩是以信、义结交，是君子之交；而李鸿章和盛宣怀是以权、钱结交，盛宣怀其实就是李鸿章用来敛取个人名声、钱财的一枚棋子。为了鼓励盛宣怀放手去干，李鸿章曾经直接在书信中告诉盛宣怀，身后之事、寂寞之名，毁誉都在别人口齿之间，是完全不需要太当一回事的，重要的是把握现在的机会，有权不用，过期作废。可见，李鸿章以最会做官自许，他也以这样的方式在教导盛宣怀。而盛宣怀对李鸿章公开表示忠心，称自己这一生的努力，就是要帮助李鸿章"办成铁矿、银行、邮政、织布数事"；至于未来的历史评价，自己如果能够在李鸿章的后面附一小尾巴，也就满足了！

人人都想名垂青史，然而"左胡组合"是做事，"李盛组合"却是做官，如此截然对立、迥然不同。

李鸿章与左宗棠，当时一个是北洋大臣，一个是南洋大臣，都是国家的栋梁之才。朝廷对二人的倚重，可以说到了举足轻重的地步。在对于和法国是战是和的问题上，不用说二人又是针锋相对。李鸿章是一贯的主和派，认为不宜和法国开战；而左宗棠则是主战派，认为和法国一战不可避免。

并且，左宗棠在自己南洋大臣的职责范围内，训练士卒，筹备粮饷，已经做好了一切的开战准备。

李鸿章要扳倒左宗棠，就必须先打掉左宗棠背后的"活财神"胡雪岩，他把这个任务交给了盛宣怀。

盛宣怀一直在盯着胡雪岩，想方设法要寻找胡雪岩的纰漏。但胡雪岩经营多年，家大业大，宛如一颗百年老树，已经将根须深扎地下，根本没有什么机会可以一举将这个超级富豪击倒。

就在几天前，一个看似不是机会的机会，引起了盛宣怀的注意。

这是一件非常微小的事情。胡雪岩因为一直和汇丰银行来往密切，帮助朝廷筹措的几笔借款都是由胡雪岩代借，以自己的钱庄、典当等产业作为抵押，还款也是由胡雪岩先还，再由全国各地海关解到上海的协饷来还给胡雪岩。

但这一次，一笔10万元的贷款应该是到期的，胡雪岩却派人通知汇丰银行的买办席正甫，要求延期。

这时候的汇丰银行，早已经不是英国大班独断专行的时代，而是这个叫席正甫的中国买办在操控一切。

碰巧，席正甫和盛宣怀有非常好的私交关系。席正甫第一时间将这个消息通报给了盛宣怀。

一直死死盯住胡雪岩的盛宣怀，一听说有这样的事情，立即意识到：胡雪岩已经到了山穷水尽的地步！

区区10万两银子，向来视信誉为生命的"胡财神"都归还不起，可见他已经将全部力气投入到生丝囤积上！

这样一个千载难逢的机会，盛宣怀怎么能错过？他立即和席正甫商量，精心给胡雪岩设了一个"局"：

首先，汇丰银行在席正甫的授意下，用了一个"催"字诀。胡雪岩代替左宗棠向汇丰银行贷的西征借款中，有一笔80万两的银子马上到期。本来，胡雪岩采取的一贯还款方式都是先等朝廷的协饷解到上海，然后再用协饷还款。有时候协饷来得晚几天，胡雪岩就跟汇丰银行打个招呼。反正利息由清政府支付，汇丰银行一百二十个放心。但这一次，汇丰银行却一反常态，主动上门催讨，理由是中法两国开战在即，中国政府败于法军之手的可能性很大。

汇丰银行的这个借口，令胡雪岩又是气恼，又是愤怒。气恼的是英国人偏偏捡了这个时候，给胡雪岩来了这么一手。这分明是汇丰银行要替怡和洋行等出一口恶气，"将"胡雪岩一"军"，胡雪岩却有苦说不出。愤怒的是英国人凭什么断定，中国和法国开战的话，中国必败？要知道，此时的南洋大臣是左宗棠，而不是李鸿章。胡雪岩对左宗棠从来都是抱以极大信心的！

因此，为了摆出一个鲜明的姿态，也为了和英国人赌一口气，胡雪岩竟然做出了一个令人瞠目结舌的举动：

他将上海阜康钱庄金库里全部的存银都拿出来，雇了10辆大车，都挂着"阜康钱庄"的大旗，威风凛凛地将80万两银子运到了汇丰银行。

可是胡雪岩这一招，却也冒了极大的风险。因为此刻的上海阜康钱庄，真的是只剩一副空架子了！

接着，盛宣怀又以李鸿章的名义，去找了上海道台邵友濂："朝廷给胡雪岩的那笔80万协饷到了没有？"

"到了。"

"李中堂的意思，是想让你迟一点划拨这笔钱，时间是20天。你知道该怎么样去做吗？"

"知道，知道。"

邵友濂自然懂得盛宣怀的意思，是要自己拖一拖胡雪岩。这正是盛宣怀的第二招："拖"字诀。

对于精通为官之道的邵友濂来说，要拖住胡雪岩实在再简单不过。他在自己家中一躲，吩咐说：

"不管什么人来，一律告诉说我不在家！"

这一来，可就令胡雪岩难办了。胡雪岩开始真的以为是朝廷的协饷未到，但是派了人几次去见邵友濂，得到的答复都是一样：邵大人不在家。胡雪岩知道事情有些不妙了，但还不相信有人要"整"他。他亲自上门去找邵友濂，邵友濂干脆借口出去视察制造局，来个"走为上策"。

盛宣怀的第三招使的是"截"字诀。胡雪岩看苗头不对，想要给南京的左宗棠发电报，报告自己这里的情况，盛宣怀却早在电报局里做了布置，只要是胡雪岩发出的电报，一律截留！

最后，盛宣怀使出了最狠的一招"逼"字诀。他让人放出风声，说胡雪岩囤积生丝，用光了阜康钱庄全部的储户存款。现在战事将起，市面不振，胡雪岩面临巨额亏本危险，准备逃跑。

消息一出，整个上海哗然。人们纷纷来到阜康钱庄外面排队，挥舞着手里的存折，要求提款！

这一次的挤兑，比上一次来得更加气势汹汹。因为有好多人根本就是盛宣怀安插在里面的，故意大声嚷嚷，唯恐局面不够混乱。

钱庄显然不可能拿出大笔的现银，只能被迫关门停业。这在胡雪岩的一生中，是从未有过的。

第二天，局面愈发不可控制：愤怒的人们将阜康钱庄的招牌摘了下来，砸碎之后，点火焚烧。接着冲破了钱庄的大门，进到里面去抢东西……

胡雪岩知道，自己不能再等下去了！此时再不出手，恐怕挤兑风波会演变成雪崩的灭顶之灾！

于是，胡雪岩立即吩咐联系怡和洋行等10多家外国洋行，宣布抛售生丝，价

格从380两开始,一路狂跌:

370两;

360两;

350两;

……

胡雪岩一抛售,所有的中国同行无不开始抛售,生丝的价格犹如开闸泄洪一样,一泻千里:

340两;

330两;

……

当这一天结束的时候,胡雪岩的全部生丝都脱手了,粗略一算,损失在150万两到200万两!

这巨大的损失,还不是目前最可怕的,可怕的是哪里也无法一下子找到那么多的现银来应对挤兑!

盛宣怀的确够狠,打蛇打7寸,而且一击而中!他不但在上海安排了人挤兑,而且利用自己掌握电报的便利,将阜康上海钱庄倒闭的消息立即传到全国各地的阜康分号,同时安排挤兑!

于是,就出现了这么一幕奇观:几乎在同一天,阜康钱庄的北京、广州、福州、武汉、镇江等全国的20多家分号,同时出现了挤兑现象。挤兑风波一起,钱庄只能倒闭!

从上海阜康钱庄宣布倒闭,到20多家钱庄的最后一家宣布倒闭,前后一共不超过5天时间!

一切都发生得太快!仿佛一场地震在瞬间发生,胡雪岩数十年辛苦建立的财富帝国,一夜坍塌!

一个人,他最强大的时候,也正是他最危险的时候,这就是中国古人一再告诫的"盛极而衰"。

只可惜胡雪岩没有心情去品味古人充满智慧的劝诫了,他已经被淹没在一片声讨、责骂的汪洋中。

当左宗棠接到胡雪岩"姗姗来迟"的电报，立即动身从南京赶到上海，却发现采办局早已人去楼空。

曾经热闹无比、人来人往的阜康钱庄，如今一片狼藉，门窗都被愤怒的人们砸毁，里面被洗劫一空……

胡雪岩并非不知道，他此刻唯一可以依靠的人就是左宗棠，但胡雪岩又实在没有面目来见左宗棠！

虽然根本就没有想到会有这么一天，但当事情发生了以后，胡雪岩还是决定自己一个人来担当。

他不愿意让左宗棠看到自己狼狈不堪的样子，也不愿意因为自己的事情而牵扯左宗棠的精力。

因为，就在同一时间，中法之战已经正式打响。中国要打败法国，必须依靠左宗棠。胡雪岩清楚地知道，和中国一旦战败的巨大灾难性后果相比，自己个人事业的失败，实在算不得什么！

这苦果只能自己一个人吞下，一个人去默默地收拾残局。胡雪岩到了这个地步，反而冷静下来了。

他知道，自己唯一能依靠、能去寻求帮助的人就是左宗棠。但自己偏偏又不能去找左宗棠，以避免将左宗棠也牵连其中，从而一同遭到攻击，身陷泥潭。这就好像一个溺水之人，如果过于慌乱，什么救命稻草都想死死抓住，结果只会连累来营救自己的同伙一起溺水而死。真正有效的办法，是等自己先淹个半死，无力挣扎，同伙再从容过来营救，反而不会有事。

胡雪岩的这一招，是败战之计，但也是此时唯一有用的策略。只要有左宗棠在，他胡雪岩就会有东山再起的一天！

所以，这一年的正月，胡雪岩竟然是什么都不做，只在自己杭州的豪宅里，默默地等待结果出来。

最终结果出来了，并没有坏到不可收拾的地步：一是免去胡雪岩的所有官方职务，这是意料之中的。二是勒令胡雪岩清理阜康钱庄在各地所欠的公、私款项。这也是理所应当的。胡雪岩对此也并不惊慌，毕竟在他手上，尚且有出手生丝所得的1000万两银子，虽然不够弥补各个地方的亏空，不过也差不了多少。再说阜康钱庄这块金字招牌虽然砸掉了，但他毕竟还有当铺，还有庆余堂，譬如是一个人断去一臂，或者一腿，尽管创巨痛深，却尚未危及性命！

接下来的这一年，对胡雪岩来说，只能用"惨淡之极"来形容。他将全部的精力都用于清理全国各地阜康钱庄的公、私欠款上，唯一的希望就是左宗棠能够取得对法战争的胜利，再受重用。

但仅仅左宗棠一个人主张对法作战，以有限的力量在局部抗击法国人，又有什么用呢？真正在幕后活动、决定法国和中国这场战争的命运的，其实既非法国，也非中国，而是英国人赫德。

赫德作为英国在中国的利益代表，很显然不愿意看到中国和法国持久作战，以免影响经济形势。因此，他一开始就主张"议和"，并且充当了中国和法国之间的调停人。他密电中国海关总税务司驻伦敦办事处的英国人金登干，令其秘密奔赴巴黎，面见茹费理，劝法国放弃赔款要求并同中国议和。赫德在中国多年，对中国的慈禧太后的脾气性格摸得非常清楚，那就是"愿意和平，但不肯'丢脸'以取得和平"。因此，金登干去法国，表面上是交涉不久前中国海关的"飞虎"号轮船在台湾海峡被法军扣留事件，实际上则要包揽中法"议和"。对此，赫德甚至瞒住了李鸿章。

很明显，赫德一手操纵了中、法之间的"对话"，而指使他派金登干赴法国直接去找茹费理的人物只能是慈禧太后。对此，赫德不加掩饰地对金登干声称："目前的谈判，完全在我手里，我要求保守秘密，并不受干预，我自守机密，总理衙门也如此，皇帝已有旨，令津、沪、闽、粤各方停止谈判，以免妨碍我的行动。"

然而，左宗棠和一干爱国将领的坚决抗战，以镇南关-谅山大捷为标志，使赫德惶恐不安了。金登干在法国的谈判由此产生波折，他致函赫德说："真的看到这种情况出乎预料地突然发生时，还是使人伤心的。"

本来，中国取得了镇南关-谅山大捷，士气大振。如果乘胜追击，一鼓作气，则法国必然战败。可是李鸿章等人却将此看做是"和谈"的最佳时机，提出了"乘胜即收"的主张。他认为："当藉谅山一胜之威，与缔和约，则法人必不再妄求。"这实际上就是慈禧太后所希望的"不丢面子"。

最终，结果又一次令左宗棠瞠目结舌：金登干在得到清廷的认可后，代表清政府与法国政府代表毕乐在巴黎签订了《中法停战条件》。其内容为中国批准《中法简明条款》；双方立即停战，中国从越南撤兵，法国撤除对台湾的封锁；法国允派一员至天津或北京，商定所订条约的细目。

于是，清廷下令停战撤兵，并派李鸿章在天津与法使巴德诺开始谈判，以签订正式条约。

左宗棠一接到停战、撤兵与议和的谕旨，立即上奏：

"法夷犯顺以来，屡以忽战忽和误我大局。……一面踞我基隆，一面驶入马尾，乘瑕蹈隙，驯至溃坏而难收拾。前车宜鉴，大局攸关。津约五条已置越南于度外，占踞之基隆与新失之澎湖，岂可再涉含糊耶？自去秋至今，沿海、沿边各省惨淡经营，稍为周密；今忽隐忍出此，日后办理洋务必有承其蔽者。如果基、澎不遽退还，则当道豺狼必将乘机起噬，全台南北不独守无可守，抑且防不胜防。此要地之不得不争，所宜慎之于先者也。……此边军之不可遽散，所宜防之于后者也。"

然而，一切都无法挽回，李鸿章奉慈禧太后之命，还是在天津公然与巴德诺签订了《中法会订越南条约》，规定：中国承认越南归法国保护；中国同意在两广、云南的中越边界开埠通商，法国享有减税通商权；以后中国建造铁路时，应向法国商办。法国不胜而胜，中国不败而败。

左宗棠再度愤而上书，以"身体羸瘦、饮食锐减"，"头晕眼花"，"咯血时发"请求告退。朝廷准奏。左宗棠接到了圣谕，却已经没有力气挪动一步，最终客死福州，临终留下口授遗折：

"……此次越南和战，实中国强弱一大关键。臣督师南下，迄未大伸挞伐，张我国威，遗恨平生，不能瞑目！"

最后8个字"遗恨平生，不能瞑目"，真个是字字泣血，令人扼腕！朝廷着追赠太傅，加恩予谥"文襄"。他的一生由于得遇林则徐的特殊机缘而改变，最终也长眠在了林则徐出生的这片土地上。

不知道左宗棠在生命中最后的岁月，有没有想起和他并肩作战十数年的胡雪岩，有没有关心过他的命运？

这时候，胡雪岩经过一年多的忍辱负重、抱病工作，已经将阜康钱庄在全国各地的欠款基本还清。

作为庞大的胡氏商业帝国的厚重基石的阜康钱庄没有了，但胡雪岩还有其他产业，元气未绝！

正当胡雪岩幻想着自己还能有东山再起的一天，却忽然传来了左宗棠病逝福州的惊天噩耗！

一接到从福州拍来的电报，胡雪岩立即大叫三声："天亡我也！"然后吐血不止，昏死在地……

等胡雪岩悠悠醒转，只见跟前黑压压的，围了一大堆人。除了自己的众多妻妾儿女，最近、最熟悉的那张脸孔，正是母亲金老夫人。

"顺官，你醒了？可吓死娘了！"

"娘，对不起，孩儿让您受惊了！"

胡雪岩自从去年遭了暗算，生意失败，这么大的事情，一直没有敢对金老夫人说。毕竟金老夫人也是马上就要过80岁生日的老人了。对这个年纪的老人来说，任何的刺激都可能是致命的。

所以，金老夫人一直被蒙在鼓里。见了儿子咯血昏迷，也以为他只是累出来的病，并未多想。

"顺官，我不是告诉过你么，天下的钱，没有赚完的那一天！该收手的时候，就一定要收手！"

"娘，您放心，您的话孩儿记住了！"

胡雪岩顺从地点着头，将金老夫人哄得信以为真，又去佛堂里诵经念佛，祈求菩萨保佑去了。

这边，胡雪岩将妻妾子女都遣出去，只留下罗四一人。他挣扎着起身，将罗四的手拉到跟前。

"阿四，我有一种不祥的预感。这一次，我们只怕挺不过去了！"

"不会的，雪岩！"罗四连忙安慰他，"去年那么大的风浪，咱们不也扛过来了？放心吧，不会再有事了。"

"你哪里懂。我一直担心的事情，并不是钱庄的亏空，而是我代左大人向洋人借款，利息过高。这件事情，朝中官员死盯着的不少，奏折也上了无数，都多亏左大人替我顶下来了。如今左大人不在了，我担心那些人又会翻起旧账，到时候，人人都落井下石，而无人替我申辩，可就完了！"

"如果真是那样，担心也没有用。雪岩，你现在最要紧的，是把自己的身体调理好。别胡思乱想了。"

"不，必须早作打算，否则晚了就来不及了。"胡雪岩却坚持道，"阿四，我想拜托你帮忙做一件事情。"

"什么事情？"

"你马上带上老太太还有孩子们离开杭州，回我的绩溪老家去。收拾东西，明天一早就走。"

"我倒无所谓，可是老夫人能答应吗？雪岩，你忘记了，再过一个多月，就是老夫人的80大寿。你说过要给老夫人风风光光办一个寿筵的，请帖咱们也都发出去了，总不能临时变卦吧？"

"这……"胡雪岩也犹豫了。罗四说得对，如果仓促取消寿筵，老夫人一定会心里不痛快，倘若再猜疑起来，追问究竟，胡雪岩目前的这种事业溃败的真实情形就瞒不住老夫人了。

"那……就等办完老太太的80寿筵，无论如何，要早作准备，一办完宴席，立即回绩溪老家！"

胡雪岩心下惴惴，只能祈求在这一个多月中不会出现什么重大变故，否则就纸包不住火了。

但人到了这个时候，又岂能幻想天遂人愿？真是怕什么来什么！首先就是北京那边，文煜府上的人到了杭州。

文煜是最早在胡雪岩的北京阜康钱庄存款的大户之一，累计存款超过200万两。然而当北京的阜康钱庄破产倒闭，文煜从里面收回的自己的存款不足一半。

还欠着文府100多万两银子的胡雪岩，只能再想方设法，从别的地方筹措银子来还，但却来不及了。

文煜的人一到杭州，立即向胡雪岩出示了一道奏折，是户部尚书、军机大臣阎敬铭递交的，奏请把胡雪岩拿交刑部严究定罪、勒令胡氏家属悉数完缴欠款。同时，要求朝廷发文给步军统领衙门、顺天府五城、浙江巡抚及各省督抚，将胡雪岩在原籍及各地的财产查封报部、变价备抵。

这一道奏折真是"催命符"，胡雪岩本来就抱病在身，一见此折，知道自己最担心的事情终于发生了。

文府来人很直接，说文家的意思很清楚，要求第一个接收胡雪岩的资产，直接索要两样东西作为抵押：第一，胡雪岩的庆余堂。第二，胡雪岩自己居住的胡宅。以此抵押文煜存款。

胡雪岩还能有什么选择呢？他只能在病榻上强打精神，和文府来人签订了一份合同，出让庆余堂、胡宅。

对于他倾注了无数心血的庆余堂，最后只抵押了18万两银子，胡雪岩并无异议，只是提出一个条件：庆余堂要保留当时人们争相传诵的名字"胡庆余堂"，让人知道是胡雪岩创立的。文家要在胡庆余堂的股份里给胡雪岩的后人们留下一部分分红股，以养活他们。

文府来人将胡雪岩的这一条件写在了契约中。关于胡宅，胡雪岩则提出：要等为母亲金老夫人办完80大寿再全家搬出。

这一条，文家来人也没有异议。毕竟这么大的一座宅子，上百口人丁，不是一下子可以搬出去的！

一切都议定以后，胡雪岩怀着一种悲凉和愤懑的心情，迎来了老母亲金老夫人的80大寿。

这时候，圣谕尚未下达，杭州这边并不知道胡雪岩将被定罪抄家，虽然官场上和胡雪岩素有交往的人鲜有人至，但亲朋好友还是来了不少，尤其杭州城中的普通百姓，因为感念金老夫人的善行大德，多年来受她恩惠的人们不知道有多少，纷纷来到胡宅，送上一些朴素的农家之物，当面向金老夫人表达自己的感激之情。因此寿筵不但不冷清，反而照旧喧嚣非凡。

但这已经是胡宅最后一次热闹风光了。金老夫人其实心里并不糊涂，早已感觉到了儿子事业上的一败涂地。

这天深夜，当贺寿的人们都散去之后，金老夫人将儿子叫到自己的房间里。她已经脱下寿衣，自己收拾了一个小包袱。

"顺官，娘准备明天一早就走！"

"走？往哪里走？"

"回绩溪的胡里老家啊！娘都已经出来30年了，如今人老了，叶落归根，也该回去那边了。"

"娘，您老是不是听到了什么风声？"

"顺官哪，这么多年，生意上的事情，娘没有问过你一句。娘老了，也不想多知道些什么。娘只问你一句，你跟不跟我一起回胡里去？"

"娘，请恕孩儿不孝。我真的走不开。不过，我已经和阿四商量过了，让她陪您一起回去。"

"不用了。你离不开阿四，把她留在你的身边，娘心里更踏实一些。让春姑和孩子们陪我一起走就行！"

"好，那就依娘！"

于是，第二天一早，当胡宅里的大部分人都还在梦乡中的时候，金老夫人已经和春姑以及孩子们悄悄地上了几辆车子。胡雪岩跪在大门口，目睹母亲上车后，磕头拜别。

这一别，母子二人将永无相见之日，但胡雪岩知道，这是为胡家保存一线血脉的唯一机会。

金老夫人走后，胡雪岩强打精神，开始安排自己的其他姨太太：除了允许每个人带上自己房间里的私房，他给每个人都准备了一份礼物。虽然已经是两手空空，但胡雪岩还是不想亏了她们！

"老爷，我们走了！"

众多姨太太都是各种各样的出身，因为各种各样的机缘，来到胡雪岩身边。一夜夫妻百日恩，她们或许并不都是为了胡雪岩的钱财而来，但此时除了抹泪，也无法再表达什么了……

一众妻妾转眼即散，只留下一个罗四太太。胡雪岩将最贵重的一份礼物留在了最后，准备给她。

"阿四，我知道这些年苦了你了。也知道你为我、为这个家做出了多大的牺牲。我只恨没有早作准备，没有早点想到，天下无不散的筵席。否则，我会将你应该得的那一份都留出来……"

"傻子！雪岩，我的心思直到今天你还不明白吗？是生是死，是穷是富，我都和你在一起。"罗四根本不去看胡雪岩给她准备了什么，"我只要有你在身边就足够了，其他的，留给别人吧！"

她是如此深明大义，又是如此重情重义。胡雪岩再也控制不住情绪，一把将她搂入怀中，泪如雨下……

按照罗四的意思，胡雪岩把她的这一份都分给了府上的下人们。下人们感恩戴德，一个个叩了头离去了。最后，只剩下胡雪岩和罗四两个人，他们最后走出胡府的大门，上了一辆车子。

车子咿呀着离开了元宝街，没有人知道一代豪富胡雪岩和他生死相依的罗四太太去了什么地方。

这一年的除夕之夜，在一处租来的黑漆漆的、衰败破旧的房子里，胡雪岩进入了最后的弥留之际。

他的眼前似乎出现了幻觉，自己从少小离家，到获得赠财，再到结识王有龄，进而结交左宗棠，人生飞黄腾达，10多年的豪奢岁月，真恍如一梦！而成亦迅速，败亦迅速。从修筑豪宅，穷尽人间富贵，不过10年，他却已经跌落到人生的最低点，成为一贫如洗的穷苦百姓！

人生从开始到结束，仿佛画了一个圈。从终点又回到了起点，只是这简单的轮回中蕴含了多少沧桑！

现在，胡雪岩手里紧紧抓住的，只有那件象征他一生最高荣耀的黄马褂。他挣扎着，要罗四帮自己穿上。

"阿四，你看我威风不威风？"

"威风，威风极了！"

每一年的除夕夜，胡雪岩都要穿上黄马褂，接受众多妻妾子女、所有下人的跪拜，那一瞬间的飘然和眩晕，使得他产生了错觉，仿佛他不仅仅是一个富可敌国的商人，而是一个拥有天下、江山美人尽在手中的皇帝。虽然是白日梦，这个梦却令他付出了一生的心血和智慧。

但这一切如今终于要结束了。胡雪岩拼尽最后的力气，让罗四将自己扶正。他依靠在罗四的肩头，因为病痛的折磨已经消瘦得没有什么斤两的身体，是那么轻飘飘的。他的声音也虚弱无力：

"阿四，我对不起你……"

"不要这么说……"

"谢谢你，阿四……"

胡雪岩最后吐出这么一句话，然后就走完了他62岁的人生旅程。这时候尚未交子时，他最终没有等到鸡年过去，迎来狗年新春的第一声爆竹。他的一生恰如灵隐寺方丈所说的那样：

"遇阜而食，遇堂而进。遇槐而止，遇鸡而卒。"

遇阜而食，是指他因为捡拾遗失的金银而得以结识蒋老板，到大阜去学徒，后来又巧遇阜康钱庄的于老板赠财；遇堂而进，是指他遇到了左宗棠，从此一生事业风生水起，达到顶峰；遇槐而止，是指他遇到了盛宣怀，被盛宣怀以迅雷不及掩耳之势击败，从而如日中天的事业瞬间崩溃；遇鸡而卒，是指他将在鸡年的最后一天死去。这就是他命中注定的一生。

胡雪岩死后，一直陪伴他到生命最后一刻的罗四也选择了上吊自尽，殉情而死。他们的尸骨被好心的邻居代为收殓，一具薄棺抬出杭州，埋葬于西郊鹭鸶岭下的乱石堆中……